Ruediger Dahlke
Das Schatten-Prinzip

arkana

Ruediger Dahlke

Das Schatten-Prinzip

Die Aussöhnung mit unserer verborgenen Seite

Unter Mitarbeit von Margit Dahlke

arkana

Die Audio-Meditationen in diesem Buch finden Sie unter:
https://www.penguin.de/lp/zusatzcontent/zusatzmaterial-ruediger-dahlke-schattenprinzip

MIX
Papier | Fördert gute Waldnutzung
FSC® C014496

Penguin Random House Verlagsgruppe FSC® N001967

14. Auflage
Originalausgabe

in der Penguin Random House Verlagsgruppe GmbH,
Neumarkter Str. 28, 81673 München
produktsicherheit@penguinrandomhouse.de
(Vorstehende Angaben sind zugleich Pflichtinformation nach GPSR)

Lektorat: Christine Stecher
Satz: Satzwerk Huber, Germering
Druck und Bindung: GGP Media GmbH, Pößneck
Printed in Germany
978-3-442-33881-8

www.arkana-verlag.de

Dank

Für Anregungen und Korrekturen danke ich den langjährigen Mitarbeitern und Wegbegleitern im Heil-Kunde-Zentrum Johanniskirchen Christa Maleri, Anja Schönfuss, Hildegunde Kirkovics und Freda Jeske. Dorothea Neumayr danke ich ebenso wie Balthasar Wanz für ihren großen Einsatz.

Meinem langjährigen Wegbegleiter von Verlagsseite Gerhard Riemann verdanke ich die Anregung, dieses Buch jetzt zu schreiben und inhaltliche Beiträge; Usha Swamy und Christine Stecher gilt mein Dank für die bewährte Unterstützung von Verlagsseite.

Großer Dank geht an Bruce Werber und Claudia Fried für die Musik in meinem Berufsleben und die bewährte Zusammenarbeit auch bei den Meditationen für dieses Buch sowie an unsere langjährige Sekretärin im Heil-Kunde-Zentrum Rita Pichlmaier für ihre Unterstützung am Computer.

Für die Neuordnung des Buches, persönliche Schattenarbeit an mir und zahlreiche schattig-kritische Anregungen danke ich meinem persönlichsten Schatten und größten Schatz, meiner Partnerin Rita Fasel.

Inhalt

Reiseführer ins Schatten*reich*

Aus eigener Anschauung lernen

Die Aussöhnung mit dem eigenen Schattenreich ist das höchste und tiefste Ziel zugleich, das sich ein Mensch stecken kann – und als Ziel für ein Buch sehr hoch gegriffen. Somit handelt es sich hier auch nicht um ein Lese-Buch im herkömmlichen Sinn, sondern mehr um eine Schattenreise mit praktischen Übungsstationen. Es wäre deshalb *wunder*voll und wichtig zugleich,

- von Anfang an und parallel zur Lektüre ein Schattentagebuch zu führen. Darin wären sowohl die Ergebnisse der Zwischenfragen und Tests festzuhalten als auch die in den Übungen und Meditationen gesammelten Erfahrungen. Wenn Sie dies wirklich tun, werden Sie staunen, wie wichtig Ihnen dieses eigene Schattenbuch wird und wie es ganz nebenbei die Essenz Ihrer persönlichen Schattengeschichte sammelt.
- Die Audio-Meditationen liefern weitere praktische Einstiegsmöglichkeiten in die Seelen-Bilder-Welt. Sie finden diese unter: https://www.penguin.de/lp/zusatzcontent/zusatzmaterial-ruediger-dahlke-schattenprinzip
- Die angewandte Technik der geführten Meditation ist sehr einfach und beeindruckend bewusstseinserweiternd. Sie müssten nur die jeweilige innere Reise an der jeweils im Buch angegebenen Stelle absolvieren. Damit ergibt sich eine ideale Ergänzung des Schattentagebuches. Während das Buch Ihnen

hilft, mit allen detektivischen Tricks und Raffinessen dem Schatten auf die Schliche zu kommen – im Sinne einer so berühmten Spürnase wie Sherlock Holmes –, erfüllen die Reisen der Audio-Meditationen die Rolle eines Dr. Watson, des weniger cleveren, aber dafür intuitiveren und seelenerfahrenen Detektivgehilfen, der seinen Beitrag vom Herzen und aus dem Bauch heraus liefert.

- Die im Buch verstreuten Anregungen, sich bestimmte (Kino-) Filme zu Hause auf DVD anzuschauen, bringen äußere Schatten-Licht-Bilder mit ins Spiel und verbinden sie in anschließenden Übungen mit den inneren Seelen-Bilder-Welten zu einem Ganzen, das viel mehr ist als die Summe seiner Teile.

Die Reise in die eigene Schattenwelt findet also im Idealfall auf mehreren Ebenen statt: der des Lesens und Verstehens, der des Erlebens bei den im Buch gestellten Fragen, vorgeschlagenen Übungen, Ritualen, Meditationen und bei ihrer aller Verbindung im Schattentagebuch. Letzteres wird auf diese Weise zum eigenen Buch der Schatten. Am besten wäre es, wenn mit der Zeit bereits das Lesen innere Bilder heraufbeschwören würde, die sich auf den Gedanken-Bilder-Ausflügen der Audio-Meditationen noch vertiefen könnten.

Kurz gesagt geht es darum, den eigenen Schatten aufzuspüren, sich mit ihm auseinanderzusetzen und zu konfrontieren – und ihn schließlich anzunehmen, im Sinne von ihn lieben zu lernen. Da Sie hier also mehr ein Programm als ein Buch und streckenweise sogar Therapie vor sich haben, werden Sie auch nicht auf streng logisch ausgerichtete Pfade geschickt. Sie werden vielmehr erleben, dass sich Theorie und Praxis auf dem Schattenweg absichtlich immer mehr vermischen. Das Buch eignet sich daher weniger zum raschen Durchlesen. Es bringt mehr Gewinn, wenn Sie es immer wieder einmal zur Hand nehmen, um sich mittels Theorie und Praxis bisher Unbewusstes bewusst zu machen und Licht in das Schattenreich zu bringen. Sie haben dafür viel Zeit, ein ganzes Leben lang – mit oder ohne Buch, mit oder ohne Therapie.

Das Buch könnte gut auf dem Nachttisch bereitliegen. Wenn der Schatten der Nacht sich über uns senkt, ist die Zeit günstig für die freiwillige Schattenbegegnung, die zunehmend mehr Licht und damit auch mehr Freude ins Leben bringen wird. Immer mehr wird es sogar Spaß machen, Stück für Stück eigenes Dunkel zu durchlichten und dabei bewusster und weiter, offener und freundlicher zu werden – den anderen, aber vor allem auch sich selbst gegenüber. Die Schattenreise ist mit Sicherheit die spannendste Abenteuerreise, die wir uns vornehmen können, und dieses Buch mag Ihnen dazu als Reiseführer dienen, unter der Devise: »Dies über alles: sei dir selber treu.«[1]

Was ist eigentlich mit Schatten gemeint?

Der Schatten ist das angstmachende Unbekannte. So dunkel er auch oft gemalt wird, birgt er doch Zugang zu allem Licht in einem selbst, das jede Form von Bewusstwerdung und erst recht Erleuchtung braucht. Schatten ist damit der eigentliche Schlüssel zum Leben, obwohl er meist als das Finstere, Böse diffamiert wird. Letzteres ist er natürlich auch, aber eben nicht nur. Für C. G. Jung, den Vater der Schatten-Psychotherapie, ist der Schatten einfach das gesamte Unbewusste. Grundsätzlich sind alle Symptome – ob körperlich, seelisch oder geistig oder aus dem Sozialbereich – Ausdruck von Schatten.

Das Schreiben dieses Schattenbuches hat mir *deut*lich gemacht, wie sehr das Gros meiner Bücher mit diesem Thema zu

1 William Shakespeare, *Hamlet*, I,3.

tun hat. Eigentlich war ich knapp dreißig Jahre lang nichts anderes als ein Schattentherapeut und habe selbst einiges an Schattentherapie durchlebt. Aber auch ich scheine das Thema noch immer nicht abschließend durchgearbeitet zu haben, wie dieses Buch zeigt. Die Schattenthemen begleiten mich, und Sie als mein Publikum machen es mir oft bewusst, wofür ich Ihnen an dieser Stelle danken möchte. Gibt es zum Beispiel bei einem Vortrag einen großen Büchertisch, denken viele und sagen einige: »Der kriegt den Hals auch nicht voll.« Gibt es keinen, sagen dieselben: »Jetzt ist er sich zum Bücherverkauf schon zu schade.« Oder: »Wahrscheinlich hat er ja genug verdient.« Andere aber sagen und denken angesichts der vielen Bücher: »Der ist aber fleißig«, und sie bewundern die Arbeit und sprechen mich darauf an. Gibt es keinen Büchertisch, neigen diese Menschen zu Gedanken wie: »Scheint wirklich bescheiden zu sein, zeigt seine Bücher nicht mal her.« Für Letztere ist die eigene Kreativität und Bescheidenheit ihr Schattenthema, und sie wollen sie entwickeln. Bei den Erstgenannten liegen ihr eigenes Geldproblem und ihre eigene Geschäftstüchtigkeit im Schatten. Für sie habe ich das Buch *Die Psychologie des Geldes* geschrieben. Beide Gruppen haben mit mir zu tun!

Neben vergleichsweise harmlosen Symptomen und Fehlleistungen als Ausdruck von Schattenthemen wie Geiz oder Schüchternheit kennen wir alle drastische Beispiele für den Einbruch des Schattens in das tägliche Leben, die erschrecken, weil sie so unerwartet und gewaltsam sind. Dazu eine typische Geschichte: Von dem immer freundlichen und treusorgenden Familienvater, Herrn B., der sich nie etwas hatte zuschulden kommen lassen, sind alle gewohnt, dass er für seine Familie eigene Interessen zurückstellt. Als ausgesprochen hilfsbereit gegenüber den Verwandten und Nachbarn bekannt, dient er nicht selten als Vorbild. Alle sind voll des Lobes. Er ist das gute Beispiel, ein Vorzeigepapa, der sich für seine Familie, Freunde und Kollegen aufopfert. Bittet man ihn um einen Gefallen, kann man so gut wie sicher sein, dass er ihn erfüllen wird. Braucht man Hilfe, steht er einem zur Seite. Doch eines Tages und für jeden völlig unerwartet, fällt er aus der Rolle. Er wird für einen kurzen Moment zu jemandem, den bisher niemand kannte: zu einem Gewalttäter, der seiner Frau ein Brotmesser in den Leib rammt und auch den Sohn in mörderischer Absicht verfolgt. So unerwartet, wie er hereingebrochen ist, vergeht der Spuk. Nun sinkt Herr B. gleichsam in sich zusammen und lässt sich als Häufchen Elend von der Polizei widerstandslos in Gewahrsam nehmen. Als einen »gebrochenen Mann« wird ihn eine Journalistin beschreiben, die sich vergeblich bemüht, »das Unerklärliche« in Worte zu fassen. Eine Minute der Schattenherrschaft hat Jahrzehnte bürgerlich geordneten Lebens ausgelöscht. Aus dem guten Vater ist von einem Moment zum anderen für alle der böse Schattenmann geworden. Aus gutem Grund vergisst unsere Welt solche Schattenmänner rasch, verbannt sie so schnell es geht aus dem normalen Alltag und sperrt sie in Gefängnisse oder geschlossene Anstalten.

Für solche krassen Schattendurchbrüche wird heute meist das Wort Amok benutzt, das malaiischen Ursprungs ist und wörtlich übersetzt »in blinder Wut töten« bedeutet. Interessanterweise hat man in Asien, zum Beispiel in Bali, früher Amokläufe nicht einmal bestraft. Man ging davon aus, dass der Betreffende »außer sich« und folglich auch nicht verantwortlich sei. In gewisser Weise ist dies sogar eine moderne Sichtweise, wie die Betrachtung der Spaltpersönlichkeiten noch zeigen wird (ab Seite 191). Wenn der Schatten sehr lange sehr konsequent unterdrückt wird, kann er völlig wesensfremd, wie gar nicht zu dem betreffenden Menschen gehörig, wirken.

Folgende »Krankengeschichte« gibt ein weiteres Beispiel für das Hereinbrechen des Schattens: Ein junger Patient, Vater zweier kleiner Kinder, bekommt die Diagnose Hodenkrebs im fortgeschrittenen Stadium. Die Ärzte prognostizieren, dass ihm höchstens noch ein Jahr bleibe. Verzweifelt sucht der Mann nach Auswegen: Wenn er jetzt wie verrückt arbeiten würde, wie viel könnte er von dem Kredit für die gerade bezogene Doppelhaushälfte noch abzahlen? Wie könnte er seine Familie zusätzlich absichern? Er findet keine Lösung. Mein in einem langen Gespräch unterbreitetes Angebot, den Kampf um sein eigenes Leben aufzunehmen, hat es schwer gegen den von den Autoritäten der Schulmedizin verbreiteten Pessimismus. Die »Lösung«, die der Patient dann findet, kommt auch für mich völlig unerwartet: Da er die Familie nicht mehr versorgen und sich selbst nicht mehr retten könne, werde er sich nun den alten Traum einer Weltreise noch erfüllen, den er geopfert habe, als seine Frau mit dem ersten Kind schwanger geworden sei. Einen kleinen Teil des noch vorhandenen Geldes verwende er für sich, den Großteil lasse er seiner Familie. An seinem Ende, wenn die von den Schulmedizinern angekündigte Schwäche über ihn komme, werde er sich einen Platz zum Sterben suchen. Statt Psychotherapie, das heißt innere Seelenreise, will er nun von mir Tipps für die äußere Reise. Er lässt Betroffenheit und Entsetzen in seiner Umgebung zurück. Sie habe ihren Mann offenbar nie wirklich gekannt, meint die erschütterte Frau, die ihn zu mir geschickt hatte. Er sei bisher nie rücksichtslos und egoistisch gewesen. Aber sie erinnert sich, wie gern er einst mit ihr auf Weltreise gehen wollte und wie sie es wegen der Schwangerschaft aufgegeben hatten. Stattdessen hatten sie geheiratet und gleich noch ein Kind bekommen, und er hatte sofort zu arbeiten begonnen, statt zu studieren. Im Gespräch wird deutlich, wie willkommen ihr die Schwangerschaft gewesen war und wie ungelegen ihm. Ihr hatte sie erspart, ihre Ängste vor der Welt zu überwinden und die Unsicherheit der Lebenssituation weiter zu ertragen. Dass er sie, ihrem größten

Wunsch entsprechend, heiraten würde, hatte sie gewusst oder jedenfalls gehofft. Ihm aber hatte das erste Kind wohl die Freiheit und den Traum von der großen weiten Welt und einem Studium weit weg von zu Hause genommen.

Beide Geschichten haben etwas gemeinsam. Im Amoklauf wie in der Krebserkrankung bricht Schatten in das Leben ein und verändert es radikal. Im Gegensatz zur ersten Geschichte, die ebenso hoffnungs- wie erklärungslos im Gefängnis endet, findet die zweite jedoch einen unerwarteten Ausgang. Nach einem halben Jahr wird der junge Mann nicht schwächer, wie von den Ärzten vorausgesagt, sondern er kann gut weiterreisen. Nach einem Jahr ist er längst an jenem zum Sterben ausgewählten Platz in Indien, aber während ihm das Geld ausgeht, bleibt seine Lebenskraft erhalten. Er schlägt sich durch und kommt nach fast zwei Jahren ohne Anzeichen von Krebs zurück. Später nimmt ihn seine Frau sogar wieder auf.

Heute würde ich sagen, dass der junge Mann ein gutes Stück Schattenarbeit in Eigenregie geleistet und einen Teil von sich gelebt hat, der zuvor unterdrückt gewesen war. Sein Krebs war ein Ausbruch dunklen Schattens, sein Aufbruch ein Durchbruch lichten Schattens. Beides aber war Schatten, weil unbewusst. Kaum gab der Patient dem Schatten freiwillig Energie, konnte der Schatten dem Leben so viel Kraft und Dynamik schenken und sogar – nebenbei und ohne Therapie – den Krebs besiegen. Dies hatte der junge Mann keineswegs erwartet. Er war nicht mehr derselbe, als der er abgereist war. Seine Frau hatte recht: Den Teil, der ihn alles abbrechen und kurzentschlossen aufbrechen ließ, hatte sie nie gekannt. Wahrscheinlich hatte er selbst ihn bis dahin kaum gekannt. Die Aussichtslosigkeit der Krebsdiagnose gab ihm die Kraft, sich zu diesem in den Schatten verbannten Traum neuerlich zu bekennen. Bei der Rückkehr war dieser Teil zum Leben gekommen und integriert worden, und er machte sein Leben reicher und runder für ihn und seine Familie. In dieser neuen Kraft fing er auch (s)ein Studium an.

> **Schattentagebuch:** *Neige ich dazu, im Urlaub immer an dieselben Orte zu reisen, oder zieht es mich in unbekanntes Neuland? Was könnte ich mir für meine Ferien vornehmen? Gibt es in meinem Leben Umzüge, oder neige ich dazu zu bleiben, wo ich immer war?*
> Bitte notieren Sie dazu Ihre Gedanken.

Beide Beispiele zeigen, dass der Schatten unsichtbar und aus dem Unbewussten wirkt. Doch kann er dabei zum Wegweiser werden für das, was uns zur Ganzheit fehlt. Das macht ihn wertvoll und zu unserem größten Schatz. Zwar kennen wir unseren Schatten per Definition nicht, aber dennoch ist die Schattenreise – wie die zweite Geschichte andeutet – verlockend und voller wunderbarer Möglichkeiten. Wenn wir uns in ein neues, unbekanntes Land trauen, wird es uns viel mehr inspirieren und mehr bringen als die immer gleiche Reise an denselben Ort.

Von Teufeln, Dämonen und inneren Schweinehunden

Der Schatten hat von den Menschen im Laufe der Geschichte viele Namen bekommen, tiefgründige und oberflächliche. Davon unabhängig hat er seine zentrale und beherrschende Rolle im Leben immer bewahrt, selbst dann, als man wenig von ihm wissen wollte wie in unserer modernen Zeit. Im Mittelalter nannte man ihn den inneren Dämon und ging davon aus, *mit dem Teufel zu ringen*, wenn man sich ihm widmete. Wer sagte, *der Teufel habe ihn geritten*, glaubte, unter Schatteneinfluss geraten zu sein.

Die Begegnung mit den eigenen Dämonen ist Kirchenleuten vertraut, denn sie mussten so viel Wesentliches, so viele natürliche Triebe unterdrücken. Die Triebe aber trieben sie, und das Unterdrückte drückte auf ihr Gemüt. Je mehr sie diese Dämonen von sich getrennt sahen, desto leichter konnten sie sich der Verantwortung für ihre dunkle Seite entziehen. Also schoben sie die Triebe lieber dem Teufel in die Schuhe, als selbst Verantwortung dafür zu übernehmen.

Die Verteufelung von anderen, das Abschieben aller möglichen Schuld oder Verantwortung auf andere nennen Psychologen Projektion (lat. *proicere* = hinauswerfen, nach vorn werfen, hinwerfen). Sie führt aber zu keiner Lösung, sondern macht das abgewehrte, weggeschobene Thema im Gegenteil immer stärker und schließlich lebensbestimmend. So bekommt der Teufel als klassische Schattengestalt immer dann eine beherrschende Rolle in einem individuellen Leben oder in einer Epoche, wenn ihm besonders viel Lebenswichtiges zugeschoben und dem Leben entzogen wird. Projektion ist also der direkte Weg zur Schattenbildung.

Wie sehr selbst in den Schatten gedrängte Liebe zum Problem wird, zeigt das Christentum, die Religion der Liebe. Dessen Priester, denen irdisch körperliche Aspekte der Liebe verboten und nur die himmlischen erlaubt sind, stürzten diesbezüglich zu allen Zeiten in die Niederungen des Schattens. In der Inquisition erlebte die Liebe ihre pervertierteste Form in Gestalt eines klerikalen Sadismus, der im Kampf gegen die Attraktion des Weiblichen, die Heilkräfte der weisen Frauen und die alte Religion der Fruchtbarkeit, den Foltertod von ein bis neun Millionen Menschen, vor allem Frauen, heraufbeschworen hat. Das Hauptverbrechen dieser »Hexen« bestand darin, attraktiv zu sein und heilen sowie die Fruchtbarkeit regeln zu können. Doch in Wahrheit geschah nichts anderes, als dass der männliche Pol in Gestalt des männlichen Klerus den eigenen weiblichen Schatten in Gestalt der angeklagten Frauen niedermachte – statt im Sinne C. G. Jungs die Anima zu integrieren und weiter und offener zu werden für die eigene weibliche Seite des Mitgefühls und der Sinnlichkeit, der Fruchtbarkeit und des Heil(en)s. Die perverse Logik der Projektion wurde wohl nirgendwo so erschreckend deutlich.

Der Klerus konnte sich nicht vorstellen, dass allein der Anblick einer Frau genügte, um einen gottgefälligen Priester anzumachen; sie musste mit dem Teufel im Bunde sein. Wenn man sie also in ebenso geilen wie sadistischen Folterorgien zu Tode quälte, rettete man auch ihre Seele vor dem Teufel. Außerdem war das Zölibat natürlich leichter zu ertragen, wenn man alle attraktiven Frauen der Umgebung umbringen ließ, dabei noch neunzig Prozent von deren Besitz einsteckte und die Denunzianten mit den restlichen zehn Prozent sowohl köderte als auch abspeiste. Dagegen erscheint die aktuelle Missbrauchsorgie geradezu harmlos, aber auch sie ist Ausdruck des verdrängten Schattens einer menschlichen Liebe, die im Zölibat kaum eine Chance erhält. Zur höchsten Form in Gestalt der göttlichen Liebe reicht es bei vielen menschlichen Priestern offenbar nicht, und so fallen sie immer wieder zurück auf körperliche, sexuelle Ebenen und dort auf die unerlöstesten und perversesten Varianten. Jedoch ist Liebe tatsächlich gefordert und besonders von Priestern, den Vertretern des Gottes der Liebe auf Erden, aber sie hätte nicht so körperlich handgreiflich sein sollen wie in den abscheulichen Inquisitionsverfahren und nicht so unappetitlich wie bei modernen Missbrauchsfällen. Andererseits würde man es sich zu leicht machen, auf die Kirche und ihre Priester zu projizieren. Wo viel Licht ist, ist eben auch viel Schatten. Das zeigt die Geschichte des Christentums von ihrem Anfang an. Anders gesagt, wo viel Schatten ist, muss auch viel Licht sein, etwa in Gestalt all der Priester, die sich gar nichts zuschulden kommen ließen und heute gleich mit beschimpft und verunglimpft werden.

Wie schwer ehrliche Schattentherapie der Kirche heute fällt, kann uns zeigen, wie schwer sie allgemein ist. Wie erlösend aber wäre sie auch, wenn nach einem radikalen Reinemachen die Energie der Klärung und Erneuerung Raum bekäme und frischen Wind und neue Kraft in alte Mauern und Hirne tragen würde. Wie viel Energie könnte eine ehrliche Bitte um Verzeihung und der erklärte Wille zur Wiedergutmachung, von höchster Stelle geäußert, freisetzen! Tatsächlich wäre die Kirche, die immerhin der letzte Hort der Werte unserer Kultur ist, zur Schattentherapie aufgerufen und zu der damit einhergehenden Läuterung von Grund auf. Es wäre die Chance, ein in jeder Hinsicht unhaltbares Gelübde wie das Zölibat, das – bei besten Absichten – so viel Schatten beziehungsweise Unheil heraufbeschworen hat, zu reformieren, zumal es mit Christus und seiner wundervollen Lehre der Liebe nur insofern zu tun hat, als es deren dunkelsten Schatten heraufbeschworen hat.

Christus wusste im Übrigen, was er tat, als er seine Kirche auf Petrus baute, der ihn schon in der ersten Nacht dreimal verraten würde, um die eigene Haut zu retten.[2] Was der Meister in Kauf nahm, darf uns heutige Christen beunruhigen, aber das Wissen um das ganze Muster und den großen Plan könnte auch wieder Ruhe einkehren lassen, nach gründlicher Läuterung und Schattenkonfrontation. Ohne es so konkret formulieren zu können, spüren und fordern diese Notwendigkeit heute viele Millionen katholischer Christen. Verglichen mit diesem Thema, das so viel Resonanz in vielen von uns auslöst, sind andere Themen leichter

2 Siehe dazu das Kapitel »Das Gesetz des Anfangs« in meinem Buch *Die Schicksalsgesetze*, S. 197 ff. (Literaturverzeichnis).

zu nehmen. Aber wo immer der Schatten ins Spiel kommt, wird es schnell hart und unangenehm, besonders dort, wo es für einen persönlich wichtig ist.

Selbst als Dämon hatte der Schatten aber auch bessere Zeiten. In der griechischen Antike stand Daimonion für das Göttliche, und Sokrates bezeichnete so den höchsten göttlichen Teil der Seele, vergleichbar mit heutigen Ausdrücken wie Gewissen und innerer Stimme, denen wir gehorchen sollten.

In der antiken Sage müssen die Helden des Mythos in die Unterwelt hinabsteigen wie etwa Herakles, der auf dem Weg noch mit dem Höllenhund Cerberus ringt. Letzterer ist heute als innerer Schweinehund besser bekannt und ein guter Vertrauter aller Abhängigen und Süchtigen. Wer genau hinschaut, findet ihn auch in sich. Er lässt uns einerseits Dinge tun, die wir eigentlich gar nicht tun wollen. Andererseits hindert er uns, zu tun, was wir wollen und sollen und etwa als gesund erachten. Diesen inneren Schweinehund betrachten wir am liebsten als einen Fremden, mit dem uns nichts verbindet. Auf ihn schieben wir unser Versagen. Zum Beispiel bekommt er Schuld, wenn wir es nicht schaffen, joggen zu gehen, und auch dies ist Projektion: das Abschieben von Verantwortung. In Wahrheit ist natürlich der innere Schweinehund – *nomen est omen* – ein Teil von uns, ein typischer Schattenaspekt. Wir haben nur wenig Kontakt zu diesem »anderen Willen« und fühlen uns bis zu einem gewissen Grad fremdbestimmt, wie es für Suchtverhalten typisch ist. Wann immer wir jemand anders Schuld geben, ist Projektion und damit wieder das Schattenthema im Spiel.

Der Kampf menschlicher Helden mit diesem tierischen oder dunklen Gegenpol ist eine klassische Auseinandersetzung mit dem Schatten, die die Mythen der Völker durchzieht. Siegfried hat sie mit dem Drachen Fafner stellvertretend für viele junge Helden ausgefochten. Die Heldensagen und Mythen erzählen uns, wie mutige Recken das Land und sich selbst von bösen Scheusalen befreien, unter denen alles Leben zu ersticken droht. Sie wachsen über sich selbst hinaus und besiegen mit dem Drachen den eigenen Schatten. Danach können sie selbst und kann auch ihr Land wieder aufleben. Die Helden stehen hier stellvertretend für uns alle, die wir bei diesem Kampf mit dem Schattendrachen so viel zu gewinnen haben. Wir müssen ihn finden, ihn stellen und vor allem uns ihm stellen. Damit ist er schon so gut wie besiegt. In der chinesischen Symbolik ist der Drache von Anfang an ein Glückssymbol. In unserer Kultur müssen wir ihn erst dazu machen. Dies ist möglich, wenn wir ihn besiegen, indem wir uns mit dem eigenen Dunkel, der Schattenwelt, konfrontieren und sie so zu einem bewussten Teil von uns wird. Siegfried badet zum Zeichen dafür im Drachenblut, das ihn überall, wo es seine Haut benetzt, immun gegen die dunklen Kräfte des Verderbens macht.

Bereits in der ältesten Menschheitssage erkennen wir dieses Motiv wieder: Der babylonische Held Gilgamesch gewinnt durch den Kampf mit seinem dunklen Bruder Enkidu in diesem später seinen stärksten Verbündeten – ein weiterer Hinweis darauf, welche großen Geschenke im Schattenreich auf uns warten.

Wie viel Ehrlichkeit und Echtheit für diesen Kampf mit dem Schatten notwendig sind, mag ein anderer Mythos aus dem Zweistromland verraten. In diesem muss die Himmelsgöttin Innana den Abstieg zu ihrer dunklen Gegenspielerin, der Göttin der Unterwelt, nackt und ohne ihre Würdenzeichen antreten. Das heißt, sie hat bei der Konfrontation mit der eigenen dunklen Seite jede ihrer Masken abzulegen.

Alle Kulturen kennen den Schatten und bezeichnen ihn nur auf ihre eigene Art. Weitere Namen für den Schatten sind dunkler Zwilling, Doppelgänger, die dunkle Seite oder bei Freud das Es. Seit C. G. Jung sprechen Psychotherapeuten einfach von

Schatten. Bei Jung lernen wir, dass der Schatten sogar die Quelle größter Inspiration ist und die Chance bietet, zu den eigenen spirituellen Wurzeln zu finden. Er kann uns weit über die Persönlichkeit oder Person(a) hinausführen, jene Maske, durch die wir das bewusste Ich, mit dem wir uns identifizieren, in die Welt tönen lassen (lat. *per* = hindurch, *sonare* = tönen). Jung hielt den Schatten für das Wesen, das uns ängstigt, das wir lieber nicht wären, zum Schluss aber doch werden müssen, wenn wir uns mit allem vereinigen wollen. Demnach ist der Schatten äußerst zwiespältig. Er stößt uns ab und lockt herbei; er widert an und fasziniert zugleich.

Jung unterscheidet im Weiteren zwischen dem persönlichen und dem kollektiven Schatten. Der persönliche Schatten entsteht durch Verdrängung von Eigenschaften, mit denen wir uns nicht identifizieren und die wir nicht annehmen wollen, aber die wir dennoch haben. Aus der Ansammlung dieser unterdrückten Eigenschaften baut sich Schatten auf, und natürlich wächst er im Laufe des Lebens, wenn wir nicht bewusst eingreifen. Er wirkt – unbewusst – hinter unserem Rücken, und nicht selten karikiert er die bewusste Persönlichkeit. Außer dem persönlichen Schatten, dem wir uns in den folgenden Kapiteln widmen, umfasst der kollektive Schatten die unbewussten Themen einer Kultur oder Gesellschaft, und archaischer Schatten konfrontiert mit dem Urgrauen.

Schattentagebuch: *Gibt es etwas in meinem Leben, das Zufriedenheit, Gesundheit und Glück im Wege steht?*
Bitte notieren Sie dazu Ihre Gedanken.

Den Schatten verdrängen

Robert Bly, der Autor von *Eisenhans*[3], einem Buch, das sich unter anderem mit der dunklen männlichen Seite beschäftigt, spricht vom Schatten als einem Sack, den wir hinter uns herziehen. Bly geht davon aus, dass wir bis zur Adoleszenz, zum Erwachsensein, damit beschäftigt sind, in diesen schwarzen Schattensack zu stopfen, was wir im Bewusstsein nicht ertragen wollten. Den Rest des Lebens ringen wir dann darum, diese Seelenanteile wieder aus dem dunklen Sack herauszubekommen und ins Leben zu integrieren. Bly liefert damit eine gute Kurzfassung der Schattenentstehung. Während Kindheit, Jugend und Adoleszenz erzeugen wir Schatten, um Persönlichkeit zu entwickeln und um seelisch überleben zu können. Wenn wir uns als Erwachsene aber in Richtung Verwirklichung entwickeln wollen, müssen wir die in den Schatten geschobenen Inhalte wieder hervorholen und am Leben beteiligen.

Die Verlockung, den *Knüppel* zeitlebens *im Sack* zu lassen und unsere ungel(i)ebten Anteile angstvoll zu ignorieren, ist groß. Allerdings wissen schon Kinder, dass bei Nikolausfeiern neben Rute und Knüppel auch viele Geschenke im Sack stecken. Sie aus dem dunklen (Schatten-)Sack zu befreien ist Aufgabe dieses Buches und die wichtigste im Hinblick auf Selbstverwirklichung. Ein Leben mit dem Knüppel im Sack wird ziemlich monoton und langweilig. Es verläuft nicht so sehr im Sand als im Schatten, und die Betroffenen merken es nicht einmal. Obendrein sind sie ständig von Schattenausbrüchen bedroht, wie die eingangs erzählten Geschichten zeigen.

3 Robert Bly: *Eisenhans. Ein Buch über Männer.* rororo, Reinbek, 5. Aufl. 2005.

Menschen, die den Schatten ignorieren wollen, wehren sich gegen die Deutung von Symptomen, etwa von Krankheitsbildern, durch die Schatteninhalte sofort zum Vorschein und Bewusstsein kommen können. So sind die Bedeutungen von Krankheitsbildern oft peinlich offensichtlich und – vor allem von Außenstehenden – nicht zu übersehen. Aber die Betroffenen ziehen es vor, auf kindliche Weise das Offensichtliche, die sich im Symptom zeigende Wirklichkeit, zu leugnen. So kommt es, dass alle spontan begreifen, was abläuft, nur die Betroffenen nicht. In dieser Situation haben sich große Teile der Bevölkerung moderner Industriestaaten verbarrikadiert nach der Devise: »Nur ja nicht dran rühren.«
Mehr zum Thema Krankheitssymptome ab Seite 219

In diesem Zusammenhang noch ein weiteres Beispiel für den Einbruch des Schattens: Eine Äbtissin, die ihren Klosterdienst über Jahrzehnte hinweg vorbildlich versehen hatte und ihren Mitschwestern in jeder Hinsicht ein gutes Beispiel gewesen war, durchlitt einen dramatischen Schatteneinbruch, den ihre Umgebung als (Teufels-)Besessenheit erlebte. In der Psychiatrie gingen wir Ärzte dagegen genauso selbstverständlich von einer Psychose aus. Die Betroffene hatte nach Aussagen ihrer Mitschwestern ohne jede Vorwarnung begonnen, ihre Kleidung abzustreifen, unflätige, grobe Worte im sexuellen Kontext zu gebrauchen, ständig und öffentlich zu onanieren und mit ihrem Kot und Urin erschreckende Parolen an die Wände der Zelle zu schreiben. Die Energie hinter diesem Schatteneinbruch war so mächtig, dass selbst schwere Neuroleptika (dämpfend wirkende Medikamente zur Behandlung von Psychosen) sie kaum davon abbringen konnten.

Wird Schatten unter der Verdrängungsstrategie zu groß, kann er die Macht übernehmen und das Ich beiseitedrängen. Früher sprach man dann ganz selbstverständlich von Besessenheit und ahnte dahinter Teufel und Dämonen. Zur Zeit der großen Psychiater Bleuler und Jung wählte man die Bezeichnung Dementia praecox (vorzeitige Demenz) und benannte damit das Schattengeschehen nach seinem Endstadium. Heute spricht man ganz »wissenschaftlich« von Schizophrenie – oder von Psychose, wenn es sich um zeitlich begrenzte Schattendurchbrüche handelt. Neben Schatteneinbrüchen wie den eingangs erwähnten im Sinne von Amok und schwerer Krankheit ist die Psychose damit eine weitere unbewusste Konfrontation mit der eigenen dunklen Seite.

Nur wenige wissen, dass heute ein Drittel der Bevölkerung unserer sauber aufgeräumten und sorgsam von Dämonen und Aberglauben befreiten Welt einmal im Leben einer Psychose und damit dem Schatten zum Opfer fällt. Ein gutes Drittel der Betroffenen bringt dies als einmalige, wenn auch monatelange Schattenerfahrung hinter sich. Ein weiteres Drittel kämpft von nun an öfter mit solchen Schatteneinbrüchen, und ein knappes Drittel bleibt dem Schatten im Sinne der Schizophrenie verbunden. Dieses Wort bezeichnet eine dauerhafte psychische Spaltung (griech. *schizein* = spalten, *phren* = Geist, Gemüt). Anders gesagt handelt es sich um die Unterbrechung der Verbindung zwischen Ich und Schatten. Beide gehen gleichsam getrennte Wege und finden nicht mehr friedlich zusammen.

Normalerweise ist beim Menschen das Ich oder die Persönlichkeit am Ruder und der Schatten unterdrückt. Er kann sich nur in Krankheits- und anderen Symptomen – zum Beispiel Süchten, Fehlleistungen, Unfällen oder Albträumen – in kleinen Portionen ins Leben einbringen. Beim Schizophrenen ist dagegen der Schatten an der Macht und das Ich unterdrückt. Es kann sich nur noch in sogenannten Inseln der Klarheit[4], kleinen Momenten des Durchblicks, zeigen. Die Psychiatrie versucht mit Medikamenten, den Neuroleptika, die Ausdrucksformen

4 Der Begriff stammt von dem amerikanischen Psychiater Edward M. Podvoll. Empfehlenswert ist sein Buch *Aus entrückten Welten. Psychosen verstehen und behandeln.* Ariston, München, überarb. Neuausg. 2004.

des Schattens wie Stimmenhören und Bilderfluten zu unterdrücken, um so dem Ich wieder eine Chance zu geben und es langfristig zu stärken. Leider beeinträchtigen Neuroleptika jedoch auch das Ich erheblich. Schattentherapie im Sinne dieses Buches versucht demgegenüber, Schatten erst gar nicht bedrohlich mächtig werden zu lassen, sondern ihm rechtzeitig Ausdruck zu verschaffen.

Von der Schatten- auf die Sonnenseite

Die erwähnten Zahlen zur Häufigkeit von Psychosen deuten an, wie groß der Schatten der modernen Gesellschaft ist. Letztlich erleidet er dasselbe Schicksal wie die für seine Versorgung in unserer modernen Welt zuständige Psychiatrie. Beide sind ähnlich mit Tabus belegt und an den Rand der Gesellschaft gedrängt.

Betroffene erleben und erleiden den Einbruch des Schattens, wenn er das Ego beiseitedrängt, oft wie die Übernahme durch eine fremde Macht, mit der es keine Kooperationsmöglichkeiten gibt. Dieses weitgehend verdrängte Schattenszenario spricht dafür, sich rechtzeitig um sehr bewusste, geplante Schattenkonfrontation im Sinne von Therapie zu kümmern. Wer von Anfang an seiner inneren Stimme zuhört, wozu die Übungen und Meditationen dieses Buches anregen, ist vor dem gewaltsamen Einbruch innerer Stimmen im Sinne der Psychiatrie vergleichsweise sicherer. Ebenso kann sich derjenige, der einen entspannten Umgang mit seinen inneren Bildern – denen des Traumes und der »Reisen nach innen« – pflegt, vor dem gewaltsamen Einbruch überwältigender Bilder sicherer fühlen.

Die Entscheidung, den Knüppel aus dem Sack, das heißt aus seinem Versteck in Gestalt des Unbewussten, herauszulassen, ist schwer. Sie kostet viel Überwindung, denn so groß die Angst vor dem Schatten, so gering ist das Wissen um die hier verborgenen Geschenke und Schätze. In der Mythologie ist nicht zufällig Pluto gleichzeitig der Herr der Unterwelt und der Herr des Reichtums und der Schätze. Für aufgeweckte Menschen und solche, die es werden wollen, ist die Entscheidung, sich dem Schatten zuzuwenden, trotz aller Problematik ohne Alternative. Alle Religionen und Mythen sind sich diesbezüglich verblüffend einig: Der Weg ins Licht führt immer und ausschließlich über den Schatten, selbst Christus muss niederfahren in das Reich der Toten, bevor er am dritten Tag aufersteht.

Der landläufig gesunde Normalbürger erlebt Schatten in der Regel allerdings wenig dramatisch in einer mehr oder weniger großen Fülle von kleinen Fehlleistungen wie Versprechern, harmloseren Symptomen und vor allem Vermeidungsstrategien (mehr dazu ab Seite 215). All diese geben bereits Hinweise auf eigene unbewusste Bereiche. Bei Menschen im Rampenlicht oder mit hohem ethischen Anspruch in verantwortungsvoller Position freut sich die Presse, jeden dieser Schatteneinbrüche wie sexuelle Entgleisungen, Drogenkonsum oder sonstige gesellschaftliche Tabubrüche ans Licht der Öffentlichkeit zu zerren. Ein Beispiel ist die hochangesehene evangelische Bischöfin Margot Käßmann, die nachts betrunken über eine rote Ampel und direkt der Polizei in die Arme fuhr. Genau wie sie selbst fragte sich die Öffentlichkeit überrascht und erschüttert, warum gerade ihr so etwas passieren konnte.

Wenn wir solchen Schattenerfahrungen in diesem Buch nachgehen, geschieht es zum einen vorbeugend, um große Einbrüche, denen wir weitgehend hilflos ausgeliefert wären, überflüssig zu machen. Zum anderen ist es dazu gedacht, das Leben in einem jetzt noch kaum vorstellbaren Maß zu bereichern, indem Angst machende, unbewusste Aspekte integriert werden.

Während der Nikolaus mit seinem großen Sack samt Rute und Geschenken nur einmal im Jahr kommt, ist unser Schatten immer mit uns und kann uns täglich bestrafen oder beschenken. Die Entscheidung liegt bei uns. Wer in den Sack hineinschauen will, um sich bei den Geschenken zu bedienen, findet reichlich Stoff in diesem Buch und seinen Übungen. Die Rute wird er so überflüssig machen.

Ein sehr anregendes Beispiel für die Umpolung von der Schatten- auf die Licht- oder Sonnenseite vermittelt der Text *Lost Generation?* von Jonathan Reed, der ihm 2006 beim Festival der Werbebranche in Cannes einen Preis einbrachte (siehe unten). In der üblichen Reihenfolge von oben nach unten gelesen beschreibt er in schrecklicher Direktheit die deprimierende Situation der jungen Generation in der modernen Welt. Zeile für Zeile von Gedankenstrich zu Gedankenstrich von unten nach oben gelesen, wird derselbe Text aber zur Offenbarung einer besseren Zukunft. In der deutschen Übersetzung hat er aufgrund der spezifischen Struktur des Deutschen leider nicht dieselbe Brillanz, deshalb ist das englische Original[5] vorzuziehen:

– I am part of a lost generation	*– Ich bin Teil einer verlorenen Generation*
– and I refuse to believe that	*– und weigere mich zu glauben:*
– I can change the world	*– Ich kann die Welt verändern*
– I realize this may be a shock but	*– Ich realisiere, es mag schockierend sein:*
– »Happiness comes from within.«	*– »Glück kommt von innen!«*
– is a lie, and	*– ist eine Lüge und*
– »Money will make me happy.«	*– »Geld macht glücklich!«*
– So in 30 years I will tell my children	*– In 30 Jahren werde ich deshalb meinen Kindern sagen*
– they are not the most important	*– sie sind nicht das Wichtigste in*
– thing in my life	*meinem Leben*

5 http://www.youtube.com/watch?v=42E2fAWM6rA

– My employer will know that	*– Meine Chefs wissen*
– I have my priorities straight because	*– meine Prioritäten sind klar und*
– work	*– Arbeit*
– is more important than	*– ist wichtiger als*
– family	*– Familie*
– I tell you this	*– Ich sage euch*
– Once upon a time	*– Einst vor langer Zeit:*
– Families stayed together	*– die Familien blieben damals zusammen*
– but this will not be true in my era	*– Aber das wird nicht mehr gelten für meine Zeit*
– this is a quick fix society	*– Dies ist eine Schnell-Schuss-Gesellschaft*
– Experts tell me	*– Experten sagen mir*
– 30 years from now, I will be	*– in 30 Jahren werde ich den*
– celebrating the 10th anniversary of my divorce	*10. Jahrestag meiner Scheidung feiern*
– I do not concede that	*– Ich behaupte nicht*
– I will live in a country of my own making	*– Ich lebe in einem Land meines eigenen Zuschnitts*
– In the future	*– In Zukunft gilt:*
– Environmental destruction will be the norm	*– Umweltzerstörung ist die Norm*
– No longer can it be said that	*– Es kann nicht länger behauptet werden:*
– My peers and I care about this earth	*– Meine Altersgenossen und ich sorgen uns um die Erde*
– It will be evident that	*– Es ist offensichtlich:*
– My generation is apathetic and lethargic	*– meine Generation ist apathisch und lethargisch*
– It is foolish to presume that	*– und es ist dumm anzunehmen,*
– There is hope.	*– Es gibt Hoffnung.*
– And all of this will come true	*– Und all das wird wahr,*
– unless we choose to ***reverse it.***	*– wenn wir uns nicht entscheiden, es* ***umzukehren****.*

Die Verblüffung über diese so einfache wie wirksame Umkehrung können wir wundervoll auf unsere Reise durch den Schatten zum Licht mitnehmen. Später werden wir nämlich genau dies tun und in unserem wichtigsten Schattenspiel lernen, aus Feinden Freunde zu machen und aus Schatten Licht zu gewinnen.

Das Dunkle in jedem

Sich mit der Polarität auseinandersetzen

In der Konfrontation mit dem Schatten offenbart unser Atem das Problem, aber auch schon die Lösung. Wir werten den Aus- und den Einatem nicht, das heißt, beide Pole sind uns gleich lieb und wichtig. Es wird kein Pol bevorzugt, und der Rhythmus des Atems trägt uns gleichmäßig und sicher durch unser Leben – solange wir bei dieser ausgewogenen Einschätzung bleiben.

Rhythmus entsteht durch den Wechsel zwischen zwei Polen und ist lebenswichtig. Rudolf Steiner, der Begründer der Anthroposophie, ging davon aus, alles Leben sei überhaupt Rhythmus. Tatsächlich entfaltet sich das Leben in der Welt der Gegensätze durch das rhythmische Wechselspiel zwischen den Polen, wie nicht nur der Atem zeigt. Bringen wir dabei aber Wertung ins Spiel (des Lebens), entstehen sofort Probleme. Ist uns etwa das Nehmen beim Einatmen lieber als das Geben beim Ausatmen, entsteht sofort ein lebensbedrohliches Problem. Durch die Bevorzugung des Einatmens sinkt das Ausatmen gleichsam in den Schatten – die Situation des Asthma bronchiale. Zur Bevorzugung des Einatmens gehört automatisch die Benachteiligung des Ausatmens. Betroffene ringen krampfhaft nach Luft und vergessen darüber das Ausatmen. An diesem Irrtum sterben sogar manche Asthmatiker.

Das Beispiel verdeutlicht einen wichtigen Mechanismus der Schattenbildung. Wann immer wir etwas – hier das Ausatmen und Geben – ablehnen, verschwindet es damit nicht, sondern sinkt in den Schatten. Von dort kann es sich, wie wir schon wissen, auf vielfältige Weise wieder melden. Wer die Bedeutung eines Krankheitsbildes jedoch durchschaut und akzeptiert, kann dadurch den »verkörperten« und aus dem Bewusstsein verdrängten, in das Unbewusste abgeschobenen Schatten wieder in das Bewusstsein zurückholen. Diese neuerliche Integration des vormals ausgeblendeten Teils macht heiler und vollkommener. Es ist ein Akt der Schattenintegration. Immer wenn wir einen verdrängten oder abgelehnten Pol wieder in unser Bewusstsein zurückholen, bringt uns diese Gegensatzvereinigung der Einheit näher. Lernt also der Asthmatiker, im Ausatmen loszulassen und herzugeben, ist sein Asthma geheilt. Allerdings zeigt sich hier auch, wie schwer es fällt, einen einmal ausgeschlossenen Pol der Wirklichkeit wieder zurück in das Bewusstsein zu bringen.

Es kann nicht oft genug wiederholt werden: Sobald wir etwas aus unserem Bewusstsein verbannen, weil es uns Angst macht, wird es unbewusst und sinkt in den Schatten. Wo immer wir das Licht der Bewusstheit entziehen, schaffen wir Schatten. Doch das Verbannte fügt sich nicht kampflos. Die amerikanische Psychologin und Schattenspezialistin Debbie Ford erklärt dazu: »Die Gefühle, die wir unterdrückt haben, drängen darauf, anerkannt und integriert zu werden. Sie sind nur dann schädlich, wenn sie verdrängt werden, denn sie drohen hervorzubrechen, wenn es völlig unangemessen ist. Ihre hinterhältigen Attacken werden Sie gerade in den Bereichen Ihres Lebens behindern, die für Sie am wichtigsten sind.«[6]

6 Debbie Ford: *Die dunkle Seite der Lichtjäger. Kreativität und positive Energie durch die Arbeit am eigenen Schatten.* Goldmann, München 1999, S. 19.

Demgegenüber brauchen wir all jene Eigenschaften und Energien, die wir uns bewusst machen, künftig weder aufwändig zu verdrängen noch zu fürchten. Wir können sie im Gegenteil nutzen, statt uns von ihnen missbrauchen und quälen zu lassen. Wo wir uns nicht freiwillig mit dem Schatten beschäftigen, wird er sich mit uns auf seine Art beschäftigen. Dies ist keine Drohung, sondern Gewissheit und Hoffnung zugleich.

Zu allen Zeiten wussten oder ahnten Menschen zumindest das Muster des menschlichen Entwicklungsweges; es ist dem Lauf der Sonne, unserem Zentralgestirn, nachempfunden. Die Sonne scheint von der Erde aus gesehen das Schattenreich ebenfalls zu durchwandern. Dies ist das Urmuster der Polarität.

Wie dem babylonischen Sonnenhelden Gilgamesch, der mit seinem dunklen Zwillingsbruder Enkidu ringen muss, um seinen Lebensweg zu bewältigen und seinen Schatten als wichtigsten Verbündeten zu gewinnen, geht es grundsätzlich allen Menschen in unserer Welt der Gegensätze. Wir müssen mit der Polarität, der von Gegensätzen beherrschten Welt, fertig werden, um uns Gott beziehungsweise der Einheit zu nähern. Abel muss mit Kain aneinandergeraten. Adam findet seinen Gegenpol in Eva, der hinduistische Shiva in seiner Gemahlin Parvati.

Vom Direktflug ins Licht träumen lediglich einige Anhänger positiven Denkens mit ihrer Affirmationsakrobatik oder auf Doping setzende Sportler. Wer auf diese im Sport als betrügerisch eingestufte Weise Erfolg hat, wird seinen Sieg nicht einmal richtig genießen können. Wer dagegen die vor dem Aufstieg liegende Schlucht durchstiegen und die Tiefe vor der Höhe gemeistert hat, wird seinen späteren Erfolg ganz anders, nämlich in seiner Ganzheit feiern. Er hat vom (Lebens-)Weg beide Seiten kennengelernt. Im Märchen muss der Held ausdrücklich ausziehen, um das Fürchten zu lernen. Erst danach kann er sein königliches Erbe antreten und der Prinzessin die

Hand reichen. Der Weg in das Dunkel seiner Seele macht ihn dazu stark genug.

Sportler wissen, dass jede Trainingseinheit sie erst schwächt, dass sie also wieder absteigen, bevor sie sich erholen und ein

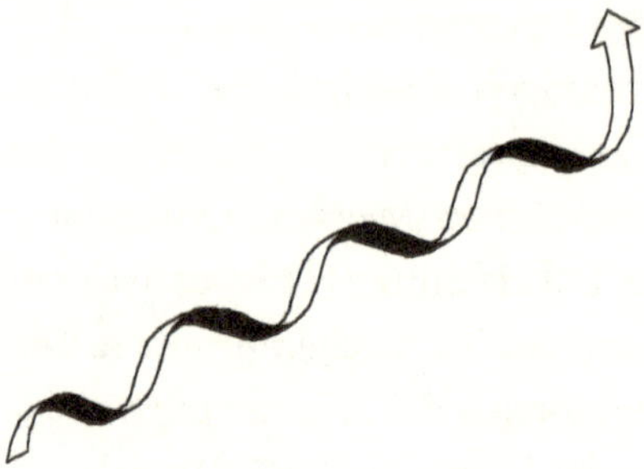

höheres Niveau erreichen. So arbeiten sie sich in einem langsam ansteigenden Wellenmuster nach oben, das den typischen Entwicklungsverlauf im archetypischen Sinn darstellt.

Die Erfahrung des Schattens ist ein integraler Bestandteil des menschlichen Entwicklungsweges. Wir müssen unsere Feinde lieben lernen, bevor wir mit allem eins werden können. Wer sich mit Entwicklung beschäftigt, wird immer wieder auf diese Tatsache und damit auf den Schatten stoßen. Nur die Worte variieren. Der Buddha lehrt, dass vor der endgültigen Befreiung alle früheren Inkarnationen, also die als Opfer und als Täter, bewusst werden müssen. Die Sterbeforscherin Elisabeth Kübler-Ross empfahl dringend, die unerledigten Geschäfte rechtzeitig zu regeln, um das Leben stimmig abschließen zu können. Der Therapeut Bert Hellinger spricht davon, dass jedes System Vollständigkeit erstrebt. Sehr einfach gesagt, müssen wir unsere Vergangenheit aufräumen, bevor wir heil und vollständig in der Gegenwart ankommen können. Das ist auch das wesentliche Ziel der Reinkarnations- beziehungsweise Schattentherapie, die frühere Inkarnationen nutzt, um von alten Lasten und Bürden loszulassen und für das Hier und Jetzt frei zu werden.

Das Licht des Erwachens, die Erleuchtung, braucht den Schatten so dringend wie der Einatem den Ausatem. Anders ausgedrückt, der menschliche Entwicklungsweg führt durch die Polarität, die Welt der Gegensätze. Beide Pole der Wirklichkeit sind in unserer Welt gleich wichtig und bedürfen einander. Das Ziel des Weges aber liegt in der Überwindung der Polarität, in der Einheit. Darin sind sich alle Religionen einig.

Nun wirkt das Polaritätsgesetz auf den ersten Blick so einfach, so selbstverständlich, dass die Auseinandersetzung mit ihm kaum der Mühe wert zu sein scheint. Auf den zweiten Blick hat es die Polarität jedoch in sich. Der Schatten ist ihr Kind – ihr wichtigstes und doch oft vernachlässigtes. Wir werden uns diesem Thema so einfach wie möglich nähern, um es für Entwicklung und Befreiung zu nutzen.

In der polaren Welt lebt *natür*lich alles von der Gegensätzlichkeit: Niemand kann sich groß fühlen, wären nicht andere klein(er). Frieden ist ohne Krieg nicht denkbar, reich nicht ohne arm und selbst gut nicht ohne böse. Aus der Welt der Gegensätze betrachtet können wir uns die Einheit nicht einmal vorstellen. Die Polarität lässt alles gegensätzlich erscheinen. Aus der Perspektive der Einheit ist natürlich alles eins. Demnach gehören die Gegensätze unbedingt zusammen und sind erst zusammen vollständig. Es ist unser Hauptfehler in der polaren Welt, diese Tatsache immer wieder zu übersehen.

Übung: Versuchen Sie, gedanklich irgendetwas in dieser Welt zu finden, zu dem es keinen Gegenpol gibt.
Wenn Sie die Vergeblichkeit dieser Erfahrung erlebt haben, genießen Sie einen Moment lang die Gewissheit, folglich auch selbst eine dunkle Seite haben zu dürfen. Halten Sie Ihre Gedanken dazu wieder im Schattentagebuch fest.

Die Erschaffung der Welt

Die Polarität entsteht aus der Einheit. Schon im ersten Vers der Bibel wird dies deutlich: »Am Anfang schuf Gott Himmel und Erde.« Gott steht für die Einheit, Himmel und Erde stehen für die Welt der Gegensätze. Nach diesem ersten Schritt in die Polarität geht es entsprechend weiter: Gott erschafft das Licht und trennt es von der Dunkelheit, um anschließend das Land vom Wasser zu scheiden und so weiter. So beschäftigen sich die ersten zehn Verse der *Genesis* mit der Aufspaltung dessen, was vorher eins war, in Gegensatzpaare.

Die Vorstellung, dass die Welt aus der Aufspaltung der Einheit in Gegensätze entsteht, bildet die Basis fast aller Religionen. Im Chinesischen wird beispielsweise aus der Einheit des Tao die Polarität von Yin, dem dunklen, feuchten Erdelement, und Yang, dem hellen, festen Himmelselement. Das *Tao Te King* schildert diese Aufspaltung der Einheit im zweiten Vers:

»Wenn gewisse Dinge als schön gelten,
werden andere Dinge hässlich.
Wenn gewisse Dinge als gut gelten,
werden andere Dinge schlecht.

Sein und Nichtsein erzeugen einander.
Schwierig und leicht stützen einander.
Lang und kurz bestimmen einander.
Hoch und niedrig sind abhängig voneinander.
Vorher und nachher folgen einander.

Daher handelt der Meister,
ohne irgendetwas zu tun,
und lehrt, ohne irgendetwas zu sagen.

Die Dinge erscheinen, und er lässt sie kommen;
die Dinge verschwinden, und er lässt sie gehen.
Er hat, besitzt aber nicht,
handelt, erwartet aber nicht.
Wenn sein Werk getan ist, vergisst er es.
Ebendarum währt es ewig.«[7]

Ähnlich beschreibt die Bibel die Welt der Gegensätze, indem sie die Zeit ins Spiel bringt, die der Einheit fremd ist:

»Alles hat seine Stunde. Für jedes Geschehen unter dem Himmel gibt es eine bestimmte Zeit:
eine Zeit zum Gebären
und eine Zeit zum Sterben,
eine Zeit zum Pflanzen
und eine Zeit zum Abernten der Pflanzen,
eine Zeit zum Töten
und eine Zeit zum Heilen,
eine Zeit zum Niederreißen
und eine Zeit zum Bauen,
eine Zeit zum Weinen
und eine Zeit zum Lachen,
eine Zeit für die Klage
und eine Zeit für den Tanz;
eine Zeit zum Steinewerfen
und eine Zeit zum Steinesammeln,
eine Zeit zum Umarmen

7 Laotse: *Tao Te King. Eine zeitgemäße Version für westliche Leser.* Kommentiert von Stephen Mitchell. Goldmann, München, 2. Aufl. 2003, S. 16.

und eine Zeit, die Umarmung zu lösen,
eine Zeit zum Suchen
und eine Zeit zum Verlieren,
eine Zeit zum Behalten
und eine Zeit zum Wegwerfen,
eine Zeit zum Zerreißen
und eine Zeit zum Zusammennähen,
eine Zeit zum Schweigen
und eine Zeit zum Reden,
eine Zeit zum Lieben
und eine Zeit zum Hassen,
eine Zeit für den Krieg
und eine Zeit für den Frieden.«[8]

Die Geometrie verdeutlicht unser weltliches Problem mit der Einheit, die wir uns nicht vorstellen können, da auch unsere Sinnesorgane der Polarität gehorchen und auf Vergleich beruhen. Ein (eindimensionaler) Punkt lässt sich wohl theoretisch denken, aber nicht wahrnehmen. Dazu würde er Ausdehnung brauchen, und es entstünde zumindest eine (zweidimensionale) Scheibe, wenn nicht eine (dreidimensionale) Kugel.

8 *Buch Kohelet, 3,1–8. Die Bibel, Einheitsübersetzung.* Herder, Freiburg u. a. 1980.

Audio-Meditation: Hören Sie die Meditationen 1 und 2. Nehmen Sie sich im Anschluss (an Stück 2) ausreichend Zeit, um die Meditation weiter wirken und ausklingen zu lassen.

Kommen Sie dann mit einem tiefen Atemzug zurück, der Sie wieder mit der Polarität, der Welt der Gegensätze, verbindet. Orientieren Sie sich bewusst im Raum mit räkelnden und streckenden Bewegungen und in der Zeit durch einen Blick auf Ihre Uhr.
Halten Sie Ihre Eindrücke im Schattentagebuch fest.

Licht und Bewusstheit hereinlassen

Letztlich existiert nur Einheit; sie bleibt jedoch in der Menschenwelt unsichtbar. Der letzten Wirklichkeit entsprechend steht sie weit über der Polarität, die sie obendrein auf jeder Ebene und in jedem Moment durchdringt. Der Schatten erscheint nur in der Polarität gleichberechtigt gegenüber dem Licht, das ja zugleich auch Symbol der Einheit ist. Im Hinblick auf diese letzte Wirklichkeit steht Licht über dem Schatten.

Während der Schatten die Abwesenheit von Bewusstheit, also nichts Eigenes, Eigenständiges ist, existiert das Licht (der Bewusstheit) für sich allein und bedarf dazu nicht des Schattens. Ein vertrautes Beispiel macht dies deutlich: Eine winzige Kerze genügt, um Dunkelheit zu vertreiben. Aber umgekehrt kann der Schatten dem Licht nichts anhaben.

Das Verhältnis von Licht und Schatten in der Welt mag das Bild eines Entwicklungsdreiecks verdeutlichen: Dessen obere Spitze steht als Symbol für die Einheit (1), die Basis unten für die Polarität mit den beiden Polen (2) und (3). Teilen wir das Dreieck von der Spitze in zwei Hälften, stehen sich unten an der Basis dunkelste Schwärze als Symbol des Schattens und helles Licht gegenüber. Mit jedem im Laufe des Lebens errungenen Entwicklungsschritt und höheren Niveau im Dreieck bleibt das Licht auf der lichten Seite gleich hell, auf der Schattenseite nimmt die Schwärze jedoch ab. Die Abwesenheit des Lichts wird mit wachsendem Bewusstsein geringer, und der Schatten wird schließlich über dunkel- bis zu hellgrau mehr und mehr durchlichtet. In der Nähe der Spitze wird deutlich, wie sich das Licht nicht verändert, aber der Schatten allmählich einfach verschwindet beziehungsweise sich in Licht auflöst.

An der Basis stoßen also größte Helligkeit und dunkelster Schatten aufeinander. Das Licht auf dieser unteren Ebene entspricht dem bewussten Ich oder Ego; auf dieser Ebene ist das Ego für unser Überleben notwendig.

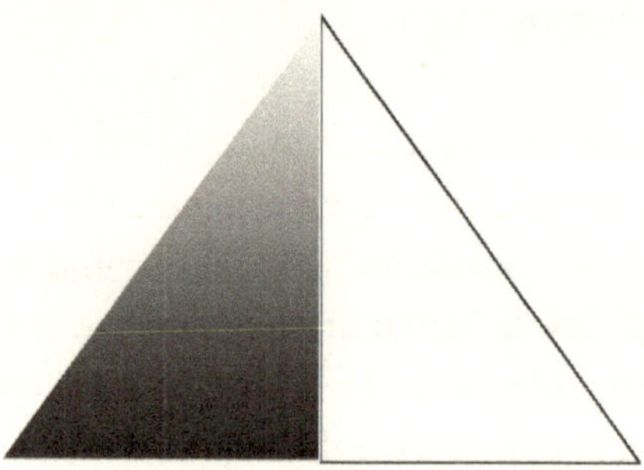

Auf dem Weg zur Spitze des Dreiecks braucht das Ich das Gegenüber des Schattens, um sich immer bewusster zu werden. Während dieses Prozesses wird der Schatten schwächer oder durchsichtiger, in unserem Bild grauer und schließlich lichter. Je höher wir in unserer Entwicklung aufsteigen, desto mehr hellt sich der Schatten auf, das heißt, desto mehr dringt das Licht in sein Revier vor. Dieser Prozess kann auch Heilung genannt werden.

An der Spitze gehen beide Seiten in das Licht der Einheit über, das dem göttlichen Licht und dem Selbst entspricht. Es hat kein Gegenüber mehr und ist jenseits der polaren Welt, das heißt überall zugleich. Jetzt erst sind wir in der Wirklichkeit und erkennen, dass der Weg dorthin und die Welt der Polarität – Licht und Schatten, inklusive aller Schwierigkeiten und Täuschungen – Illusion waren. So oder ähnlich beschreiben Menschen, die Verwirklichung fanden, diese Erfahrung. Im *Tao Te King* liest sich das im Vers 41 wie folgt:

»Der Weg ins Licht scheint dunkel zu sein,
der Weg nach vorn scheint zurückzuführen,
der kürzeste Weg scheint lang zu sein,
wahre Kraft scheint schwach zu sein,
wahre Reinheit scheint befleckt zu sein,
wahre Standhaftigkeit scheint wankelmütig zu sein,
wahre Klarheit scheint unklar zu sein,
die größte Kunst scheint ungekünstelt zu sein,
die größte Liebe scheint gleichgültig zu sein,
die größte Weisheit scheint kindisch zu sein.

Das Tao ist nirgendwo zu finden.
Doch es nährt und vollendet alle Dinge.«[9]

Selbstverwirklichung ist Durchlichtung und Bewusstmachung des Schattens. Sie entspricht der Auflösung von Ego und Schatten, wenn beide in das Selbst übergehen. Dabei verschwinden sie nicht eigentlich, sondern werden eher in gewandelter Form zur Energiequelle des Selbst. Ähnlich verschwindet im Mythos auch Enkidu nicht, sondern entwickelt sich zur Kraftquelle von

9 Laotse: *Tao Te King*, a. a. O., S. 51.

Gilgamesch. Das Selbst entspricht in diesem Sprachbild dem All-eins-Sein, der Erfahrung der Ununterschiedenheit. Was im Bild vom Entwicklungsdreieck so schematisch erscheint, wird im *Tao Te King* anschaulicher. Die Einheit existiert natürlich nicht nur an der Spitze des Dreiecks, sondern immer überall, nur sehen wir sie nicht und verstehen sie nur in unseren polaren Bildern. Wunderschön beschreibt der libanesische Dichter Khalil Gibran in seiner Erzählung *Satan* den Kampf von Licht- und Schattenseite. Der vom Erzengel Michael im Kampf verwundete Satan bittet einen Priester, ihn zu retten:

»Ich bin der wütende und stumme Sturm, der Geist und Seele der Menschen beunruhigt. Aus Angst vor mir suchen sie eigene Orte des Gebetes auf, um mich zu verdammen, oder Orte des Lasters, um mich durch ihre Unterwerfung zu beglücken. Der Mönch, der in der Stille der Nacht betet, um mich von seinem Bett fernzuhalten, gleicht der Dirne, die mich in ihre Kammer einlädt. Ich bin Satan auf immer und ewig.

Ich bin der Erbauer von Klöstern und Konventen auf den Grundmauern der Angst. Ich errichte Schnapsbuden und Freudenhäuser auf den Grundmauern der Lust und Selbstgefälligkeit. Wenn ich aufhöre zu existieren, werden Angst und Freude in der Welt abgeschafft sein und durch ihr Verschwinden werden Wünsche und Hoffnungen aufhören, des Menschen Herz zu bedrängen. Das Leben wird leer und kalt sein, wie eine Harfe mit gerissenen Saiten. Ich bin Satan auf ewig.

Ich bin das Urbild von Falschheit, Verleumdung, Verrat, Betrug und Spott. Aber wenn diese Elemente aus der Welt geschafft würden, würde sich die menschliche Gesellschaft in ein leeres Feld verwandeln, auf dem nichts gedeiht außer den Dornen der Tugend. Ich bin Satan auf ewig.

Ich bin Vater und Mutter der Sünde, aber wenn die Sünde verschwindet, würden auch die Streiter wider die Sünde verschwinden, zusammen mit ihren Familien und Gemeinschaften.«

Der Priester antwortet ihm:

»Ich weiß jetzt, was ich vor einer Stunde noch nicht wusste. Ich weiß, dass dein Vorhandensein in dieser Welt die Versuchung hervorbringt, und Versuchung ist ein Maß, mit dem Gott den Wert der menschlichen Seele misst. Sie ist eine Waage, die Gott gebraucht, um die Seelen zu wägen. Ich bin sicher, dass mit deinem Tod auch die Versuchung stirbt, und damit würde der Tod die beste Kraft zerstören, die die Menschen emporhebt und wachsam erhält.

Du musst leben, denn wenn du stirbst und die Menschen erfahren davon, wird ihre Angst vor der Hölle verschwinden, sie würden aufhören, Gott anzubeten, denn es gäbe keine Sünde mehr. Du musst leben, denn dein Leben bedeutet die Errettung der Menschheit von Laster und Sünde.

Und was mich anlangt, so will ich meinen Hass für dich auf dem Altare meiner Liebe zu den Menschen zum Opfer bringen.«[10]

In einer moderneren Form kommt das Thema in dem Film *Im Auftrag des Teufels* zum Ausdruck. Darin spielt Al Pacino einen hinreißend verführerischen Teufel, dessen Charme sich weder der gute Mensch noch die religiöse Eiferin entziehen kann.

---

10 Khalil Gibran: *Satan*, in: *Abgründe des Herzens*. Walter, Solothurn/Düsseldorf, 8. Aufl. 1995, S. 27 f. und 29 f.

Film-Meditation: Sehen Sie sich den Film *Im Auftrag des Teufels* (*The Devil's Advocate*) in einer Haltung der Meditation an, und nehmen Sie ihn als Ausflug in das Schattenreich mit all seinen Facetten wahr und wichtig. Seien Sie sich von Anfang an bewusst, dass seine Figuren alle Teil Ihrer selbst sind und in der einen oder anderen Form in Ihnen wirken (dies gilt auch für die übrigen Film-Meditationen dieses Buches). Wann immer Sie also merken, dass Sie sich mit einem der Hauptdarsteller – etwa mit dem Helden, dargestellt von Keanu Reeves, oder mit dem schönen Opfer, dargestellt von Charlize Theron – identifizieren, machen Sie sich sogleich bewusst, dass Sie beide Figuren in sich haben, darüber hinaus auch alle anderen Figuren, sogar den von Al Pacino verkörperten großen Verführer.

Im Anschluss an diese Film-Meditation, sobald beim Abspielen der DVD das Zauberwort »Ende« erscheint, beginnt die eigentliche Übung (dies gilt auch für weitere Film-Meditationen). Schließen Sie dazu Ihre äußeren Augen, und schauen Sie innen weiter, was dieser Film der Schatten mit Ihnen zu tun hat, was er in Ihnen hervorruft und Ihnen über Sie selbst sagt.
Machen Sie sich entsprechende Notizen in Ihrem Schattentagebuch.

Selbstverwirklichung

Alles erscheint auf unserer Existenzebene in Gegensätzen, nur so können wir es überhaupt wahrnehmen. Somit sind die Gegensätze und damit die Polarität unsere einzige Chance, uns der Einheit – dem Vollkommenen oder Göttlichen – zu nähern. Da der Schatten das entscheidende Ergebnis der Polaritätsentstehung ist, kann er uns über seine Durchlichtung auch am ehesten zur Einheit (zurück-)bringen. Welche Gestalt er auch annehmen mag, er ist unsere Chance, und wir sollten lernen, ihn zu durchschauen und als Möglichkeit zu begreifen. Anders ausgedrückt, unsere Selbstverwirklichung oder Befreiung wird aus dem Dunkel der Unbewusstheit geboren. Wir müssen aus dem Dunkel zum Licht aufsteigen, während sich die Schöpfung aus dem Licht ver*stoff*licht hat. Diese Symbolik wird mit dem Ritual der Wintersonnenwende gefeiert. Zur Zeit des kürzesten Tages, wenn das Licht am schwächsten und die Dunkelheit am tiefsten ist, wird Gott(es Sohn), das Licht der Welt, geboren. Das Gleiche drückt sich in der Lotosblume aus, dem buddhistischen und hinduistischen Symbol der höchsten Reinheit. Es heißt, aus dem größten Schmutz, dem Schlamm des Teiches, erblühe der tausendblättrige Lotos, das Sinnbild der Erleuchtung.

Die Tatsache, dass wir über das Dunkel zum Licht oder über den Schatten zur Befreiung gelangen, kleidet C. G. Jung in die Formel: Ich + Schatten = Selbst. Das Ich ist alles, womit wir uns bewusst identifizieren – alle akzeptierten Eigenschaften, die uns nachgesagt werden, alle uns bewussten Fähigkeiten. Schatten ist dagegen alles Unbewusste und damit alles Abgelehnte, alles Negative, das uns nachgesagt wird, alle Kritik und Beschimpfung, die wir von uns weisen und so aus dem Bewusstsein verbannen. Um das Selbst, die höchste Entwicklungsstufe der Befreiung, oder eben Selbstverwirklichung zu erlangen, müssen Ich und

Schatten oder unsere helle bewusste und dunkle unbewusste Seite zusammenfinden. Dies ist das Ziel der Schatten- beziehungsweise Reinkarnationstherapie. Wann immer Psychotherapie sich als Ziel Selbstverwirklichung und Befreiung wählt, muss ihr deshalb der Schatten zur vorrangigen Aufgabe werden.

Wer das Polaritätsgesetz im Sinne meines Buches *Die Schicksalsgesetze* begreift, weiß, wie eng beide Pole zusammenhängen und wie leicht wir den gewünschten Pol oft über seinen Gegenpol erreichen. Speerwerfer und Kugelstoßer lehnen sich beispielsweise zuerst weit in die andere Richtung, bevor sie ihre Waffen dem Ziel entgegenschleudern. Der Gärtner, der edle Rosen mit stinkender Jauche statt mit Parfum gießt, folgt ebenfalls dieser Weisheit. Religionen und Weisheitslehren vermitteln, dass die Freiheit, die moderne Menschen so sehr ersehnen, nur durch *freiwillige* Unterordnung unter das Gesetz zu gewinnen ist. Das *Tao Te King* legt es im Vers 22 dar:

»Willst du ganz werden,
dann sei ruhig halb.
Willst du gerade werden,
dann sei ruhig krumm.
Willst du voll werden,
dann sei ruhig leer.
Willst du wiedergeboren werden,
dann stirb ruhig.
Willst du, dass dir alles gegeben wird,
dann gib alles hin.«[11]

11 Laotse: *Tao Te King*, a. a. O., S. 33.

Paradoxien, wie das *Tao Te King* sie viel verwendet, sind noch der beste Weg, die Einheit von der Polaritätsebene aus zu beleuchten. Doch die meisten Menschen schwören auf den direkten Weg des einen Pols und sind nicht einmal durch Misserfolge davon abzubringen. Sie suchen Erfolg bis zur Verzweiflung auf einseitige Weise, ohne den Gegenpol oder Schatten zu bedenken. Auch der Mangel an Erfolgsbeispielen auf diesem (Irr-)Weg belehrt sie nur selten eines Besseren. Demgegenüber zeigen die Lebensgeschichten von verwirklichten Menschen und Heiligen, wie sehr diese auf beide Pole setzten.

Wie sich Schatten aufbaut

Die Anleitung zur Schattenproduktion beginnt früh im Leben. »Entscheide dich!«, »Entweder oder!« – so lautet bereits in der Kindheit die Devise, und jede Entscheidung führt unweigerlich zur Schattenbildung. Sobald wir eine Richtung wählen, wird mindestens eine andere ausgeschlossen. Ein Sowohl-als-auch wäre der Wirklichkeit angemessener, denn es ließe beiden Polen Raum. Unsere Gesellschaft ist jedoch mehr auf Entscheidungen und Bekämpfung der Gegensätze ausgerichtet als auf Integration beider Seiten und Kooperation. Diesbezüglich ist viel

> **Schattentagebuch:** *Bin ich auch schon meilenweit vom eigentlichen Ziel entfernt und mitten ins Gegenteil geraten? Habe auch ich manchmal erst hinterher gemerkt, wie viel Schatten ich mit meinen Aktionen mobilisiert habe? Kann ich in diesem Dilemma Brechts Erkenntnis nachvollziehen, dass das Gegenteil von »gut« nicht »böse«, sondern »gut gemeint« ist?*
> Bitte schreiben Sie Ihre Gedanken dazu auf.

zu lernen, um mit den großen Schattenthemen der Gesellschaft und Welt fertig zu werden. Jede Fixierung ist letztlich ein Haften an einem Pol und damit schattenfördernd. Die Wirklichkeit beschreibt Heraklits »*Panta rhei*« (»Alles fließt«). Trotzdem sind bei uns Fixierungen, Positionen und feste, unverrückbare Standpunkte überaus beliebt. Politiker sollen ihre Meinungen am besten nie ändern. Damit es nicht doch geschieht, gibt es den sogenannten Fraktionszwang. Ein gewählter Volksvertreter soll unter diesem Zwang nicht seinem Gewissen oder gefühlten Auftrag folgen, sondern den Machtbestrebungen seiner Parteioberen.

Wenn Christus den Teufel als Herrn dieser Welt bezeichnet, erkennt er ihn als König der Polarität an. Diese ist symbolisiert in der Zweiheit seiner Bockshörner. Wenn wir als Kinder dieser gegensätzlichen Welt uns ständig zwischen den Polen oder Gegensätzen entscheiden – und einen davon bevorzugen und den anderen ausschließen –, produzieren wir ständig Schatten und arbeiten folglich dem Herrn des Schattenreiches zu. Dieser arbeitet umgekehrt stets der guten Seite zu. Der berühmte Satz aus Goethes *Faust* macht es deutlich: Der Teufel (Mephisto) will stets das Böse, schafft aber, wenn auch widerwillig, stets das Gute. Auch in der Psychotherapie ist der Schatten, das Unbewusste, der wertvollste Helfer.

Eines der größeren Probleme dieser Welt ist, dass so viele Menschen, die sich für gut halten, gar nicht bemerken, wie sehr sie dem Bösen zuarbeiten, etwa wenn ein George W. Bush mit seinem Krieg gegen den Terror diesen erst so richtig anfacht. Oder wenn Edward Jenner, der Erfinder der Impfung, auf dem Totenbett erkennt, dass er der Menschheit damit statt eines Segens ein Monstrum beschert hat. Auch die schulmedizinische Studie, die enthüllt, dass jede Antibiotikakur in den ersten beiden Lebensjahren die Gefahr, später Allergiker zu werden, um über fünfzig Prozent erhöht, offenbart Schatten.

Der Umgang mit dem Bösen

Bevor jemand vorschnell denkt, er müsse nur das Böse tun, um das Gute zu erreichen, sei hier gleich gewarnt. Es geht vielmehr darum, das Böse in sich und seiner Geschichte (an-)zu erkennen, um so Bewusstheit zu erreichen. Täte jemand vorsätzlich Böses, würde er neuen Schatten in die Welt setzen, den er auch wieder – wie alles, was von ihm ausgeht – zu verantworten hat.

Dazu eine Geschichte von Jean Tinder über das Licht und das Dunkle im Inneren: Eines Abends erzählte ein alter Cherokee-Indianer seinem Enkel über den Kampf, der im Inneren der Menschen vor sich geht. Er sagte: »Mein Sohn, dieser Kampf tobt wie zwischen zwei Wölfen innerhalb eines jeden von uns. Einer ist das Böse. Er ist Ärger, Neid, Eifersucht, Eingebildetsein, Leid, Hass, Habgier, Arroganz, Selbstmitleid, Abneigung, Minderwertigkeit, Lügen, Stolz, Begierde, Überlegenheit und Ego. Der andere ist das Gute. Er ist Freude, Frieden, Liebe, Hoffnung, Gelassenheit, Menschlichkeit, Liebenswürdigkeit, Güte, Einfühlungsvermögen, Großzügigkeit, Wahrheit, Mitgefühl und Vertrauen.« Der Enkelsohn dachte darüber nach und fragte dann: »Großvater, welcher Wolf gewinnt?« Der alte Cherokee antwortete: »Derjenige, den du fütterst.«

Schattentagebuch: *In welcher Situation hatte ich schon mal Lust, bewusst Böses zu tun, Schatten zu leben? Was könnte mich bis zum Äußersten reizen? Gab es Schattenausbrüche in meinem Leben, etwa von unbewusster Aggression oder Boshaftigkeit?*
Halten Sie alles, was Ihnen dazu einfällt, in Ihrem Tagebuch fest.

Wir dürfen also gern weiter Gutes tun. Nur ist es sinnvoll, dabei achtsam und offen für den stets neu entstehenden Schatten zu sein. Aus diesem Grund gab es in den Indianerkulturen den Heyoka, eine

Art heiligen Narren. Wann immer etwas beschlossen wurde, spielte diese Person den Neinsager und forderte auf rituelle Weise das Gegenteil von dem, was gerade entschieden worden war. So machte der Heyoka die Kehr- oder Schattenseite sichtbar. Eine ähnliche Rolle spielten die Hofnarren des Mittelalters.

Schatten ist ja, einfach ausgedrückt, alles, was wir an uns und unserer Welt nicht sehen wollen. Da wir ein Leben lang Dinge ersehnen und andere ablehnen, wächst er mit uns mit. Je älter wir werden, desto größer und mächtiger wird er – jedenfalls sofern wir uns seiner nicht bewusst werden und uns nicht aktiv mit ihm auseinandersetzen. Das wird, je länger die Lebensreise währt, natürlich schwieriger. Aber gerade weil Schatten die Sammlung all jener Dinge und Eigenschaften ist, die wir an uns und unserer Welt zeitlebens nicht akzeptierten, bleiben sie an uns – wenn auch unbewusst und in Schattenform – hängen. Doch auch Positives wie Mut kann der Schatten sein, wenn er von feigen Menschen als Möglichkeit übersehen wird. Naturgemäß ist aber jener Teil des Schattens, der uns am meisten zu schaffen macht und in diesem Buch den größten Raum bekommt, der als böse angesehene Teil.

Während wir selbst unseren Schatten nicht sehen, können andere es sehr wohl. Deshalb wirken ältere Menschen, die sich der Polarität nicht bewusst sind, so peinlich auf ihre Umwelt. Ihr Selbstbild stimmt immer weniger mit dem überein, was die anderen wahrnehmen. Diese Diskrepanz zeigt sich mit fortschreitendem Lebensalter auch im Verhalten immer deutlicher und wird von den Mitmenschen schneller durchschaut. Eine Person etwa, die ständig die eigene Ehrlichkeit betont, wird anderen rasch verdächtig im Hinblick auf Unehrlichkeit.

Die Lösung des *Tao Te King* bezüglich des Umgangs mit dem »Bösen« zielt weder auf Kampf gegen »böse« Handlungen noch überhaupt auf einen Pol, dazu Vers 60:

»Einen großen Staat regiert man so,
wie man kleine Fische brät –
mit zu viel Gestocher ruiniert man sie.

Lenk das Land im Einklang mit dem Tao,
und das Böse wird keine Macht haben.
Nicht, dass es nicht vorhanden ist,
aber man wird ihm aus dem Weg gehen können.
Reize das Böse nicht,
und es wird von selbst verschwinden.«[12]

12 Laotse: *Tao Te King,* a. a. O., S. 68.

Widerstand gegen die Wirklichkeit oder Akzeptanz?

Eine verlässliche Basis finden

Wir können die Wirklichkeit grundsätzlich annehmen oder sie bekämpfen. Letzteres führt zum Beispiel zum Krieg. Wenn wir die Realität ändern wollen, können wir sie auch zuerst annehmen und dann versuchen, sie aktiv umzugestalten, etwa durch politische Arbeit – oder sie dadurch zu verwandeln, dass wir selbst uns ändern. Letzteres ist eine weithin unterschätzte wundervolle Chance.

Änderungen durch Forderungen an die Umgebung durchzusetzen erscheint als der leichtere Weg und wird deshalb von den meisten bevorzugt. Die Ergebnisse sind jedoch deprimierend. Die Jammerer, Klageweiber und Beschwerdeführer erreichen meist nur, dass sie selbst kaum mehr ertragen werden. Der in diesem Buch empfohlene Weg besteht darin, die vorgefundene Wirklichkeit erst einmal anzunehmen und sich selbst zu ändern, statt Änderungen im Außen zu fordern oder zu erzwingen. Dieser Weg ist sehr erfolgreich, allerdings anspruchsvoll und vielen ungewohnt.

Sich an die eigene Nase zu fassen ist bei uns eher unbeliebt, wenn auch sehr wirksam. Die meisten haben sich stattdessen auf die Projektion, das Abschieben auf andere, verlegt und daraus eine Art Breitensport gemacht. Nichts ist auf den ersten Blick leichter, als alle Verantwortung von sich zu weisen und sie anderen in die Schuhe zu schieben. Auch ständige Selbstverteidigung und die Taktik der Gegenangriffe (nach dem Motto: »Du bist auch nicht besser«) lassen den Schatten unberührt und verhindern Entwicklung.

Die meisten unserer Probleme entstammen Widerständen und damit dem Kampf oder sogar Krieg gegen die Wirklichkeit und damit gegen die Wahrheit. Die Frage ist, ob sich dieser Krieg lohnt. Lässt es sich nicht viel besser mit der Wahrheit innerhalb der Wirklichkeit leben?

Viele unserer Probleme münden rasch in Vorwürfen. Der Partner sollte nicht fremdgehen, wir sollten mehr Geld bekommen, die Kinder im Haushalt mehr helfen, Reiche und Mächtige rücksichtsvoller sein, Politiker ehrlicher und fürsorglicher, die Steuern niedriger, die Schwiegereltern zurückhaltender, Putzfrauen ordentlicher, Ärzte engagierter, Chefs großzügiger, Handwerker kompetenter, Psychotherapeuten aufmerksamer, und die Symptome sollten sowieso schon längst verschwunden sein.

Die Basis unserer Vorwürfe ist Unzufriedenheit, genau genommen eine Art Auflehnung gegen die Schöpfung. Schon beim Beten des Vaterunsers wird dies deutlich. »Dein Wille geschehe wie im Himmel so auf Erden«, lautet die Vorgabe. Stattdessen denken moderne Menschen, sofern sie überhaupt noch beten: »Lieber Gott, ich hab da ein paar Wünsche, bitte richte dich danach ...« Es läuft auf das glatte Gegenteil, nämlich auf ein »Mein Wille geschehe« hinaus. Falls der Wille sich nicht durchsetzen lässt, entstehen neue Unzufriedenheit und weitere Vorwürfe.

Die Deutschen sind in der Welt bekannt, um nicht zu sagen verschrien, weil sie vieles kritisieren und verbessern wollen. Doch das ist die generelle moderne Haltung. Wir sind chronisch unzufrieden, haben ständig etwas an der Wirklichkeit auszusetzen und wollen, dass sie sich gefälligst rasch unseren Vorstellungen anpasst. Mehr noch als Bestellungen haben wir ans Universum gerichtete Beschwerden. Mit beiden drücken wir aus, wie Gott es besser (für uns) richten sollte. Wie viel weiser ist dagegen die östliche Erkenntnis: »Es geschieht, was du willst oder etwas Besseres« – oder eben das altbewährte »Dein Wille geschehe«. Die moderne Haltung, die Glück davon abhängig macht, alles zu bekommen, was man will, führt leider zielstrebig über Unzufriedenheit ins Unglück. Glücklich werden wir dagegen, wenn wir alles wollen, was wir bekommen.

Da sich die Wirklichkeit letztlich weder durch Beschwerden noch durch Bestellungen oder Wunschlisten unseren Vorstellungen anpasst, sind viele im Dauerstress und voller Vorwürfe oder Verbesserungsvorschläge. Diese moderne Haltung zu durchschauen und zu überdenken ist hilfreich und wichtig.

Schattentagebuch

1. Teil: *Was sind meine persönlichen Ansprüche und Verbesserungsvorschläge? Was könnte ich selbst dafür tun, sie umzusetzen? Was glaube ich stattdessen verdient zu haben? Wie sollte mein Leben aussehen? Wie sollte die Welt funktionieren, damit ich einverstanden bin? Was könnte Gott oder die Schöpfung von mir lernen und in Zukunft besser machen?*

Bitte listen Sie alles auf.

2.Teil: *Was ist wirklich dran an meinen persönlichen Vorwürfen? Sind sie tatsächlich wahr und realistisch? Und was bringen sie mir? Und meiner Umgebung? Gibt es eine Chance, die kritisierte Wirklichkeit durch die Vorwürfe zu ändern? Oder sollte ich besser die Vorwürfe ändern und mich und damit die Wirklichkeit akzeptieren? Welche meiner Vorwürfe könnte ich jetzt schon, da sie mir bewusst werden, aufgeben im Sinne des »Dein Wille geschehe«?*

Vertrauen Sie das Ergebnis Ihres Selbstgesprächs Ihrem Schattentagebuch an.

Die Erfahrung zeigt, wie wenig im Hinblick auf Eigenentwicklung jahrelanges Sturmlaufen gegen die Wirklichkeit und unausgesetzte Anklagen und Beschwerden an höchster Stelle bewirken. Sie führen lediglich zu verkorksten Leben voller Wut auf ein Heer angeblicher Schuldiger. Wer jahrelang klagt, sein Partner, sein Chef, seine Geldsituation sollten anders sein, übersieht einfach, dass sie in Wirklichkeit nicht anders sind. Aus dieser Situation gibt es nur einen sinnvollen Ausweg: das möglichst rasche Anerkennen der Realität. Dafür ist es nie zu spät. Die Wirklichkeit reagiert auch nie beleidigt. Sie wirkt einfach und kümmert sich gar nicht um die Beschwerdeführer und Klageweiber.

Je früher wir unseren Widerstand gegen die Wirklichkeit aufgeben, desto besser für uns selbst. Zum Anerkennen dessen, was ist, gibt es keine intelligente Alternative. Erst danach geht es um die Entscheidung, ob wir versuchen, diese einmal anerkannte Wirklichkeit nun draußen zu ändern, etwa durch politische Arbeit oder Rituale, oder uns nach innen zu wenden und uns selbst zu ändern.

Wir müssen das, was ist, auch keineswegs schön finden oder es schätzen und loben, um es anzuerkennen. Akzeptanz bedeutet, aufzuhören, über das Gegebene zu jammern und zu klagen und dagegen (innerlich oder äußerlich) Sturm zu laufen. Wer etwa klagt, sein Partner betrüge ihn schon seit Jahren, will daran gar nichts ändern. Er will lediglich jammern und beschuldigen. Die Energie fließt in das Jammern, und dies ist eine bedenkliche Art von Energieverschwendung. Sie fehlt folglich bei der Bearbeitung der Situation.

Den Menschen, die nur jammern, überhaupt zuzuhören ist nach dem Resonanzgesetz bereits bedenklich. Wer viel Zeit mit Schwätzern verbringt, wird bekanntlich selbst zu einem. Wer viel Zeit mit Jammerern verbringt, dem widerfährt Entsprechendes.

Wir sollten außerdem die Worte Marc Aurels sehr ernst nehmen, der sagte: »Auf die Dauer der Zeit nimmt die Seele die Farbe deiner Gedanken an.« So werden viele zu Schöpfern genau jener Wirklichkeit, die sie gerade vermeiden wollen. Wir gestalten unsere eigene Wirklichkeit über unser Glaubenssystem.

Die Wirklichkeit so zu erkennen und anzunehmen, wie sie ist, bietet die beste Chance, langfristig Erfolg im Leben zu haben. Obendrein geht davon eine verblüffende Kraft aus. Religiöse Menschen, die sich von Gott, so wie sie sind, angenommen fühlen, sind anderen meist voraus. Ein Beispiel: Als das Mentaltraining aufkam und im Sport intensiv eingesetzt wurde, gab es unter den Spitzenläufern der Ski-Elite einige sehr erfolgreiche, die auf solche Hilfen verzichteten. Auf Befragung stellte sich heraus, dass sie sich stets von Gott oder ihrem Partner angenommen, geliebt und unterstützt fühlten, egal, ob sie gewannen oder verloren. Auf dieser Basis konnte ihnen eigentlich gar nichts passieren. Daraus entstand genau die Sicherheit, um überdurchschnittlich oft zu gewinnen – bei unterdurchschnittlich wenig Stürzen und Verletzungen. Karrieren von Stars wie dem Schweizer Pirmin Zurbriggen, dem Deutschen Markus Wasmeier oder der Österreicherin Petra Kronberger stehen dafür.

Solange jemand die Wirklichkeit verleugnet und sich zum Beispiel einredet, nur ab und zu ein wenig über den Durst zu trinken, wird er seinen Alkoholismus nie überwinden. Das kann erst gelingen, wenn er ihn sich eingesteht. Das ist auch die zentrale Erfolgsgrundlage der Anonymen Alkoholiker. Die Betroffenen gestehen sich ihr Dilemma voll und ganz ein. Erst danach lassen sich Nägel mit Köpfen machen und ist die Unterstützung des Schicksals gewiss. Solange ich mich selbst belüge, habe und bekomme ich keine Energie für den anstehenden Kampf um mein Leben. Das *Tao Te King* formuliert diesen Zusammenhang im 71. Vers:

»Sieh zunächst ein, dass du krank bist;
Dann bist du auf dem Weg zur Gesundheit.
Ein Meister ist sein eigener Arzt.«[13]

Wer über äußere oder innere Umstände jammert, erhält sie damit am Leben. Mehr noch, er wird zum Schöpfer seines eigenen Jammertals. Jammerer wollen nichts ändern und tun es auch nie, selbst wenn sie ständig das Gegenteil behaupten. Sagt man es ihnen auf den Kopf zu, werden sie wütend und bestätigen so den Verdacht.

Ein weiteres Beispiel: Noch nie habe ich als Fastenarzt und Ernährungsmediziner erlebt, dass jemand sein Übergewicht in den Griff bekommen hat, der sich auf die Hormone, die Drüsen, einen schwachen Stoffwechsel oder die vererbte Veranlagung rausredete. Aber viele haben nach ehrlichem Eingeständnis ihres Essproblems dieses gelöst und ihre Idealfigur verwirklicht. Dabei kann Wissen um Hormone und Drüsen selbstverständlich helfen.

In meinem Umfeld schaffte es außerdem niemand, sein persönliches Geldproblem zu lösen, während er es auf »unser ungerechtes Wirtschaftssystem« projizierte. Alle Projizierer blieben besessen vom Geld und von ihrem persönlichen Problem damit. Aber viele bekamen es durch den Schritt in die Eigenverantwortung auf dem Boden der *Psychologie des Geldes*[14] in den Griff. Sie fingen an, ihr Geld zu besitzen, statt von ihm besessen zu sein. Es ist gar nicht so schwer, auf dieser Ebene Freiheit zu erlangen, wenn die Grundgegebenheiten akzeptiert sind.

Die Wirklichkeit wirkt, ob wir sie anerkennen oder nicht. Insofern könnten wir es ruhig tun. Es ist ohne Alternative. Nur

13 Laotse: *Tao Te King*, a. a. O., S. 78.
14 Dahlke: *Die Psychologie des Geldes* (Literaturverzeichnis).

wenn wir die vorgefundene äußere Wirklichkeit annehmen, können wir in ihr Erfolg haben. Und nur wenn wir unsere eigene innere Wirklichkeit annehmen, können wir uns erfolgreich entwickeln und zu Schöpfern unserer Wirklichkeit werden. Davor steht jedoch das demütige Annehmen jenes Platzes, den uns die Schöpfung erst einmal zugewiesen hat. Diese Haltung finden wir bei Gitta Mallasz in die Worte gekleidet: »Beugst du das Haupt und fühlst dich erhoben, so ist es wahre Demut. Beugst du das Haupt, und fühlst dich erniedrigt, so ist es falsche Demut.«[15]

Als Therapeuten müssen wir unsere Patienten dort abholen, wo sie sind, und nicht, wo wir sie gern hätten. Als Mensch, der sich entwickeln will, muss ich mich ebenfalls dort abholen, wo ich bin, und nicht, wo ich gern wäre. Damit ist die Akzeptanz dessen, was ist, die einzige verlässliche Grundlage für Entwicklung und Schattenarbeit.

Wollen wir uns im Außen entwickeln, etwa wirtschaftlich, müssen wir die vorgefundenen äußeren Gegebenheiten ebenfalls annehmen, um sie in unserem Sinn zu beeinflussen. Will ich mich seelisch entwickeln, muss ich mich so nehmen, wie ich mich jetzt vorfinde, um von hier aus in die Richtung weiterzugehen, die mir vorschwebt.

Wichtig ist, klar zu erkennen, dass akzeptieren keineswegs bedeuten muss, etwas gutzuheißen oder gar zu unterstützen. Es mag nicht einmal gemeint sein, etwas auf Dauer zu tolerieren. Es bedeutet lediglich, seinen Widerstand jetzt in diesem Moment der Gegenwart aufzugeben und etwas in seiner wie auch immer gearteten Wirklichkeit als das anzunehmen, was es jetzt ist. Der Alkoholabhängige muss also jetzt in diesem Augenblick

15 Gitta Mallasz: *Die Antwort der Engel.* Daimon, Einsiedeln, 12. Aufl. 2005, S. 59.

seinen Alkoholismus annehmen und ihn keineswegs auch noch morgen tolerieren.

Akzeptieren meint, das Verleugnen der Wirklichkeit aufzugeben und sie stattdessen in ihrer wie auch immer gearteten Weise wahr- und wichtig zu nehmen. Nur wer so wahrnimmt, erfährt Wahrheit und bewegt sich in der Wirklichkeit. Von hier aus kann er sogleich mit der Arbeit an sich und seinem Muster beginnen. Oder wie es der Buddhist Thich Nhat Hanh anregt: »Deine nicht akzeptierten Verhaltensmuster, Schattenseiten liebevoll umarmen wie eine Mutter ihr weinendes Kind – in dem Moment beginnst du, sie zu wandeln.«[16]

Wer die vorgefundene Wirklichkeit anerkennt und auf dieser Ebene ehrliche Entschlüsse fällt, darf sich ruhig Mutiges und Gewagtes, Anspruchsvolles und sogar Gewaltiges vornehmen. Er wird die Unterstützung des Schicksals erhalten und die großen Energien erleben, die aus Wirklichkeit und Wahrheit fließen. Diese berühren alle Ebenen – von genügend Neurotransmittern bis zu den richtigen gesellschaftlichen Beziehungen und dem Erwerb der notwendigen Fähigkeiten. Wer ehrliche und bindende Entscheidungen fällt, etwa im Sinne des früher gebräuchlicheren Ehrenwortes, kann sich nicht nur auf sich, sondern auch auf das Schicksal verlassen. Sein Wort bekommt magische Kraft und sein Auftritt Bedeutung. Im 28. Vers des *Tao Te King* heißt es diesbezüglich:

> »Akzeptiere die Welt, wie sie ist.
> Akzeptierst du die Welt,
> dann wird das Tao leuchtend hell sein in dir,

16 Thich Nhat Hanh: *Heute achtsam leben. 366 inspirierende Gedanken.* Herder, Freiburg 1999.

und du wirst zu deinem elementaren Selbst zurückkehren.«[17]

Audio-Meditation: Hören Sie die Meditationen 1 und 3, und nehmen Sie sich im Anschluss ausreichend Zeit, um sie ausklingen zu lassen.
Kommen Sie dann mit einem tiefen Atemzug zurück, orientieren Sie sich bewusst im Raum mit räkelnden und streckenden Bewegungen und in der Zeit durch einen Blick auf Ihre Uhr. Halten Sie Ihre Eindrücke im Schattentagebuch fest.

Projektionsfallen

Allzu gern suchen wir die Ursachen für unsere Probleme im Außen, obwohl sie in Wirklichkeit im eigenen Inneren liegen, und schieben die Verantwortung dafür mittels Projektion anderen in die Schuhe. Dieses Verhalten bringt jedoch keine Lösung. Das *Tao Te King* weist uns auf diese besondere Gefahr hin, die wir so gern ignorieren: »Gibst du jemand anderem die Schuld, dann nimmt das Beschuldigen kein Ende.«[18]

Heute glauben viele Menschen jedoch fester denn je an ihre Schuldverschreibungen. Alles Unangenehme wird möglichst weit weg auf andere projiziert, die davon nichts wissen und sich bewusst auch kaum dagegen wehren können. Die Methode ist bestens durchschaubar und findet trotzdem immer weiter Anhänger, wie folgender Witz illustriert: Als ein Arzt einen Mann

17 Laotse: *Tao Te King,* a. a. O., S. 39.
18 Laotse: *Tao Te King,* a. a. O., S. 84.

nach der Ursache für die starken Verbrennungen an den Ohren fragt, antwortet dieser: »Ich war gerade beim Bügeln, als das Telefon läutete. Da nahm ich aus Versehen statt des Hörers das Bügeleisen ans Ohr.« Der Arzt wundert sich: »Aber warum ist auch Ihr anderes Ohr so verbrannt?« – »Weil der Idiot noch mal angerufen hat!«

Aber welche Gegenwehr gibt es bei Projektionen durch andere? Da es nur mittels Resonanz zu Manifestationen kommen kann, liegt hier auch die einzige Chance sinnvoller Abwehr. Verwahren und verteidigen wir uns gegen Beschuldigungen, werden wir nur zu leicht zu einer Person mit diesen Eigenschaften. Anders gesagt, es reicht tatsächlich, jemanden lange genug als missmutig zu bezeichnen, um ihn missmutig zu machen. Selbst wenn er sich anfangs noch energisch gegen die Projektion wehrt, zum Schluss wird er doch missmutig reagieren und dem Projizierer so auch noch recht geben. Diesen vertrackten Mechanismus gilt es zu durchschauen und den Schwerpunkt auf die Vermeidung der entsprechenden Resonanz zu legen.[19] Wer keine Resonanz zu einem Thema aufbaut, wird diesbezüglich auch keine Projektionen auf sich lenken.

Etwas so Einleuchtendes wie das Resonanzgesetz wurde lange ignoriert und bekommt erst jetzt die überfällige Anerkennung. Statt sich mit dem Thema Resonanz zu beschäftigen, entstanden Wissenschaften wie Soziologie und Psychologie, die sich zum Teil dem Schuldprojektionsspiel verschrieben: Die Umstände, die Sozialisation, die Eltern und neuerdings die Umwelt sollen an allem schuld sein. Die Freud'sche Psychoanalyse hat sich durch langes Beharren eine Art Anerkennungsstatus ersessen,

---

19 Mehr dazu in den Kapiteln über Resonanz in dem Buch *Die Schicksalsgesetze* und dem Hörbuch *Gesetz der Anziehung*.

der sie in die Lage versetzt, auf Kosten von Krankenkassen vielfach Schuld beziehungsweise Verantwortung auf Eltern und besonders Mütter zu projizieren. Die Frage ist, was dies neben einer Entlastung des eigenen Gewissens bringen soll. Hat solch eine wissenschaftlich verbrämte Schuldprojektion schon jemals ein Symptom dauerhaft geheilt?

Es zeigt sich die alte Erkenntnis in schönster Deutlichkeit, dass das überwiegende Problem immer bei dem liegt, der den Finger auf *andere richtet.* Bekanntermaßen zeigen dann nur zwei Finger auf den Beschuldigten, aber drei auf den eigentlich Verantwortlichen, den Besitzer der Hand.

Im Außen lässt sich wenig ändern. Wer hätte schon jemals erfolgreich einen Gesichtspickel im Spiegel ausgedrückt? Aber natürlich sehen wir ihn nur im Spiegel, was diesen ausgesprochen notwendig macht. In solch einem Fall wissen wir um die Projektion und dass der Pickel in Wirklichkeit nicht dort im Spiegel ist. Aber sobald der morgendliche Badezimmerbesuch hinter uns liegt, beginnt weltweit das gleiche beeindruckende Projektionsspiel. Dabei versucht eine Mehrheit von Sozialarbeitern bis Politikern die menschliche Misere im Außen zu beheben. Das ist sicher gut gemeint, der Erfolg lässt aber natürlich erheblich zu wünschen übrig.

In der Praxis beschränkt sich das Schuldprojektionsspiel nicht auf Politiker und die erwähnten Wissenschaften, es findet sich überall: von der Wirtschaft bis in die Pädagogik und in allen möglichen persönlichen Bereichen. So ist es auch zu einem sehr verbreiteten Spiel in der Partnerschaft geworden, das wohl ähnlich viele Beziehungen auf dem Gewissen hat wie die Eifersucht.

Mit jeder Projektion und jedem Vorwurf werfen wir anderen eine Art modernen Fehdehandschuh zu. Allerdings geben wir ihnen dadurch Energie und letztlich Macht über uns, denn als Opfer der Projektion können uns die anderen an diesem Punkt jederzeit aus der Ruhe bringen und uns nicht nur an unsere Schatten- und damit Schwachpunkte erinnern, sondern auch daran packen.

Das Hauptproblem bei der Projektion ist die Fehldeutung der Welt, die aus ihr folgt, und damit eine Flut von Missverständnissen und Verwirrungen. Dies ist die Basis von Verurteilungen und Vorurteilen, von Diskriminierungen und Bevorzugungen, von Frömmelei und Bigotterie. Wenn wir Projektionen zurücknehmen, wie bei der Schattenarbeit mit Hilfe dieses Buches, holen wir uns Macht und Energie zurück und werden damit selbst stärker, ohne andere weiter zu schwächen. Automatisch hören wir auf, im Außen zu verfolgen, was wir bei uns selbst nicht sehen wollen. So bekommen wir zurück, was wir nach außen übertragen haben, und verbinden uns intensiver mit unserem eigenen Wesenskern, unserem Selbst. Sobald wir uns aus der Verwirrung der Projektionen lösen, sehen wir uns, wie wir sind, und die Welt, wie sie ist – und nicht mehr als Spiegel eigener (un-)erwünschter Eigenschaften und Charakterzüge. Die Welt wird dadurch schöner, und wir werden echter und menschlicher, mehr wir selbst.

Audio-Meditation: Hören Sie die Meditationen 1 und 4, und gönnen Sie sich im Anschluss ausreichend Zeit, um sie ausklingen zu lassen.
Kommen Sie dann mit einem tiefen Atemzug zurück, orientieren Sie sich bewusst im Raum mit räkelnden und streckenden Bewegungen und in der Zeit durch einen Blick auf Ihre Uhr.
Vertrauen Sie anschließend Ihre Erfahrungen dem Schattentagebuch an.

Wenn die Welt Projektion ist, wie es etwa der tibetische Buddhismus vertritt, kann sie überhaupt nur im Inneren der Menschen verändert werden. Entsprechendes lehrt Christus, wenn er davon spricht, dass das Himmelreich in uns liegt. Auch die spirituelle Philosophie geht davon aus. Byron Katie, die amerikanische Schattenspezialistin, sagt: »Im Laufe der Zeit, wird Ihnen dann auch klar, dass die gesamte Außenwelt ein Spiegelbild Ihres eigenen Denkens ist. Sie sind der Erzähler, der alle Geschichten projiziert, und die Welt ist das projizierte Bild Ihrer Gedanken.«[20]

Für diese Weltsicht spricht vieles, dazu die folgende Anekdote aus der griechischen Götterwelt: Nach Vollendung der Schöpfung wurde Apoll beauftragt, den Schlüssel zu ihr sorgsam zu verstecken, damit kein Mensch ihn finden möge. Nach reiflichem Überlegen und vielen Vorschlägen, die bis zum Verstecken auf dem Mond reichten, kam ihm schließlich die Erleuchtung. Er versteckte den Schlüssel im Innersten der Menschen, in ihrem Herzen. Dort würden sie zuletzt danach suchen.

Die Geschichte hat Apoll recht gegeben. Aber heute könnten wir bereit sein, den Schlüssel im eigenen Herzen zu finden. Immer mehr Menschen kommen sich selbst auf die Spur und gehen innen auf die Suche. Der Schriftsteller Paolo Coelho variiert dieses Thema in seinem ersten und erfolgreichsten Roman *Der Alchemist*. Er erzählt, wie der Alchemist sich auf eine lange Reise macht, um den großen Schatz ausgerechnet dort zu finden, wo er die ganze Zeit über zu Hause gewesen war und wohin er am Schluss wieder zurückkehrt. Zuvor hatte Janosch eine ähnliche Geschichte in seinem weltberühmten Kinderbuch *Oh, wie schön ist Panama* verarbeitet. Dass dieselbe Thematik gleich

---

20 Byron Katie: *Lieben was ist. Wie vier Fragen Ihr Leben verändern können.* Goldmann, München, 12. Aufl. 2002.

zweimal zum Weltbestseller taugt, zeigt, wie (arche-)typisch sie ist.

Audio-Meditation: Hören Sie die Meditationen 1 und 5, und lassen Sie diese dann in Ruhe ausklingen.
Kommen Sie dann mit einem tiefen Atemzug zurück, orientieren Sie sich bewusst im Raum mit räkelnden und streckenden Bewegungen und in der Zeit durch einen Blick auf Ihre Uhr.
Nutzen Sie anschließend wieder Ihr Schattentagebuch, um Ihre Gedanken und Eindrücke festzuhalten.

Das Spiel der Wandlungen

Die Tatsache, dass hinter Vorwürfen und Beschuldigungen gegen andere Menschen immer eigener Schatten steckt, bietet uns eine im wahrsten Sinne des Wortes wundervolle Chance, äußerst wirksam mit diesen Angriffen umzugehen. Die Methode ist auf den ersten Blick sehr einfach. Sie verlangt nur guten Willen und die Bereitschaft, sich positiv überraschen zu lassen. Letztlich geht es dabei um die einfache Umkehrung der Verantwortung im Sinne der Rücknahme derselben. Damit werden andere automatisch entlastet, und unser Leben verändert sich in Richtung Wachstum. Außerdem bekommen wir dadurch Handlungsmöglichkeiten, die uns vorher nicht zur Verfügung standen. Vor allem wird der Krieg der Schatten zwischen Menschen durchleuchtet und – wenn wir bei unserer Verantwortung bleiben – langfristig und nachhaltig verschwinden.

Die Frage ist nur, ob ich mein Elend einem scheinbar so einfachen Spiel »opfere«. Werde ich mich auf folgende vier kleine

Kniffe (a, b, c und d) einlassen, um aus allen Beschuldigungen und Vorwürfen, die ich heute noch gegen jemanden hege, Wachstumschancen für mich und den Beschuldigten auf vier Ebenen zu machen?

Durch das in seiner Einfachheit verblüffende Spiel mit Fürwörtern (Pronomen) gelingt es, ursprünglich anklagende und beschuldigende Aussagen in psychologisch entwicklungsförderliche Hinweise für einen selbst zu wandeln. Statt einer Aussage wie: »Er betrügt mich« (a), lassen sich zusätzlich noch drei weitere Betrachtungsebenen wählen, die den eigenen Schatten direkt enthüllen, nämlich: »Ich betrüge ihn« (b), »Ich betrüge mich« (c) und »Er betrügt sich« (d).

- Nehmen wir als Beispiel eine Frau und ihre Ausgangsbeschuldigung: »Er betrügt sie« (a).
- Diese lässt sich umkehren und verwandeln in: »Sie betrügt ihn« (b). Dadurch wird die Verantwortung von ihm zu ihr verlagert, und sie wird wieder handlungsfähig.
- Hinzukommen noch: »Sie betrügt sich« (c), und:
- »Er betrügt sich« (d).

Aussage (b) und (c) bringen mehr zur Lösung der Problematik als (a) und (d), denn (b) und (c) liegen sofort in Händen der Frau und sind ihr zugänglich, während sie an (a) und (d) nichts ändern kann. Indirekt wird sie aber – über das Resonanzgesetz – allmählich auch auf (a) und (d) Einfluss nehmen.

Ohne noch auf Inhalte weiter einzugehen, lässt sich jede Anklage (a) im Sinne solch einer Schuld- oder besser Verantwortungsumkehr in ihr Gegenteil (b) verwandeln. »Peter hat mich bestohlen« (a) lässt sich in »Ich habe Peter bestohlen« (b) umwandeln. Anschließend lassen sich auch noch die beiden weiteren Varianten »Ich habe mich bestohlen« (c) und »Peter hat sich bestohlen« (d) formulieren. Die Varianten (b), (c) und (d) helfen in der Regel weiter als die ursprüngliche Beschuldigung (a). Ein konkretes und typisches Beispiel dazu:

»Er behandelt mich schlecht«, ist die von Lisa gegenüber Franz vorgebrachte Ausgangsbeschuldigung (a).

»Ich behandle ihn schlecht«, also Lisa behandelt Franz schlecht, ist die Verantwortungsumkehr (b). Wenn Lisa diese Aussage prüft, wird sie rasch fündig, sofern sie willens ist. Hätten nicht beide Partner Anteil an dem Beschuldigungsspiel, könnte es gar nicht funktionieren und so viel Energie in Bewegung setzen. Außerdem ist nach unserer Schattentheorie jede Anschuldigung genauso gut immer auch an einen selbst zu richten. »Wer a sagt, muss auch b sagen«, sagt der Volksmund dazu. Wenn Lisa den Spieß umdreht, findet sie also selbstverständlich auch Vorfälle, bei denen sie Franz schlecht behandelt hat (b). Es werden bei der Recherche sogar ihrem eigenen Vorwurf ähnliche Punkte und vielleicht sogar vergleichbare Ebenen herauskommen, von anderen Punkten und Ebenen ganz zu schweigen.

Franz fühlt sich – zumindest subjektiv – sicher ebenfalls schlecht behandelt, und zwar von ihr, und bekommt nicht, was er sich von ihr wünscht und erträumt. Dass er sie schlecht behandelt (a), stimmt – jedenfalls aus ihrer Sicht – natürlich auch. Aber daran kann sie jetzt direkt nichts ändern, das hat sie schon lange genug versucht. Und er hat auf ihre entsprechenden Vorwürfe nicht befriedigend reagiert, sonst wäre es nicht zur Eskalation gekommen. Keine schöne Situation, aber zweifellos Lisas Wirklichkeit. Wenn sie gegen diese Wirklichkeit anrennt und weiter Vorwürfe produziert, Forderungen stellt, Verbündete sucht und also projiziert, eskaliert das Ganze weiter und wird jedenfalls nicht besser. Im Gegenteil, die Fronten verhärten sich, und ihre Beziehung entgleist noch weiter. Die meisten Menschen nehmen ungeprüft immer wieder diesen selben Weg, der sie vorbei am eigenen Schatten, aber auch an allen Chancen führt. Das betrifft nicht nur Beziehungen, sondern auch alle möglichen anderen Themen.

Die Möglichkeit, Franz zu ändern, hat Lisa tatsächlich meist nicht, obwohl sich viele Frauen gerade dies zu Beginn einer Beziehung erhoffen und sehnlichst wünschen. Es ist auf diesem Weg praktisch nie erreichbar und bleibt Illusion. Die gewünschte Veränderung immer vehementer einzufordern ist weder geschickt noch erfolgversprechend. Es hat nur den einen zweifelhaften Effekt, den eigenen Schatten weiter zu vertiefen. Wer aber die Auseinandersetzung mit dem Schatten als seine Aufgabe betrachtet, kann nun alle möglichen Anschuldigungen und Vorwürfe als Chance zu eigenem Wachstum und zu eigener Entwicklung sehen. Nebenbei wird dieses einfache Spiel, diese Schattentherapie in eigener Regie, die Beziehungen zu allen Menschen nachhaltig verbessern. Jener einfache (Seiten-)Wechsel, Byron Katie spricht von Umkehrung, führt vom Opfer zum Täter, vom Ausgelieferten zum Verantwortlichen, vom Herumgestoßenen zum Schöpfer.

Sobald Lisa in unserem Beispiel die einfach durchzuführende Umkehrung (b) zustande bringt, kann sie sofort anfangen, etwas zu ändern, nämlich ihr Verhalten gegenüber Franz. Statt ihn schlecht zu behandeln, kann sie ihm ihr Bestes geben, vielleicht sogar mehr und Schöneres, als er von ihr erwartet. Dadurch wird er nach dem Resonanzgesetz nicht nur bald aufhören, sie herablassend zu behandeln, sondern irgendwann auch auf das neue Programm »Ich gebe (dir) mein Bestes« einsteigen. Es ist eine reine Zeitfrage. Freundlichkeit ist bekanntlich ein Bumerang und kommt immer zurück. Dies gilt aber nicht nur für Freundlichkeit, sondern für alle Emotionen und Gefühle, die positiven wie die negativen.

Der einzige Haken ist, dass Lisa nett sein müsste, obwohl sie im Recht zu sein scheint und glaubt, beleidigt reagieren zu dürfen. Daraus leitet sie in der Regel die Notwendigkeit und vor allem das Recht ab, Gleiches mit Gleichem zu vergelten. Hier müsste sie im wahrsten Sinne des Wortes *über ihren Schatten springen.*

An diesem Sprung über den eigenen Schatten entscheidet sich alles. Wird der Sprung verweigert, verlängern sich solche Reaktionsketten, bis die Beziehung zu Bruch geht. Lange Vergeltungsketten wie die der Rache bis hin sogar zu Blutrache können über Generationen hinweg Bestand haben und Unheil stiften. Sobald aber einer der Beteiligten den Teufelskreis, in den normalerweise beide geraten, konsequent durchbricht, indem er über seinen Schatten springt, kann er beide retten. Dazu muss sich in unserem Beispiel Lisa unter Umständen einige Zeit demütigen (lassen) und nett, freundlich und zuvorkommend sein, obwohl zu Anfang von Franz weiter dessen Störprogramm zurückkommt. Auch hier hat der Volksmund einen Mut machenden Ausdruck: »Der Klügere gibt nach.«

Der Demütige und Klügere, in diesem Fall Lisa, muss das Programm »Egal, was der andere tut, ich gebe ab jetzt mein Bestes« nur lange genug durchhalten. Dies wird leichter, wenn sie sich zum Beispiel in die Anfangszeit der Beziehung zurückversetzt und sich wieder an die Liebe ihrer frühen Zeit erinnert und anschließt. Innerhalb einer Tiefenentspannung oder Trance ist so etwas gar nicht schwer, sondern eine sehr schöne Erfahrung.[21] Außerdem wird helfen, sich nochmals klarzumachen, wie aussichtslos Widerstand ist. Die Wirklichkeit zu bekämpfen ist so unsinnig wie hoffnungslos. Hier hilft nur eines: akzeptieren, was ist, und letztlich sogar – mit Byron Katie – lieben, was ist.

21 Als Empfehlung dazu das Hörbuch *Partner- und Beziehungsprobleme.*

Lisa könnte erkennen, welch wirksame Schattentherapie sie an der Hand hat, wenn sie ihre Vorwürfe zurücknimmt (b). Theoretisch weiß sie, dass die Umkehrung zwingend stimmen muss. »Wer (a) sagt, muss auch (b) sagen«, könnte zum entscheidenden Satz erfolgreicher Schattenjäger werden. Solange wir noch Beschuldigungen haben: Raus damit (a)! Aber anschließend auch gleich zurücknehmen (b) und selbst am Thema wachsen! Was immer uns helfen kann, diese Verantwortungsumkehr zu wagen und den Sprung über den eigenen Schatten zu schaffen, ist Gold wert.

Schließlich wird es Lisa auch guttun, Variante (c) durchzuspielen und sich so auch noch eine weitere, meist sehr aufbauende Therapie zu genehmigen. Denn die Erkenntnis: »Ich behandle mich schlecht« (c), wird bald dazu führen, diese Missachtung zu erkennen und einzustellen. Stattdessen wird sie beginnen, sich selbst ehrlich und anständig zu begegnen und zu behandeln.

Neben der einfachen Schuld- beziehungsweise Verantwortungsumkehr (b) hat auch Variante (c) den Vorteil, dem eigenen Einfluss zugänglich zu sein. »Lisa behandelt Lisa schlecht« – daran kann Lisa etwas ändern.

Tatsächlich behandelt Lisa, wenn sie Franz schlecht behandelt, immer auch sich selbst schlecht. Man kann überhaupt niemand anders schlecht behandeln, ohne sich selbst ebenfalls etwas anzutun. Dies finden wir auch im Neuen Testament sehr deutlich von Christus formuliert: »Was ihr für einen dieser Geringsten nicht getan habt, das habt ihr auch mir nicht getan.« (Mt 25,45)

Folglich könnte Lisa bei dieser guten Gelegenheit gleich anfangen, sich Gutes zu tun, indem sie sich selbst beschenkt, sich verwöhnt oder sich selbst – wie Franz bei Variante (b) – ihr Bestes gibt. Das Beste zu tun und zu geben ist eine wundervolle Chance für einen selbst. Wer sein Bestes gibt, beschenkt sich auch immer selbst, egal, wem er es gibt. Es macht in jedem Moment Freude, sich selbst und anderen, und mobilisiert erstaunliche Kräfte.Wenn die Verantwortungsumkehr (b) über die eigenen Kräfte zu gehen scheint, kann die Variante (c) sogar als Start in die neue Zeit dienen. Wer sich nach (c) lange genug mit sich selbst ausgesöhnt hat, kann es meist auch leichter mit anderen.

Nun bleibt noch die Wandlungsphase »Franz behandelt Franz schlecht« (d), die natürlich auch stimmt und einiges deutlich macht. Selbstverständlich behandelt er sich selbst schlecht, wenn er seine Partnerin schlecht behandelt. Er setzt dabei den integren Teil von sich herab und verletzt sein Selbst. Seine Partnerin ist Repräsentantin seiner eigenen weiblichen Seite. Was er seiner Partnerin antut, trifft folglich immer ihn selbst in Gestalt seiner Anima, seines weiblichen Seelenanteils (nach C. G. Jung), seiner Prinzessin (nach Logik der Märchen) oder seiner besseren Hälfte (wie es der Volksmund ausdrückt). Umgekehrt traf Lisa mit ihren Vorhaltungen gegenüber Franz (a) natürlich auch sich selbst in Gestalt ihrer männlichen Seite, ihres Animus und männlichen Seelenanteils, ihres inneren Helden, Königssohnes oder Mannes. Sie könnte ihrem inneren Mann vieles schenken, indem sie es erst einmal Franz gibt und so ein wesentliches Stück Psychotherapie in Eigenverantwortung leistet. Das hat den großen Vorteil, ganz in eigener Regie zu funktionieren und nichts – außer anfangs einige Überwindung – zu kosten. Mit der Zeit bringt diese einfache Therapie Lebensfreude und Begeisterung ins Spiel des Lebens. Und sie wirkt ansteckend. Franz wird rasch darauf einsteigen und anfangen, in Lisa seine bessere (weibliche) Hälfte zu beschenken.

So wundervoll diese Umkehrungen auch funktionieren – natürlich ist zu bedenken, dass es Grenzen gibt. Es gibt Situationen, in denen der Schatten in körperlicher Misshandlung wie Schläge und Vergewaltigung ausagiert wird und sich nicht auf ein seelisches Schlechtbehandeln beschränkt. In diesem Fall ist

Widerstand zu lernen, seelisch und ganz konkret körperlich. Manchmal muss der Frosch (aus dem Märchen vom Froschkönig) eben an die Wand geworfen und nicht geküsst werden.

Die amerikanische Meisterin im Schattenaufspüren, Byron Katie, verlässt sich neben verschiedenen Fragen, mit denen sie zur Schattenarbeit einlädt, ebenfalls auf diese Umkehrung, dieses Ins-Gegenteil-Wenden von Vorwürfen. Byron Katie lehrt ihre Methode in Büchern und Workshops anhand von Fallgeschichten, bei denen der Ausstieg aus der Projektionsfalle in ein selbstverantwortliches Leben nachgezeichnet wird. Dies ist eine gute Möglichkeit, der wir nicht oft genug folgen können. Je mehr solche Beispiele es gibt, desto besser. Denn Projektion folgt einem sehr breiten Trampelpfad, ja einer achtspurigen Autobahn. Der Gegenpol, die Rücknahme der Verantwortung zu sich selbst, entspricht dagegen anfangs einem Gang mit der Machete durch unwegsamen seelischen Dschungel. Doch mit jedem Menschen, der diesem Pfad folgt, und mit jedem durchlebten Beispiel wird der Weg gangbarer und breiter und zeichnet sich deutlicher ab. Deshalb hier gleich noch einige Beispiele:

Der Vorwurf eines Mann an seine Partnerin ist: »Sie soll gefälligst aufhören, mir immer die Schuld an allem zu geben« (a). Die Umkehrung lautet: »Ich soll aufhören, ihr immer die Schuld zu geben« (b). Auch hier bietet sich das Spiel mit den Fürwörtern an: »Ich soll aufhören, mir selbst immer die Schuld zu geben« (c). Und natürlich: »Sie soll aufhören, sich selbst immer die Schuld zu geben« (d).

Wie immer stehen zu Beginn (b) und (c) im Vordergrund, weil (a) und (d) ihm (noch) nicht zugänglich sind; dass aber auch diese beiden in Ordnung kommen werden, stellt das Resonanzgesetz sicher. Der Mann erlebt mit diesem ersten Spiel und den Varianten (b) und (c) raschen Erfolg, den er mit der Variante (a) über Jahre nicht hatte. Beklagt hat er sich nämlich bei ihr und allen seinen Freunden darüber schon lange. Es ist aber seine Wirklichkeit, und der Sturmlauf gegen dieselbe kann nichts bringen. Als er stattdessen seinerseits sämtliche Vorwürfe gegen seine Frau einstellt und die ständigen Beschwerden bei sich selbst durchschaut und minimiert, wird auch seine Frau diesbezüglich zurückhaltender. Aus dem eingespielten Teufelskreis wird eine Spirale in die andere Richtung. Als sich der Erfolg abzeichnet, fängt er schließlich an, nicht nur auf Vorwürfe zu verzichten, sondern ihr sogar Komplimente zu machen, und er bringt damit ihre ehemalige Vorwurfslawine gänzlich zum Stillstand. Zu guter Letzt hat er seine lang ersehnte Ruhe, und seine Partnerin findet obendrein zu einem eigenverantwortlichen Leben an seiner Seite. Nachdem er ihr die Projektionsfläche für ihre Vorwürfe und Beschuldigungen entzogen hat, muss sie sich ein neues Ziel für ihre Energien suchen und findet es in konstruktiveren Aktionen. Ihr Mann ist stolz auf seinen Erfolg, aber auch darauf, dass diese Therapie ganz ohne ihr Wissen auch sie so positiv beeinflusst.

Ein anderes Beispiel: Frau M. wirft ihrem Mann P. vor, sie mit einer Jüngeren zu betrügen, also »Er betrügt mich« als Variante (a). Dieser Vorwurf ist ein Standardthema und hier noch dadurch verschärft, dass Herr P. deutlich jünger als Frau M. ist und sie eine Art Mutterrolle bei ihm übernommen hat. Sie sucht Hilfe in der Beratung und glaubt, er wolle sich längst trennen und bleibe nur aus Dankbarkeit bei ihr, was er abstreitet. Die Umkehrung: »Ich betrüge ihn« (b), bringt sie sofort zum Schluchzen, denn ihr dämmert, was sie sich und ihm schon seit Längerem vormacht. Sie weiß natürlich um den großen Altersunterschied und die sich daraus ergebenden Probleme. Tatsächlich ist sie ihm nicht nur Geliebte und Mutter, sondern auch noch Therapeutin. In vieler Hinsicht ist sie ihm also ziemlich überlegen. Da sie ahnt, wie viel Sprengstoff für die Beziehung darin steckt, spielt sie ihm diesbezüglich immer etwas vor und stellt sich chronisch dümmer, als sie ist – jedenfalls in seiner Gegenwart. Indem sie ihr Licht ständig unter den Scheffel stellt, betrügt sie ihn und sich.

Die Variante (c): »Ich betrüge mich«, ergibt noch mehr Stoff, der ihr eigentlich längst klar ist, um den sie sich aber konsequent herumdrückt . Sie hat sogar angefangen, sich selbst etwas vorzuspielen, um die Beziehung zu retten, nach dem Motto: »Lieber das bekannte Elend als die unbekannte Freiheit.« Bereits aus der ersten Beratung folgen somit viel Selbsterkenntnis und Eingeständnis von Mitverantwortung, und es fällt ihr leicht, ihre Vorwürfe ersatzlos einzustellen. Außerdem beendet sie alle Versuche, ihn zu sexuellen Aktivitäten zu animieren, und sie bemüht sich darum, mit sich und ihm ehrlich zu sein.

Zur zweiten Beratung kommt Herr P. unangekündigt mit und zeigt sich weniger einsichtig in ihre Bewusstseinsschritte, als Frau M. erwartet hat. Letztlich will er sie als Versorgerin im Sinne der Mutter behalten und auch – nicht oft, aber immer wieder – als sinnliche, erotische Mutter lieben. Zusätzlich will er seine jüngere und ihm geistig weniger überlegene Geliebte behalten. Überraschenderweise gesteht meine Klientin ihm dies in der Sitzung sehr offen zu, obwohl er es sich nicht einmal ausdrücklich zu formulieren getraut. Tatsächlich leben sie mit dieser Variante einige Zeit, bis sie sich in einen ihr »ebenbürtigeren« Partner verliebt. Doch selbst in diesem Moment tappt sie nochmals in die »Betrugsfalle« und macht P. und sich etwas vor, indem sie länger bleibt, als ihr guttut, um ihn angeblich nicht zu »verletzen« und »der Schutzlosigkeit auszuliefern«.

Frau M. kommt neuerlich zu einer Beratung, und wir wiederholen das Spiel mit den Pronomen mit dem Ergebnis, dass sie erneut beschließt, mit dem Betrug gegenüber sich selbst, ihrem neuen und dem alten Partner aufzuhören. So ergibt das kleine Spiel mit den Fürwörtern, das heißt mit der Verantwortung, für sie und sogar für P. einen großen Schritt in eine neue reifere Beziehung. Denn ganz auf die Beziehung zur jüngeren Partnerin angewiesen, war diese sogleich in – ehrlich machende – Probleme geraten.

Ein anderes Beispiel beginnt mit dem Vorwurf von Andrea an Kurt: »Du gönnst mir nichts, du bist so knauserig!« (a). An der Umkehrung: »Ich gönne Kurt nichts« (b), erkennt Andrea einiges schmerzhaft Wahres, das sich nicht von der Hand weisen lässt. Die Variante: »Ich gönne mir nichts« (c), erschreckt sie zuerst, aber auch hierfür finden sich sehr rasch einige Indizien. Dass Kurt sich selbst auch nichts gönnt (d), ist ihr längst klar. Es lindert ihr Leid auch etwas, verbessert aber beider Situation nicht wirklich.

Nach dem Fürwörterspiel beginnt Andrea gezielt, Kurt zu verwöhnen und dazu zu bringen, auch sich selbst mehr zu gönnen, während sie sich selbst deutlich mehr nimmt und gönnt. Er lernt, Ersteres zaghaft anzunehmen, und hat zu ihrem Erstaunen gar nichts gegen Letzteres. Mit der Zeit finden beide aus dieser Knauserigkeitsfalle. Andrea ist erstaunt, wie sehr sie sich über ihren »Therapieerfolg« freuen kann, während Kurt anfängt, mit sich selbst hin und wieder großzügiger zu werden. Ihr Umfeld profitiert nun schon eine Zeit lang von beider wachsenden Toleranz und Freigebigkeit. Andrea findet noch ein eigenes Geldproblem heraus, das sie hindert, gemeinsames Geld vorbehaltlos zu genießen.

Das kleine Spiel mit den Fürwörtern kann Großes bewirken und vieles im positiven Sinn verändern; seine Erfolgsgeschichten könnten eigene Bücher füllen. Byron Katies Geschichten tun dies und bieten eine große Fülle an (Übungs-)Stoff und Anschauungsmaterial. Solche Spiele erfordern lediglich einigen Mut und die Bereitschaft zur Ehrlichkeit sich selbst gegenüber und zur Selbstverantwortung. Das heißt, sie verlangen die Bereitschaft, mit den Pronomen in unseren Anklagesätzen zu spielen und sie zu mischen. Mit diesem fast banalen Trick bekommen wir den Löwenanteil an Schattenproblemen, nämlich unsere zwischenmenschlichen, in den Griff.

Übung: Nehmen Sie sich Zeit, und lassen Sie vor Ihrem inneren Auge den Menschen auftauchen, dem Sie in Ihrem Leben am meisten anlasten. Nehmen Sie die Person, die Ihnen zuerst in den Kopf kommt – und keine Angst, alle anderen kommen auch noch dran.
Formulieren Sie Ihren Vorwurf an diese Person als Variante (a). Spielen Sie dann das Umverteilungsspiel: zuerst die Umkehrung in die Variante (b), in der Sie die Verantwortung übernehmen. Dann Variante (c), bei der das Thema ganz bei Ihnen bleibt, und anschließend (d), bei der es ganz zur anderen Person rückt. Vielleicht können Sie der speziellen Person später einmal Tipps geben, doch nur wenn der Betreffende Sie dazu einlädt.
Wiederholen Sie diese wichtigste Übung mit allen, denen Sie etwas vorhalten oder -werfen. Und sollte ein neuer Fall oder Vorwurf hinzukommen, spielen Sie gleich wieder das Fürwörterspiel.

Schuldzuweisungen unter die Lupe nehmen

Ob man nun dazu neigt, sich selbst oder anderen die Schuld zu geben, immer bleibt es Projektion. Wir können Probleme nach außen projizieren und bekommen Feinde. Wir können sie nach innen auf unseren Organismus projizieren und ernten Symptome und Krankheitsbilder. Wir können sie auf unsere eigene Seele schieben und säen Schuldgefühle, die wir im späteren Leben ernten. Schuldzuweisung in welcher Form auch immer ist ein entscheidendes Schattenthema.

Bei der Auseinandersetzung mit dem Schatten geht es darum, Probleme besonders nahe zu sich heranzuholen, statt sie im Gegenteil möglichst weit von sich wegzuschieben. Wichtig ist, sich klarzumachen, dass die Umkehrung und das Wechselspiel mit den Fürwörtern wie alle sinnvolle Schattenarbeit die Verantwortung zu uns selbst (zurück-)holt. Es ist also letztlich ein bewusster Wechsel notwendig vom armen Opfer zum eigenverantwortlichen Täter. In diesem Zusammenhang verliert der Begriff des Täters seinen negativen Beigeschmack. Wir werden durch diese Mittäterschaft zu tatkräftigen und entscheidungsfähigen Menschen, die Verantwortung für ihr Leben übernehmen, und werden im positiven Sinn zu Mitgestaltern des eigenen Lebensweges. Wenn wir Schuld als das, was wir der Ganzheit schulden, begreifen, wird dies noch leichter.

Die Klage: »Ich hasse es, ständig die Schuld zugeschoben zu bekommen«, dürften einige kennen. Natürlich ist die Übernahme des Schuld-Abonnements, die sich so manche antun, für andere in der Umgebung praktisch, denn die Schuld ist damit versorgt. Es entspricht der in der Bibel nachzulesenden alten Sündenbockpolitik der frühen Stammesgesellschaften: Man wählte einen Schaf- oder Ziegenbock, schob alle Schuld auf ihn, jagte ihn dann fort in die Wüste und sagte sich damit von der Schuld los. Und richtig: Sobald jemand alle Schuld auf sich nimmt oder sogar auf sich zieht, ist der Rest entlastet. Dadurch wird allerdings auch die Entwicklung in solchen Gruppen und Gemeinschaften behindert. Insofern erscheint das historisch überlieferte Ritual der Wahl eines symbolischen Sündenbocks als der deutlich bessere Weg.

Obwohl Schuld einen Platz im sozialen Leben braucht, schätzen wir in unserer modernen Gesellschaft solche Sündenbock-

Rituale gering. Als Folge davon landet die Schuld stattdessen überall, und man unterscheidet kaum noch zwischen Verantwortung und Schuld. Alle müssen ständig auf der Hut sein, keine Schuld angehängt zu bekommen. Das macht die Stimmung in der modernen Gesellschaft insgesamt ängstlich und angespannt. Viele ihrer Mitglieder sind ständig in Angst vor dem Schuld-/Verantwortungskomplex und auf der Flucht davor.

Da das Spiel mit den Fürwörtern so umfassend und auf praktisch alle Bereiche der modernen Gesellschaft anwendbar ist, kann man es sich sparen, in jedem Fall alle psychologischen Zusammenhänge jedes Mal neuerlich zu entflechten. Es reicht, einfach gleich zur ersten Anschuldigung (a) die drei anderen Varianten (b, c, d) mit den Fürwörtern durchzuspielen. Diese spielerische Zurücknahme der Projektionen wird Ihr Leben rasch, deutlich und sogar drastisch verändern. Ohne Schuldige wird es keinesfalls langweilig. Im Gegenteil, Sie werden deutlich mehr Verantwortung bekommen, was das Leben spannender macht. Der antike Philosoph Epiktet sagt sinngemäß: Wenn es dem Ungebildeten schlecht geht, sucht er die Schuld dafür bei seiner Umwelt, wenn es dem philosophischen Anfänger schlecht geht, sucht er die Schuld dafür bei sich selbst. Der wahrhaft Gebildete sucht in solchen Situationen die Schuld weder außen noch innen.

Wenn Sie aufhören, sich und anderen Schuld zu geben, und dafür in die Eigenverantwortung gehen, werden Sie eine Art Wunder erleben. Denn die Mitmenschen müssen – nach dem Resonanzgesetz – mit der Zeit ebenfalls aufhören, Ihnen Schuld zu geben. So entwickeln Sie sich immer weiter in ein schuld(en)-freies Leben, das sich unvergleichlich angenehm anfühlt. Rückwirkend wird die frühere Sündenkrämerei geradezu lächerlich.

Oft stimmt auch schon die erste Anschuldigung der Variante (a) gar nicht wirklich. Es liegt an der Tendenz unserer intellektuellen linken Gehirnhälfte, sich durch Verallgemeinerung, Übertreibung, Unschärfe und Rationalisierung bestimmte Positionen zusammenzuspinnen und zusammenzureimen, um dem Ego seine engen, weil so eingeschränkten Standpunkte erträglicher zu machen.

Übung: Nehmen Sie einige Ihrer Lieblingsbeschuldigungen der Vergangenheit unter die Lupe, mit denen Sie sich und Ihren Mitmenschen zugesetzt haben. Finden Sie heraus, ob die Variante (a) überhaupt der Wirklichkeit entsprach. Falls Sie entdecken, dass es gar nicht der Fall gewesen ist, können Sie Zuflucht zu einer konkreten und auch rückwirkenden Entschuldigung nehmen. Diese könnte sie ent-schulden und den Prozess der Entspannung noch schneller vorantreiben und geradezu beflügeln.
Halten Sie Ihre Eindrücke wieder im Schattentagebuch fest – und wenden Sie diese Übung auch generell an.

Im Gegensatz zur Stoa, der Weisheitslehre des soeben zitierten Epiktet, der nirgendwo Schuld suchen will, tragen wir nach biblisch-katholischer Lehre alle an der Erbschuld oder Erbsünde mit, die durch das Essen vom Baum der Erkenntnis von Gut und Böse entstand. Somit ist durch den Eintritt in die Welt der Gegensätze zugleich Schuld in die (christliche) Welt gekommen. Der Vorteil dieser Perspektive kann darin liegen, sich einzugestehen, dass wir alle ständig *Fehler* machen. Mit jeder Entscheidung *fehlt* uns tatsächlich etwas zur Ganzheit. Es könnte echte Entschuldigungen erleichtern.

Um sich wirklich zu entschuldigen, müssten wir im wahrsten Sinne des Wortes über unseren Schatten springen, eine in unserem Zusammenhang ausgesprochen heilsame Übung. Eine tief empfundene Ent-schuldigung gelingt oft und führt tatsächlich zum Verzeihen. Damit wird die Seele entscheidend entlastet und heiler.

Darüber hinaus könnten so grundsätzliche Schuldgefühle, wie die aus der Erbsünde abgeleiteten, daran erinnern, was wir der Ganzheit oder dem Leben beziehungsweise unserer Lebensaufgabe noch schulden. Sünden, das heißt Schulden, kann man deshalb nur durch die bewusste Rückkehr zur Ganzheit selbst begleichen, die nach christlicher Auffassung schon im Paradies verloren ging. Demnach ist es unsere Aufgabe in dieser Welt der Gegensätze, diesen Verlust zu überwinden und die Absonderung wieder rückgängig zu machen. Das ist aber nur durch Entwicklung möglich. Erst wenn wir unser Ich mit unserem Schatten im Sinne der Selbstverwirklichung vereinen, endet diese Urschuld, und wir kehren zurück zur Unschuld.

Schattentagebuch: *Wie leicht fällt es mir, zu vergeben? Welche Rolle spielt Schuld in meiner Erziehung, in meinem Leben? Kann ich gut und leicht loben? Wie gern bin ich dankbar?*
Bitte halten Sie Ihre Antworten im Schattentagebuch fest.

Die Welt als Spiegel

Sind die Umstände schuld?

Die bereits beschriebene einfache Schattenbearbeitung bei zwischenmenschlichen Konflikten, das Spiel mit den Fürwörtern, mag erstaunen. Doch sobald zwei Menschen miteinander ein Thema haben, wird dieses zwischen ihnen hin- und herschwingen. Lediglich festgefügte und eingefahrene Machtstrukturen lassen uns das übersehen. Eine(r) allein kann nie eifersüchtig oder verletzend sein.

Falls es aber nicht um zwischenmenschliche Belange geht, sondern um Objekte und Umstände oder ganze Gesellschaften, die mit Vorwürfen überzogen werden, ist mehr Wissen notwendig, um das Thema zu durchschauen. Wer die Verantwortung für seinen Misserfolg auf das Wirtschaftssystem, den Staat, die Steuern, das Gesundheitssystem, die Presse oder das Wetter schiebt, sitzt in einer schwierigeren Falle. Einige Beispiele mögen dies veranschaulichen:

»Ich bin in einer Gegend fern vom Meer und ohne Seen und Teiche aufgewachsen, und damals sind wir noch nicht gereist«, erzählt eine ältere Patientin. »Deshalb habe ich nie schwimmen gelernt und mich dafür später schrecklich geschämt. Mit der Zeit wurde es immer schlimmer, denn es kamen überall Schwimmbäder auf. Aber nun war es für mich ja schon zu spät. Dann wurden auch noch in allen Hotels diese schrecklichen Swimmingpools eingerichtet, und von da an konnte ich praktisch nirgendwo mehr hinfahren, ohne mich zu blamieren. Daran sind letztlich all meine Beziehungen gescheitert oder eigentlich gar nicht erst in Gang gekommen.«

Ein junger Mann berichtet: »Mit vierzehn habe ich mir bei einem Unfall die Vorderzähne ausgeschlagen und musste dann ein Gebiss tragen wie ein alter Mann. Das war mir so peinlich, dass ich mich nicht traute, ein Mädchen zu küssen, geschweige denn mit einer Frau ein Schlafzimmer oder ein Bad zu teilen. So konnte ich nie eine längere Beziehung haben und nicht glücklich werden. Das hat sich natürlich auch auf den Beruf und überhaupt auf alles ausgewirkt.«

Ein weiteres Beispiel mit einer erstaunlichen Kette von Projektionen: »Weil ich kein Abitur hatte, konnte ich nicht studieren, und deshalb habe ich nicht den Beruf meiner Wahl bekommen. Dadurch konnte ich auch nie den richtigen Partner finden, und so blieb mir die große Liebe immer versagt. Ich verdiente auch nie genug Geld, um mir leisten zu können, was ich mir wünschte. So muss ich mein Leben als gescheitert betrachten und kann doch gar nichts dafür.«

Verfolgt man als Therapeut solche Projektionsketten zurück, wird in der Regel die Schuld stets weiter nach hinten verschoben. So ergänzte im zuletzt geschilderten Fall (»Weil ich kein Abitur hatte ...«) die Patientin, dass es für sie mit der Abschlussprüfung nicht klappen konnte, weil ein Lehrer sie »aus lauter Gemeinheit« durchfallen ließ.

Bei dem erstgenannten Fall liegen Initiative und Mut, sich der Herausforderung des Schwimmens zu stellen, im Schatten – und damit eine Aggressionsthematik. Diese steht bemerkenswert oft am Beginn solcher Ketten, ist doch das Aggressionsprinzip auch das Prinzip des Anfangs. Im Bewusstsein der Patientin ist jedoch der (fehlende) Zugang zum Wasser schuld. Wasser entspricht der Seele. Wer also nie Zugang zum Seelenelement gefunden hat, wird in seelischer Hinsicht Schatten aufbauen, vor allem wenn er das Nicht-schwimmen-Können zum Anlass für das Scheitern von Partnerschaft und letztlich des eigenen Lebens nimmt.

Im zweiten Fall ist mit den Zähnen das Aggressionsthema ebenfalls konkret angesprochen. Als junger Mann keine echten Waffen mehr im Mund zu haben ist sicher von Nachteil. Allerdings könnte das Thema Durchsetzung, Mut und Energie auch in anderer Form bearbeitet und gelernt werden, um zu sich zu stehen, statt es in den Schatten zu verdrängen. Hier wird es aber zum Vorwand, die gesamte Beziehungsthematik scheitern zu lassen. Wo Aggression, Energie und Kraft nicht ins Spiel des Lebens gebracht werden, kommt natürlich nicht viel in Gang.

Bei der dritten Fallgeschichte werden wir in Gestalt von Schule, Lehrer und Prüfung auf das Prinzip der Kommunikation und Vermittlung hingewiesen, das offensichtlich zu kurz kommt. Auch hier sind die Initiative und Selbstbehauptung in den Schatten geraten. Das einfache Wandlungsschema des Fürwörterspiels lässt sich darauf bestens anwenden: »Der Lehrer mochte mich nicht«, ist die ursprüngliche Anschuldigung (a). Die ebenso sichere Umkehrung lautet: »Ich mochte den Lehrer nicht« (b). Es ist mindestens genauso wahrscheinlich und jedenfalls viel produktiver, denn daran hätte sie etwas ändern können, an der Ausgangssituation dagegen nicht.

Hätte sie rechtzeitig ihre Aversion gegen den Lehrer bearbeitet, hätte er vielleicht – über Resonanz – eine positivere Haltung ihr gegenüber eingenommen. Möglicherweise hätte schon ausgesuchte Freundlichkeit genügt.

Aber auch die beiden anderen Varianten wären hilfreich gewesen. »Ich mochte mich nicht« (c) – für diese Variante spricht schon, dass sie das Abitur nicht wiederholt hat. Und auch die Variante (d) ist wahrscheinlich: »Der Lehrer mochte sich nicht.«

Vielleicht ist er deshalb ein schlechter Lehrer und unzufrieden gewesen und hat so hart auf ein Mädchen reagiert, das sich ebenfalls nicht mochte. Und selbst wenn der Hauptgrund in dem primär ungerechten Lehrer gelegen hätte, wäre ihre einzige Chance doch gewesen, mit den beiden Varianten anzufangen, die für sie beeinflussbar waren: ihre Aversion gegen den Lehrer (b) und gegen sich selbst (c). Letztlich läuft alles auf die sehr einfache Aufforderung hinaus, sich an die eigene Nase zu fassen. Darin liegen mit Abstand die besten und insgesamt ausgezeichnete Chancen.

Bei Projektionen auf Umstände und Dinge ist es sehr hilfreich, das dahinterliegende Thema zu erfassen, um zu sehen, wen oder was man auf einer tieferen Wirklichkeitsebene für schuldig erklärt. Hätte die Nichtschwimmerin im Wasser das Seelenelement erkannt und sich mehr um ihre Seele und alles Seelische im Leben gekümmert, hätte sich sicher ein besserer (Aus-)Weg gezeigt. Hätte der zahnlose junge Mann das Aggressionsprinzip hinter seinem Thema erkannt und es auf allen möglichen anderen Ebenen bearbeitet, wäre auch sein Problem lösbar gewesen. Hätte er Einsatz und Kampfgeist, Entscheidungsfähigkeit und Mut und das Feuer seiner jungen Begeisterung in die Waagschale geworfen, wäre er bestimmt auf sportlichem Feld erfolgreich geworden; sein kräftiger Körper sprach dafür. Dann hätte er sicher auch partnerschaftliche Angebote bekommen. Außerdem hätte die Zeit – wie sie gegen die Nichtschwimmerin spielte – ihm zugespielt mit der Entwicklung und Bereitstellung von immer besserem Zahnersatz bis hin zu Implantaten. Entscheidend wäre gewesen, Zugang zu seinem Problem zu finden, der Zahnlosigkeit auf verschiedenen Ebenen.

Audio-Meditation: Hören Sie die Meditationen 1 und 6, und folgen Sie der Übung.
Nehmen Sie sich im Anschluss wieder ausreichend Zeit, um die Meditation weiterwirken und ausklingen zu lassen. Kommen Sie dann mit einem tiefen Atemzug zurück, der Sie wieder mit der Polarität, der Welt der Gegensätze, verbindet. Orientieren Sie sich bewusst im Raum mit räkelnden und streckenden Bewegungen und in der Zeit durch einen Blick auf Ihre Uhr.
Wiederholen Sie die Übung nach Belieben mit Projektionen auf andere Situationen, Umstände und Dinge, und vertrauen Sie Ihre Zwischenergebnisse dem Schattentagebuch an.

Jammern bringt gar nichts

Ein Gast offenbarte mir auf einer Kreuzfahrt seinen Versuch, mit Hilfe der Schuldprojektion Kapital zu schlagen. Ich hielt ihn zuerst für einen Künstler, da er absonderlichste Kleinigkeiten fotografierte. Andererseits wirkte er überaus spießig, auch knipste er mit einem Billigapparat. Er verriet mir bereitwillig sein Geheimnis: Er sei spezialisiert auf den Beschwerdeweg und beginne vom ersten Reisetag an, alles zu registrieren, was Regressansprüche sichern könnte. Stolz berichtete er, über den Kulanzweg fast immer ein Viertel und manchmal sogar die Hälfte des Reisepreises erstattet zu bekommen. Völlig verblüfft war er, als ich das für ein schlechtes Geschäft erklärte: Während er sich die Reise jeweils zu hundert Prozent ruinierte, bekam er bestenfalls fünfzig Prozent des Geldes zurück.

So ähnlich kommen mir diejenigen vor, die ein Leben lang auf Schuldprojektionen setzen. Sie geraten mit Sicherheit in deprimierenden Frust und bekommen die Last ihrer Existenz durch das Abschieben der Schuld nicht wesentlich verringert – ein in allen Fällen denkbar schlechtes Geschäft und eine jämmerliche Lebensperspektive.

Das folgende Beispiel einer Schattenanalyse mag die Aussichtslosigkeit des Beschwerdeweges weiter verdeutlichen: »Meine Frau hat einen anderen. Sie ist untreu und rücksichtslos, das ist unchristlich und blamabel für mich. Das darf sie nicht.« Diese Situation würde die allermeisten Ehemänner in Widerstand mit der Wirklichkeit bringen und umgekehrt auch die meisten Frauen. Nun leben aber viele in genau dieser Situation über lange Zeit und vergiften sich das Leben gegenseitig, ohne erkennbare Konsequenzen zu ziehen. Selbst wenn sie diese ziehen und sich trennen, bleiben die Vorwürfe oft bestehen und vergiften das Leben über die Scheidung hinaus. Schlimmstenfalls werden die Vorwürfe in das Leben gemeinsamer Kinder hineingetragen und belasten so auch die nächste Generation.

Der Kampf gegen die noch so deprimierende Wirklichkeit einer Beziehung mit Vorwürfen oder Forderungen hat also eine wenig aussichtsreiche Perspektive. Die Wirklichkeit zu erkennen ist dabei leicht, denn offensichtlich und zugegebenermaßen hat sie, die Ehefrau, einen anderen. Dies anzuerkennen ist wichtig. Es ist eine Tatsache, gegen die Sturm zu laufen nichts ändert. Wahrscheinlich wird ihr etwas in der anderen Beziehung geboten, das ihr wichtig ist und das sie wahrscheinlich sonst und jedenfalls von ihrem Ehemann nicht bekommt. Die Beratung machte ihm klar, dass es sie aller Wahrscheinlichkeit erstens nicht zurückbringen und zweitens auch sein eigenes Leben aller Chancen berauben würde, wenn er auf seiner Position beharrte. Seit Monaten hielt er an seiner vorwurfsvollen Forderung fest, aber es zeigte keine Wirkung. Seine Frau sah sich außerstande, zu ihm (auf erotischer Ebene) zurückzukommen, und sein Leben litt insgesamt dramatisch darunter.

Nehmen wir uns die ursprüngliche Beschwerde vor: »Meine Frau hat einen anderen. Das sollte sie nicht. Sie ist untreu und rücksichtslos. Es ist unchristlich und blamabel für mich ... Sie muss sofort damit aufhören und sich entschuldigen« (a). Bei meiner Aufforderung an ihn, mit diesen Aussagen die Verantwortungsumwandlung vorzunehmen, kam viel Interessantes und Erhellendes heraus. Das Spiel mit den Fürwörtern war wiederum der Schlüssel zum Umkehren und Umdenken: »Ich habe eine andere, das sollte ich nicht« (b). Tatsächlich hatte er früher zweimal ein Verhältnis gehabt und das deutliche Gefühl des Unrechts und ein sehr schlechtes Gewissen verspürt. Er hatte seinen Fehltritt nie zugegeben, aber sie wusste davon. Noch immer empfand er sich rückwirkend als untreu und rücksichtslos, denn er war sogar wütend geworden, als sie ihn mit dem Verdacht konfrontiert hatte, und war auf sie losgegangen. Das Ganze empfand er im Gegensatz zu ihr außerdem als sehr unchristlich und unmoralisch, da er gläubiger Katholik war. Es war also ganz offensichtlich sein Problem, das er ihr vorwarf. Die Blamage gab er überhaupt als seine zu. Sie war damals vor allem wütend und traurig gewesen und hatte von ihm verlangt, das Verhältnis aufzugeben. Das hatte er – zumindest beim ersten Mal – äußerst widerwillig getan, unter ihrem Druck und dem seiner religiösen Einstellung. Ent-schuldigt hatte er sich nie, aber das starke Gefühl gehabt, es tun zu sollen. Aber da er nichts zugegeben hatte, ging es natürlich nicht. Damit war er mehr als sie auf der Schuld sitzengeblieben. Den Weg der Ent-schuldigung hatte er sich mit seinem Leugnen selbst verbaut. Sie hatte sich dagegen bei der ersten Konfrontation schon entschuldigt, aber die andere Beziehung nicht wirklich beendet, jedenfalls gab sie zu, den Mann weiter zu treffen.

Seine Vorstellung, dass sie sofort mit dem Verhältnis aufhören müsse, war offensichtlich naiv und gar nicht wahr. Denn sie hörte nicht auf, und diese Wirklichkeit war es, die ihn quälte. Er beharrte vehement auf seiner Forderung, hatte aber keinerlei Macht, sie durchzusetzen. Im Gegenteil machte ihm sein inzwischen hoffnungsloses Beharren auf einem schon längst nicht mehr wahren Idealzustand nur sein eigenes Unglück bewusster. Es gab keinen Weg, sie zu zwingen, mit dem anderen Schluss zu machen. Er konnte sich lediglich von ihr trennen, was er keinesfalls wollte.

Die Tatsache, dass er an ihr und ihrer Situation seine eigenen Seelenprobleme widergespiegelt bekam und so seinen eigenen Schatten erlebte, wurde ihm im Gespräch klar. Auch dass es eigentlich lächerlich war, auf der Unwahrheit zu beharren, verstand er schließlich. Seine Frau musste eben gar nicht zu ihm zurückkehren. Dass er sich und ihrer beider Beziehung so nur noch mehr Schaden zufügte, verstand er langsam. Wichtiger aber war noch, herauszufinden, wie es zu seinem zweiten Verhältnis gekommen war. Der Grund lag in der anderen Frau, die ihn mehr beziehungsweise auf neue Art fasziniert hatte. Alles war mit ihr spannender und nicht so selbstverständlich und in eingefahrenen Bahnen abgelaufen. Er hatte sich wieder jung und voller Energie gefühlt. Genau das Gleiche war ihm an seiner Frau aufgefallen und hatte seinen Verdacht erregt. Im Gegensatz zu ihm hatte sie jedoch alles sofort zugegeben.

In unserem Gespräch zeigte sich nun, wie er sein Verhältnis ebenfalls, wenn auch nur indirekt, eingestanden hatte. Es waren kleine Fehlleistungen gewesen, die sie aufmerksam werden ließen. Er hatte sie also hinter sein Geheimnis blicken lassen, indem er sich selbst – unbewusst – verriet. Der geheime Grund war, dass er sein Verhältnis wieder loswerden wollte, weil er es innerlich gar nicht akzeptieren konnte.

In dem Maß, wie er sich und seinen Schatten in ihr und ihrem Erlebnis erkannte und sich dieser Wirklichkeit stellte, wurde die Verurteilung seiner Frau deutlich milder. Er sah sich nun selbst in ihrer Situation und entwickelte geradezu so etwas wie Mitgefühl. Als er ihr daraufhin seine eigenen beiden Verhältnisse rückwirkend gestand und sich entschuldigte, gewann er sie mit seiner Ehrlichkeit schon ein kleines Stück zurück. Als er auf dem Boden der begonnenen Psychotherapie anfing, all das, was ihn an seinen Liebschaften fasziniert hatte, zu Hause bewusst zu leben und auch bewusst in Szene zu setzen, gewann er sie allmählich immer mehr zurück.

Seine Erkenntnis, dass er ihr nur vorwarf, was er bei sich selbst ablehnte und sich selbst vorwarf, gab ihm wieder Kraft und Mut und schenkte ihrer Beziehung neue Energie und Hoffnung. Beide erlebten ihre Ehe danach als besser und erfüllender. Der Grund dafür ist, dass Ehrlichkeit immer anmachend wirkt und die Durchlichtung des Schattens erst recht. Durch die Integration der Erfahrung und vor allem neuer Aspekte in ihr Beziehungsleben waren sie beide gewachsen; die Seitensprünge allein hatten dies keineswegs bewirkt. Er hatte ein großes Stück Schatten durchlichtet und gelernt, ehrlicher mit sich und ihr zu werden und weiter und offener zu sein, was sie sehr attraktiv fand.

Wie fast immer nach solchen Erfahrungen eines Sprungs über den eigenen Schatten versuche ich, die Gunst der Stunde zu nutzen und den Betreffenden anzuregen, sich damit nicht zu begnügen, sondern das erfolgreiche Konzept auf das übrige Leben auszudehnen. Doch er kam gleich von sich aus darauf und fragte, ob ich ihm nicht mit seinem Hauptkontrahenten in der Firma ähnlich weiterhelfen könnte. Natürlich aber schaffte er es selbst über denselben Mechanismus der Schattenanalyse. Was immer er dem Arbeitskollegen vorzuwerfen hatte (a), kannte er auch in diesem Fall von sich selbst (b). Hinter dem Rücken über andere zu reden war ebenfalls seine Art, gerade auch bei diesem »Typ« und angeblich nur aus Notwehr. Auch er versuchte, beim gemeinsamen Chef besonders gut und eigentlich besser dazustehen, was er bei dem Kollegen ohne Weiteres als Opportunismus und »Liebkindspielen« erkannte. Als er all das durchschaute und seinerseits damit aufhörte, wurde das Verhältnis »ganz von selbst« besser. Es entwickelten sich nun sogar entspannte Gespräche, und der Patient erlebte den Zauber des Resonanzgesetzes. Jahre später blicken er und seine Frau nun auf ein bewussteres Leben im Licht der Schicksalsgesetze und unter Einbezug von Polarität und Schatten zurück. Sie vermittelt dieses Wissen, das sie beide befreit hat, sogar schon anderen im Sinne des Feldes »ansteckender Gesundheit«.

Der Patient bat mich damals schon, über diese einfachen Tricks, die ihm so geholfen hatten, ein kleines Buch zu schreiben. Mir erschien dies als zu einfach und zu wenig neu. Konnten zwei so simple Dinge ein Buch ergeben wie »Stell dich der Wahrheit und du wirst frei« und »Nehmt eure Projektionen zurück«? Beide Aufforderungen erschienen mir fast banal und waren so wenig neu wie von mir. In der zweiten Aufforderung scheint überdeutlich das christliche »Liebt eure Feinde« durch. Tatsächlich sind unsere Symptome Feinde. Sie können innen als Krankheitssymptome und außen als Gegner, Widerstände und Klagen auftreten. Wir finden sie in unseren Beschwerden, Wunschlisten und Verbesserungsvorschlägen. Sie führen uns zu großer Freiheit, wobei dieses Buch helfen will.

> **Schattentagebuch:** *Wie kann ich meine bisherigen Erkenntnisse zum Umgang mit dem Schatten auf andere Gebiete und Themen ausweiten?*
> Halten Sie Ihre Überlegungen und Antworten schriftlich fest.

Das Beispiel Mobbing

Die wirksamste und einfachste Mobbing-Therapie besteht darin, als Mobbing-Opfer aufzuhören, über andere schlecht zu sprechen. Nach dem Resonanzgesetz wird daraufhin auch die andere Seite aufhören zu lästern. Dieses Vorgehen hindert das Opfer durchaus nicht, sich nach dem Polaritätsgesetz aktiv zu wehren.

Der Grundvorwurf lautet: »Sie reden schlecht über mich« (a). Die Umkehrung sagt schon viel: »Ich rede schlecht über sie« (b). Aber auch: »Ich rede oder denke schlecht über mich« (c), und: »Sie denken schlecht über sich« (d).

Bisher redete noch jedes Mobbing-Opfer – einschließlich meiner selbst – schlecht über andere oder dachte zumindest schlecht über sie. Bei mir selbst fand ich natürlich sofort den Zusammenhang zwischen übler Nachrede und meiner oft herben Kritik an der Schulmedizin und ihren Anhängern. Ich dachte immer, es zähle nicht so, wenn es ohne Namensnennung geschehe, aber das tut es eben doch.

Wenn wir die Auseinandersetzung mit dem eigenen Schatten suchen, statt mit der Außenwelt zu kämpfen, gelingt dies auf der bisher erarbeiteten Basis leicht. Der erste Schritt ist, den Widerstand gegen die Wirklichkeit aufzugeben. Wie immer sie uns erscheint, wir müssen sie als Voraussetzung für jede weitere Entwicklung annehmen lernen. Die Wirklichkeit wirkt, ob wir das akzeptieren oder nicht, und sie hat uns an diesen Punkt unserer Entwicklung gebracht. Das ist die einzige Wahrheit, auf der wir aufbauen können. Was wir uns an Wahrheiten zusammengereimt haben, müssen wir an dieser Wirklichkeit messen und uns gegebenenfalls davon verabschieden zugunsten der Wahrheit dessen, was ist.

Im zweiten Schritt geht es darum, unsere Projektionen als solche zu erkennen. Das überschneidet sich schon mit dem ersten

Schritt, denn die Projektionen umfassen die zusammengesponnenen »Wahrheiten«, die uns helfen, die Welt so zu sehen, wie es dem Ego passt. Sie erlauben uns, in der Rolle der »armen Opfer« zu bleiben, ohne Verantwortung zu übernehmen. Die Welt ist dann an allem schuld, und wir können uns mies und im Recht fühlen.

Die Zurücknahme der Projektionen beinhaltet dagegen die Übernahme der Verantwortung für das, was ist. Die anderen sind dann erst einmal egal. Wir sind vielleicht nicht mehr im Recht, aber jedenfalls verantwortlich, und wir fühlen uns immer noch mies, vielleicht anfangs sogar noch mieser. Aber wir haben wieder eine Chance, wenn wir unserer Verantwortung nachkommen.

Dabei wird möglicherweise das Finden der Ebene der Verantwortung zum Problem. Das Schicksal zeigt uns das Problem und das dahinterliegende Prinzip meist bereitwillig. Aber es fordert uns sehr dabei heraus, die jeweilige persönlich entsprechende Ebene zu finden. Wenn ich üble Nachrede erlebe, heißt das, ich rede oder denke zumindest über andere ebenfalls schlecht. Aber in welchem Bereich, das muss ich selbst mit großer Offenheit und manchmal vielleicht sogar mit fremder Hilfe herausfinden. Oft werde ich nicht über denselben Menschen schlecht denken, der über mich schlecht redet. Hinzu kommt, dass wir mit der Zeit und zunehmend bewussterem Leben bereits auf kleinere Verfehlungen durch erhebliche äußere Aktionen hingewiesen werden. Was soll das Schicksal auch machen, wenn unsere eigenen Projektionen immer raffinierter und versteckter werden? Es muss schwerere Geschütze auffahren, und wir haben die anspruchsvollere Aufgabe, die Übersetzungsschritte trotzdem weiterhin zu schaffen und die uns entsprechenden Ebenen zu finden.

Natürlich kann man sich auch hier wieder ungerecht behandelt fühlen und die Reaktion des Schicksals für unangemessen erklären. Aber es wäre wieder nur eine Beschwerde beim Universum oder eine Projektion. Andererseits könnte man sich sogar geehrt fühlen, wenn das Schicksal sogar wegen geringfügigerer Vergehen einen so großen Aufwand treibt – und alles nur, um einem persönlich auf die Sprünge zu helfen, zum alles entscheidenden Sprung über den eigenen Schatten.

Am Thema Mobbing lässt sich das Wesen der Schattenanalyse und der Projektion beispielhaft verstehen. Unter Mobbing Leidende kommen als Hilfesuchende und wollen im Außen die üble Nachrede abgestellt wissen. In dieser Phase würden sie am liebsten mit Hilfe der Polizei wieder für Ordnung sorgen und die Übelredenden streng bestrafen lassen. Sobald ihnen klar (gemacht) wird, wie sehr das Problem in ihnen selbst liegt, reagieren sie in der Regel unwillig bis ungläubig und halten ihr »Ja, aber ...« dagegen. Sie meinen, viele gute Gründe und sogar Beweise zu haben, dass das Problem bei den anderen und im Außen liegt.

Das ist das Geheimnis jeder Projektion: Sie wirkt wahr und echt, ohne es tatsächlich zu sein. Projektion ist sicher der mit Abstand am weitesten verbreitete Wahn. Die Betroffenen spinnen sich völlig in die eigene erfundene, zusammengereimte Wirklichkeit ein. Sie wirken wie in einen Kokon aus Rationalisierungen und Pseudobegründungen eingesponnen. Auch jeder andere Wahn wirkt für den Wahn-sinnigen wahr und echt. Es kann in krassen Fällen lange dauern, bis er wirklich durchschaut wird.

In dem wundervollen Film *A Beautiful Mind* kämpft Russell Crowe in Gestalt des Mathematik-Nobelpreisträgers John Forbes Nash einen heldenhaften Kampf mit eigenen Wahnfiguren. Zum Glück ist Projektionswahn nicht annähernd so hartnäckig wie es psychotische Wahnvorstellungen sind. Allerdings können Projektionen unter besonderen Umständen tatsächlich Wahncharakter im psychiatrischen Sinn annehmen. Im alltäglichen Sinn sind sie bereits wahnhaft, da der Wirklichkeit unangemessen und unreal, obwohl sie für die Betroffenen so überaus real wirken.

Die therapeutische Aufgabe liegt nun nicht darin, die Betroffenen vom jeweiligen Gegenteil zu überzeugen. Das ist schwer bis unmöglich. Es reicht, sie für Eigenentwicklung zu gewinnen. Da es im Außen meist keine Chance gibt, die Situation zu ändern, sind die Opfer für solch einen Versuch hin und wieder zu gewinnen. Manchmal lässt sich das »Opfer« auch davon überzeugen, wie unrealistisch seine Haltung ist. »Das darf (doch) nicht (wahr) sein, das muss sofort aufhören«, sind die üblichen Sprüche. Es ist eben doch wahr und hört nicht auf – und geht auch meist schon seit einer Weile so. Und genau das haben die Betroffenen erlebt. Sie davon zu überzeugen ist leicht.

Wir können etwas bedauern und beklagen, aber im Außen ändern können wir es meist nicht. Dagegen können wir uns und unsere Haltung immer ändern. Da es meist überhaupt das Einzige ist, das wir sofort tun können, hat es viel Überzeugungskraft und beste Chancen. Selbst wenn wir – selten genug – im Außen etwas ändern können, sind die Ergebnisse oft nicht besonders gut und keinesfalls vergleichbar mit denen der inneren Schattenarbeit. Falls mein »betrogener« Patient es etwa mittels Druck, Drohungen, Erpressung oder auch nur Vermittlung von schlechtem Gewissen geschafft hätte, seine Frau zur Aufgabe des Verhältnisses zu nötigen oder gar zu zwingen, hätten sie anschließend niemals dieselbe Erleichterung und Freude bei der Wiedervereinigung erleben können. Hätte derselbe Patient an seiner Arbeitsstelle die Macht gehabt, den Rivalen zu entlassen, wäre »das Problem« erst einmal beseitigt gewesen. Die innere Problematik aber wäre mit Sicherheit auf jemand anders gewechselt; es wäre eine reine Zeitfrage gewesen. Kaum ist ein

Problemfall hinausgeekelt, kommt ein neuer – in Gruppen, Abteilungen und ganzen Firmen wird diese Erfahrung immer wieder gemacht. Oder das Problempotenzial verteilt sich auf mehrere, die bis dahin davor verschont waren. Äußere Lösungsversuche verschieben das Problempotenzial, innere lösen es.

Im Grunde besteht die Schattenanalyse in einer Entflechtung von verschobenen Verantwortungen, genauer in einer Entwirrung entstandener Verwirrung. Das mutige Spiel mit den Fürwörtern ist dabei im Zwischenmenschlichen die größte Hilfe. Jede neue Variante ist einfach auszuprobieren und tief im Inneren der Seele darauf zu prüfen, ob nicht diese Aussage wahrer und hilfreicher ist als die ursprüngliche Anklage oder Beschwerde. Dazu ist es enorm unterstützend, die entsprechenden Fragen in tiefer Entspannung an die eigene Seele zu richten, am besten in Trance, wie es die Audio-Meditationen ermöglichen.

Film-Meditation: Sehen Sie sich den Film *A Beautiful Mind* in meditativ entspannter Haltung an. Denken Sie dabei auch an eigene Wahn-Vorstellungen, in die Sie sich nur nicht vergleichbar stark hineingesteigert haben. Sind Sie sich bewusst, wie hartnäckig Schatten ist – besonders der eigene – und wie lange und aufwendig die Auseinandersetzung ist, aber auch wie lohnend und beglückend?
Nutzen Sie das Ende des Films wieder zum Einstieg in Ihre eigene Nachbetrachtung in Ihrer Seelen-Bilder-Welt.

Innere Bilder – Die Seele sprechen lassen

Die innere Wirklichkeit erkennen

Die Sprache der Seele ist die der Bilder. Von ihr können wir die besten Lösungen bei der Schattenarbeit erwarten. Zugleich eröffnet sie auch den einfachsten Zugriff auf die Schätze des Schattens. Sie verschafft uns Zugang zu dem unbegrenzten Reichtum unserer inneren Welt, einschließlich unseres Unbewussten, das natürlich auch nur über Bilder zu erleben ist.

Seelenenergie, in allen Kulturen mit dem Element Wasser verbunden, fließt ununterbrochen wie die Bäche, Flüsse und Ströme der Natur und durchdringt unser ganzes Sein wie das Wasser die Natur. So wie ohne Wasser kein Leben existiert, gibt es ohne Bilder kein Seelenverständnis. Die Fruchtbarkeit und Schöpfungskraft der Seele sind so grenzenlos wie die der Natur. Ununterbrochen erschafft und bearbeitet sie innere Bilder auf allen Ebenen unserer Existenz.

Die Welt der Seele ist mit dem Weiblichen zutiefst verbunden. In diesem Sinne ist die Seelen-Bilder-Sprache unsere eigentliche Muttersprache und noch vor der Sprache des Intellekts einzuordnen. Wir sollten sie neuerlich sprechen und verstehen lernen. Wer das Leben in einem anderen Land, in einer anderen Kultur wirklich erfassen will, muss in die speziellen Sprachbilder eintauchen und sich dieser Sprache bedienen. Genauso muss, wer seine Seele wirklich kennen lernen will, in die Seelen-Bilder-Welten eindringen.

Die besondere Bilderproduktion ist so etwas wie das Verdauungssystem der Seele. Fortwährend nehmen wir durch unsere Sinne äußere Bilder auf, schöne und schreckliche. Wir (er-)nähren damit unser Seelenreich. Wie Wasser nimmt die Seele in ihrer archetypisch weiblichen Eigenart unentwegt alles auf und wird so zum Sammelbecken unseres Erlebens – aber nicht nur unseres individuellen, sondern auch des kollektiven Erlebens, sogar der Erfahrungen der Evolution. Sie nimmt auf, bearbeitet und verarbeitet, ordnet, verwandelt und bewegt Eindrücke, Erinnerungen, bewusste und unbewusste Wahrnehmungen und Erkenntnisse.

Auch wer bisher noch keine Erfahrung mit der »Bildertherapie« gemacht hat, ist täglich – oder besser gesagt nächtlich – in Kontakt mit dem Bildermeer seiner Seele. Jede Nacht erinnert die Seele im Traum an ihre für uns moderne Menschen so schwer fassbare Existenz. Hier zeigt sie uns, wie mächtig sie ist im Vergleich zu unserem kleinen Tagesbewusstsein. Mit ihm identifizieren wir uns lieber, weil es uns die Illusion von Kontrolle über unser Leben, sogar über unser Schicksal vorspiegelt. Im Traum können wir uns jedoch nicht mehr auf die Koordinaten unserer irdischen, materiellen Existenz verlassen, die uns vermeintlich Sicherheit bieten. Raum und Zeit sind Schranken, die das Reich der Seele nicht kennt. Ganz selbstverständlich und natürlich überschreitet sie Grenzen, durchbricht sie oder löst sie sogar auf. So entsteht ein Raum von Freiheit, unendlich wie das Weltall. Alles ist möglich; Sicherheit und Gewissheit verlieren sich im Meer der grenzenlosen Möglichkeiten. Der persische Dichter und Sufi Saadi von Shiraz fasst es in die Worte: »Tief im Meer liegen unermessliche Schätze verborgen. Sicherheit findest du am Ufer.«

Jeder Traum stellt unsere innere Wahrheit und Wirklichkeit so dar, wie sie ist, und nicht, wie wir sie haben möchten. Jeden

Traum kann man deshalb auch als Botschaft der Seele auffassen, um uns andere bedeutungsvolle Standpunkte und Erkenntnisse anzubieten. Träume und ihre Inhalte sind dabei eher wertfrei. Sie zeigen und sagen nicht, was der Träumer tun muss, sondern zeigen vor allem an, was in der momentanen existenziellen Situation des Träumers *ist*. Dabei sind sie unbestechlich der inneren Wahrheit des Träumers verpflichtet. Sie offenbaren, was ist – ohne Bewertung, Beurteilung oder Kritik. In diesem Sinne waren sie praktisch allen archaischen Kulturen wichtig. Von der Traumzeit der Aborigines, der Ureinwohner Australiens, ist uns dies lediglich am besten bekannt.

Man könnte sagen, dass Träume und innere Bilder reine Wirklichkeit zeigen. Hier werden keine Bedingungen gestellt, keine Konsequenzen gefordert. Dieser Part bleibt anschließend unserem Tagesbewusstsein überlassen. Träume und innere Bilder sind nicht eins zu eins in die dem Intellekt unterstehende Sprache übertragbar. Die Sprache der Träume ist die der Symbole – und nicht ein-deutig, sondern mehr-deutig, da jedes Symbol eine große Anzahl von Bedeutungsebenen in sich trägt. Was auf der Ebene innerer Bilder in Traum, Therapie oder aktiver Imagination geschieht, ist weniger der Logik als der Analogik unterworfen. Ein und dasselbe Bild hat für jeden Menschen eine etwas andere Entsprechung und Analogie. So mag das Symbol des Herzens für den einen Menschen das Gefühl von Liebe und Offenheit darstellen, für einen anderen aber Angst und Schmerz bedeuten, je nachdem, an welche Gefühle das Symbol gekoppelt ist.

Symbole, Bilder und vor allem innere Bilder haben ihre eigene Wirkkraft. Bei großen Träumen spüren wir sehr deutlich diese Macht, aber auch bei Schattenträumen, etwa wenn ein Albtraum uns noch lange nach dem Aufwachen aus dem seelischen Gleichgewicht bringt.

Wie mächtig die Wirkung von inneren Bildern sein kann, zeigt sich auch in der ursprünglichen Bedeutung des Wortes Imagination. Es meint Ein*bild*ung, sowohl als Trugschluss als auch im Sinne von etwas wird (nach innen) gebildet oder geradezu heraufbeschworen. In dem Wort Imagination finden wir damit nicht zufällig das Wort Magi(e). Der Begriff stammt aus dem Altpersischen und bezeichnete dort die Aufgabe der Priesterkaste, Seelenführer für suchende Menschen zu sein. Die Magier mussten Träume deuten, böse (innere) Geister bannen, gute und heilsame Kräfte heraufbeschwören, kurz die Seelen der Menschen auf ihrem gefahrvollen Lebens- und Entwicklungsweg zwischen Himmel und Erde begleiten. Sie wussten noch sehr genau um die Macht und Kraft der inneren Wirklichkeit und waren Meister der Symbole und Bilder.

Die westliche Welt hat lange Zeit diesen Teil der Realität missachtet. Logik, Analyse, linkshemisphärische Realitätswahrnehmung belächelten das »magische« Weltbild der Seele. Nur Kleinkindern gestand man noch kurze Zeit diese Art von Wahrnehmung zu, wenn sie beim Spielen ganz in ihre Fantasiewelt einstiegen und diese als real erlebten. Ein so mächtiger Teil der Realität lässt sich jedoch nicht einfach beseitigen. Verdrängtes beginnt zu drängen. Das missachtete Reich der Seele meldet sich in Form überhandnehmender seelischer Probleme mit inzwischen schon erheblicher gesellschaftlicher Relevanz, was gewissermaßen zur Auferstehung der altpersischen Priesterkaste in Gestalt moderner Psychotherapeuten führte. Immer mehr zeichnet sich ab, wie wenig der Dimension der Seele mit Analyse und linkshemisphärischer Technik beizukommen ist.

Bilderreisen, Traumdeutungen, bewusste Imaginationen eröffnen der Seele heute zunehmend wieder Lebensräume. In einer Welt und Zeit, in der Kreativität als Quelle von Innovationen so hoch im Kurs steht, besinnt man sich der Wurzeln der Schöpfungskraft. Imagination, innere Vorstellungskraft, ist die Wiege des Schöpferischen in uns, besonders deutlich zu erkennen in allen Formen von bildendender Kunst, Dichtung, Literatur und Musik. Aber auch an fast allen bahnbrechenden wissenschaftlichen Erkenntnissen hatte die Imagination ihren Anteil; mutige wissenschaftliche Geister wie Albert Einstein haben dies ohne Weiteres eingestanden.

Der Raum der seelischen Freiheit enthält die ganze Wirklichkeit in ihrer hellen schöpferischen, aber auch in ihrer dunklen, Angst auslösenden Dimension. »*Per aspera ad astra*« (»Durch die Dunkelheit zum Licht«), dieser Anspruch zeigt das Grundmuster des seelischen Entwicklungsweges zur Quelle der Kreativität, zur Schatzkammer des inneren Reichtums. In der griechischen Mythologie gibt es dafür eine archetypische Gestalt, einen Gott, womit im Wesentlichen die Verkörperung eines Urmusters oder Archetyps gemeint ist. Der Mythos ist tatsächlich nichts anderes als das Uralphabet der Seelen-Bilder-Symbol-Sprache in Worte und Geschichten gefügt.

Mythen sind innerer Ausdruck und Darstellung seelischer Urmuster oder Archetypen. Im griechischen Mythos, der für unsere »abendländische« Seele von besonderer Bedeutung ist, herrscht der Gott Hades-Pluto über das Toten- beziehungsweise Schattenreich gleichen Namens. Er steht damit synonym für das Schattenreich unserer Seele, für alles, was uns nicht bewusst ist, was im Dunkeln liegt, was wir verdrängt haben, inklusive etwaiger »Leichen im Keller«. Im Mythos sind es die Helden, die als Einzige zu Lebzeiten den Hades betreten und ihn wieder reich belohnt verlassen. Sie stehen für Menschen, die sich aufgemacht haben, mit aller Konsequenz den Entwicklungsweg zu gehen. Ihre Heldenreise entspricht dem seelischen Individuationsprozess, dem Weg zu sich selbst und letztlich in die Einheit, zu Gott oder wie immer das letzte Ziel benannt wird.

Wir ganz normalen Helden und Heldinnen gehen auf unsere Art, in unserem Tempo ebenfalls diesen Weg. Wir haben die Wahl, freiwillig und bewusst das Schattenreich, unseren persönlichen Hades, zu durchwandern, etwa in Form von Psychotherapie. Oftmals lassen wir uns aber auch unfreiwillig durch Krisen, Krankheiten und Schicksalsschläge dorthin bringen. In jedem Fall lautet der Auftrag, sobald wir uns dort freiwillig oder unfreiwillig wiederfinden, Licht ins Dunkel zu lassen. Es gilt, den Mut aufzubringen, ins Dunkel der eigenen Seele zu schauen, wertfrei, wie ein seelisch gesundes Kind ein Märchen hört. Hier hat auch die böse Hexe ihren unbestrittenen Platz und ist zentraler Teil von Schicksalsgeschehen und Entwicklungsweg.

In der tiefsten, dunkelsten Erde liegen die kostbarsten Edelsteine – bei Hades-Pluto, der auch als Gott des (inneren) Reichtums, der Quelle aller Schöpfungskraft, verehrt wurde. Der seelische Schatten verbirgt wie gesagt unsere größten inneren Schätze und Talente. Sie warten dort geduldig, gehoben zu werden. Die einfachste und wirkungsvollste Art, sich in das Bilderreich der Seele zu begeben, ist die der bewussten Imagination. Diese benötigt als Einstieg eine Phase der Entspannung, die zu Ruhe und Ge*löst*heit führt, denn die archetypisch weibliche Seele benötigt Gelassenheit, um das Eigentliche geschehen zu lassen. Jedem aktiven Tun und Machen im Sinne von einem Etwas-erreichen-Wollen entzieht sie sich. Ist dieser Zustand des passiven Zulassens eingetreten, bietet der Therapeut dem Patienten in Form eines symbolischen Bildes das Eingangstor ins Reich der Seele an. In diesem Reich der unbegrenzten Möglichkeiten wird nun in jedem Fall eine *wunder*volle Reise beginnen, die den Patienten die Schätze seines inneren Reichtums nicht nur erkennen, sondern auch erleben, erspüren und erfahren lässt. Mit jedem Mal fällt der Eintritt leichter, der Zugang wird einfacher und der schöpferische Umgang mit den mitgebrachten Problemen besser. Echte Lösungen werden geboren, vor allem in dem Maß, wie es dem Suchenden gelingt, seinen ersten aufsteigenden Gedanken wahr- und wichtig zu nehmen. Im ersten Augenblick und Gedanken liegt ein sehr großer, nicht hoch genug zu schätzender Zauber und Charme. Insofern kommt dem ersten aufsteigenden Gedanken bei unseren Ausflügen mittels der Audio-Meditationen entscheidende Bedeutung zu.

Die therapeutische Erfahrung mit dieser Methode hat vielfach gezeigt, wie klar und einfach echte Lösungen sind. Nur können wir sie oft mit unserem komplizierten intellektuellen Aktionismus und vor lauter Argumenten und Rationalisierungen nicht sehen. Es ist immer wieder beglückend und ehrfurchtgebietend, mitzuerleben, wie sich in diesen Bildern das unermessliche Wunder der menschlichen Seele offenbart. Niemals wird es zwei gleiche Abenteuerreisen ins Reich der Seele geben. Die Welt der Bilder ist grenzenlos, und alles ist Bild. Jedes Leben ist ein großes Gemälde, ein Puzzle, dessen Einzelteile zu dem einen großen Bild des individuellen Lebens zusammengefügt werden wollen. Dies ist die Aufgabe unseres Lebens.

So lassen sich fast alle praktischen Anleitungen in diesem Buch zu inneren (Schatten-)Bilderreisen nutzen, um fehlende Einzelteile im eigenen Lebenspuzzle zu finden. Ob Ihnen dabei immer gleich auf intellektueller Ebene klar ist, was dies jeweils bedeutet, ist erst einmal zweitrangig. Die Bilder allein wirken; sie tragen in sich die Magie der Verwandlung.[22] In diesem Sinn ist das Hörbuch *Schattenarbeit* zu verstehen, welches sich dem Thema dieses Buches ganz in der inneren Seelen-Bilder-Welt widmet.

---

22 Zu vielen Themen stehen Hörbücher mit geführten Meditationen zur Verfügung, speziell auch das Hörbuch *Schattenarbeit.*

Mit dem eigenen Schatten umgehen

Je öfter es Ihnen passiert, ganz anders wahrgenommen zu werden, als Sie sich selbst sehen und fühlen und als Sie es wollen, desto schlechter kennen Sie sich selbst, und desto wichtiger wird die Konfrontation mit dem eigenen Schatten. Freunde und Außenstehende sind bei der Auseinandersetzung mit dem eigenen Schatten wichtig, denn das Ego ist ein unglaublich raffinierter Saboteur. Während das Ego – wie in diesem Augenblick – scheinbar interessiert mitmacht, führt es meist schon geschickte Rationalisierungen und Ausflüchte im Schilde. Holen Sie sich also ruhig auch zweite und dritte Meinungen ein, wie wir es allmählich in der Medizin bei allen zentralen Fragen körperlicher Gesundheit lernen. Hier geht es um unsere Seelengesundheit, und bei diesem Anliegen sind weitere Meinungen ebenfalls wichtig. Schon die Bibel weiß, dass wir die Schatten der anderen besser sehen als die eigenen, denn *den Splitter im Auge der anderen erkennen wir, den Balken im eigenen nicht.* Insofern müssen wir uns bei der Schattenarbeit der Hilfe der anderen versichern.

Entscheidend für den Erfolg der Schattenintegration ist, ob es Ihnen gelingt, Ihr Ego zu hindern, das ganze Unternehmen zu sabotieren, zum Beispiel durch ständige Rechtfertigungen des eigenen Verhaltens und indem es mit seinem »Ja, aber ...« vieles im Keim erstickt. Das hat es wahrscheinlich schon oft geschafft, besonders bei Menschen auf dem spirituellen Weg. Es blickt deshalb mit einem entsprechenden Selbstbewusstsein in die Welt und ist recht zuversichtlich, auch diesmal mit seinen üblichen Tricks durchzukommen. Das ist verständlich. Das Ego hat nicht nur viel, sondern langfristig alles zu verlieren. Das Beste ist, es ständig im Auge zu behalten und immer auf seine Spiele zu achten. Auf diese Weise werden sie auf Dauer immer besser durchschaubar. Wer schon weiß, was vonseiten des Ego zu erwarten ist, wird weniger darauf hereinfallen.

Übung: Bitten Sie einen Ihnen nahestehenden Menschen, mit dem Sie ohne den großen Anspruch der Partnerschaft verbunden sind, also eher jemanden aus dem Kreis der besten Freunde, der Geschwister oder Eltern, zu einem ehrlichen Schattengespräch. Autorisieren Sie diese Person ausdrücklich zu größter direkter Offenheit, und übernehmen Sie selbst die Verantwortung dafür. Sprechen Sie sie von allen Konsequenzen frei. Lassen Sie sich von diesem Menschen mitteilen, was er an Ihnen am liebsten und was am wenigsten gern mag.
Wichtig ist, dass Sie den Gesprächspartner nicht unterbrechen, sondern schweigend und aufmerksam zuhören und das Gesagte obendrein aufzeichnen. Sie bekommen damit schon wesentliche Punkte für Ihre positive Schattenliste jener Eigenschaften, die Sie verwirklichen wollen, und für Ihre Negativliste jener Eigenschaften, denen Sie sich stellen müssen, ohne dies wirklich zu wollen. Beide Aspekte gehören zum Schatten, wie sich noch zeigen wird.

Mindestens genau so wichtig wie die Freunde und Nahestehenden sind für uns auf diesem Weg der Auseinandersetzung mit dem Schatten unsere Gegner, Feinde und Fremde, weil sie uns mit ihrer unbewussten Ehrlichkeit helfen. Sie spiegeln uns den in uns verborgenen Schatten wider, den wir auf sie projizieren. Durch ihr bloßes Sosein erinnern sie uns über die in ihnen erkannten und abgelehnten eigenen Schattenanteile an unsere Aufgabe. Sie stellen eine Verbindung zu unserem Schatten her, vergleichbar der Rolle, die der goldene Ball für die Prinzessin im

Märchen *Der Froschkönig* hat (mehr dazu im Kapitel »Märchen und Mythen als Wegweiser« ab Seite 143). Auf diese Weise spielt uns jeder Feind und Gegner ebenfalls einen Ball zu; er spielt uns eigentlich in die Hände und liefert eine Steilvorlage zur Schattenarbeit.

Menschen des Ostens, zum Beispiel in Indien, tun sich damit etwas leichter als wir in der westlichen Gesellschaft. Bei ihnen wird das Spiel des Ego grundsätzlich besser durchschaut, und die Welt der Gegensätze wird von vornherein als Täuschung oder Illusion betrachtet. Diese Maya genannte Welt gilt als aufgebaut aus den beiden großen Täuschern: Raum und Zeit. Sie ist die angestammte Heimat von Ego und Schatten. Aber auch die bessere Ausgangsbasis hindert viele Menschen aus dem hinduistischen und buddhistischen Kulturkreis heute nicht, ebenfalls Opfer eigenen Schattens zu werden.

Generell unterstützt uns das Schicksal, und es bringt uns mit Hilfe des Resonanzgesetzes ständig mit Themen in Kontakt, die zur Integration anstehen. So werden wir gleichsam zu Magneten für alle äußeren Entsprechungen (Resonanzen) zu unseren ungelösten Problemen und Themen. Wir bekommen sie auf der Bühne der Außenwelt wie auf einem Tablett serviert. Der ganze Sinn des Schicksals scheint darin zu liegen, uns schlussendlich zur Vollkommenheit zu führen, auch wenn es öfter wehtut. Deshalb sorgt es ständig für Beziehungen zu Menschen und Situationen, die uns vergessene und verdrängte Wesensanteile und Qualitäten widerspiegeln. Und meist haben sie mit Schatten zu tun, unserer Hauptaufgabe und Herausforderung im Leben. Das heißt, wenn wir unseren eigenen Egoismus verdrängen, treffen wir ständig auf egoistische Menschen. Oder umgekehrt, wenn wir oft auf egoistische Menschen stoßen, die uns stören, können wir davon ausgehen, selbst egoistisch zu sein, ohne es uns bisher genug einzugestehen. Im alltäglichen Leben versuchen wir dann oft, in den Gegenpol auszuweichen und möglichst wenig Egoismus an den Tag zu legen. Er verschwindet im Schattenreich. Wer sich also ständig mit Hilfe seines schlauen Ego beweist, wie wenig egoistisch er ist, hat allen Grund, solchen »Beweisen« gegenüber skeptisch zu sein. Demonstrativer Altruismus, betont gezeigte Nächstenliebe, ist eher ein Hinweis auf Ego-Schatten als auf das Demonstrierte.

Fühle ich mich von arroganten Menschen umgeben, muss ich selbst arrogant sein, ohne mir das ausreichend bewusst zu machen. Wäre dem nicht so, könnten Arrogante weder etwas bei mir auslösen, noch würden sie sich in meiner Nähe häufen. Oder: Wenn mich Dummheit aufregt und sie mir ständig begegnet, muss ich zu einem Teil von mir, der dumm (geblieben) ist, keinen Kontakt haben. Sonst wäre es kein Thema in meiner Umgebung. Andererseits aber kann es auch ein Hinweis der Polarität sein, falls ich das Intellektuelle in meinem Leben übertrieben habe.

Schattentagebuch: *Wann, wo, wie und womit beweise ich mir, dass ich eine Eigenschaft keinesfalls habe, einem bestimmten Muster nicht entspreche?*
Schauen Sie sich Situationen in Ihrem Leben an, in denen Sie das genaue Gegenteil tun, um zu beweisen, dass Sie mit dem Ursprünglichen nichts gemein haben. Waren Sie zum Beispiel schon einmal demonstrativ großzügig, um nicht als so geizig zu erscheinen, wie Sie wirklich sind? Oder waren Sie schon einmal demonstrativ fleißig, um nicht als so faul zu wirken, wie Sie tatsächlich sind?

Ob wir mit einer Thematik etwas zu tun haben, zeigt ausnahmslos unsere emotionale Reaktion. Was uns emotional bewegt, aufregt oder umtreibt, verrät Betroffenheit. Ziemlich sicher handelt es sich dann um eine eigene Problematik, die nach außen projiziert wurde. Wenn uns etwas dagegen nicht emotional berührt, sondern wir es ganz gelassen zur Kenntnis nehmen, brauchen wir weder von Projektion noch von Eigenbetroffenheit auszugehen. Nicht jede Information, die wir bekommen, macht uns betroffen. Aber solange wir zum Beispiel das Gegenteil tun müssen oder stolz darauf sind, es zu tun, sind wir noch nicht frei von einer Thematik. Das finden wir etwa, wenn Menschen betonen, überhaupt nicht wie ihre Eltern zu sein. Für Freiheit bezüglich eines Themas spricht also, wenn man es ohne Emotionen beleuchten und seine verschiedenen Seiten frei erwägen kann.

Die Chance, ein Stück innere Klarheit zu gewinnen, bietet sich oft in überraschender Weise. Ein Beispiel dafür ist ein Erlebnis, durch das ich mehr über meinen Schatten lernen konnte: Vor vielen Jahren hatte ich eine wunderschöne Insel im philippinischen Archipel gefunden, die meiner Vorstellung vom irdischen Paradies nahekam. Es war ein sehr kleines Eiland mit wenigen beschaulich lebenden Insulanern, die uns ständig die Gelegenheit schenkten, ohne jede Anstrengung Gutes zu tun und sogar – ein Muss für junge Ärzte – Leben zu retten. Sie bewohnten nur eine Hälfte der Insel. Die andere Inselseite war menschenleer und idyllischer, als es Reisekataloge wiedergaben: breiter schneeweißer Korallenstrand aus feinstem Sand, das Meer davor ein Traum zum Tauchen und voll von Fischen, die den Menschen nicht zu fürchten schienen. Ich baute schön anzusehende Bambushäuser auf eine Klippe hinter dem Strand, deren Lage und Aussicht malerischer nicht sein konnte. Hierher wollte ich mich zurückziehen und meditieren und paradiesisch leben. Später kam Thorwald Dethlefsen hinzu, und wir wollten – gleichsam im Paradies – Bücher schreiben und Seminare entwerfen.

Rasch mussten wir allerdings feststellen, dass wir überall sonst auf der Welt kreativer waren als ausgerechnet hier. Anfangs machten wir das an Äußerlichkeiten wie fehlenden Kühlschränken und Klimaanlagen fest. Aber auch als die Liste der Kleinigkeiten abgearbeitet war, blieben wir wenig produktiv, und das Buch *Krankheit als Weg* kam nicht voran. Es dauerte eine Weile, bis wir merkten, wie wir mit dem Paradies in Resonanz gingen und es auf dieser Trauminsel weder Grund noch Antrieb gab, sich mit Schattenthemen wie Krankheit zu beschäftigen. Bezeichnenderweise reduzierte diese Erkenntnis auf Dauer nicht unsere Lust auf Krankheitsbilder, sondern auf das Inselparadies. Unser Schatten wollte noch Schattenauseinandersetzung, und wir wollten diese denkend, schreibend und redend – sozusagen in der Projektion – betreiben und nicht am eigenen Leib erleiden.

Als wir später wieder einmal zu Besuch auf die Insel kamen, gab es endlich etwas zu tun und zu kritisieren. Unser Paradies war angekratzt und entsetzte uns schon von Weitem durch einen Zaun. Ein befreundeter Arzt hatte ihn um die Häuser gezogen. Als einziger Zaun auf der Insel war er uns ein Dorn im Auge und Stachel im Fleisch. Der Freund weigerte sich, den Zaun abzureißen, der dem Schutz seiner Tochter vor Hunden und Schweinen diente. Die Frage aber blieb: Wieso konnte uns ein simpler Zaun so auf die Palme bringen?

Bei gegenseitiger Psychotherapie wurde in meiner inneren Bilderwelt das Problem deutlich: Aus Deutschland kommend, einer eng begrenzten Welt der Zäune und Mauern und damals noch der Mauer schlechthin, wollte ich hier nicht an unsere mitgebrachten Begrenzungen erinnert werden. Der kleine Zaun, der von unserem Paradies nochmals ein kleineres abgrenzte, wurde bedrohlich. In der inneren Bilderwelt ergab sich der Zusammenhang zu mir bei der Frage, an welchen eigenen Zaun mich dieser äußere erinnerte. Er tauchte sogleich auf – und nicht kleiner und unbedeutender, wie ich vermutet hatte, weil ich mich ja für offen und integrationsbereit hielt. Nein, mein Zaun war gewaltig groß, er umschloss die ganze Insel, »meine Insel«, und er reichte noch so weit ins Meer hinaus, dass er vom Strand aus unsichtbar war. Diese Insel hatte ich ausgesucht, weil dort alles nach meinen Vorstellungen lief: das angenehm ruhige Leben der Einheimischen, die wundervolle Pflanzenwelt und überhaupt die ganze Natur und die ihr so nahen Menschen. Ich hatte gar keinen Zaun ziehen müssen wegen des Inselcharakters. Die einzige Störung hatte ich mir selbst hereingeholt in Gestalt des Freundes und seines Zaunes, der mich damit an meinen eigenen viel größeren erinnerte. Meine vielgestaltigen inneren Zäune, mit denen ich mich abgrenzte und mein Ego sicherte, holte Thorwald im Rest der Sitzung mühelos hervor. Danach konnte ich den Zaun um die Hütten anders sehen und auch seinen Erbauer.

Dieses Beispiel mag verdeutlichen, wie nahe oft die Lösung eines (Schatten-)Problems liegt. Wie gehen wir also konkret vor?

- Der erste Schritt ist die Identifizierung des Schattens. Der Stoff kann uns dabei nicht ausgehen, da alles, was uns missfällt oder widersteht, grundsätzlich als Schattenquelle infrage kommt. Schatten verbirgt sich in allem, womit wir nicht einverstanden sind oder womit wir uns nicht identifizieren können. Dabei kann es sich genauso um den Ärger über den Nachbarn handeln wie um die Empörung über eine Ungerechtigkeit im gesellschaftlichen oder politischen Leben. Warum hat beispielsweise die Mauer, die Deutschland teilte, die Menschen im Westen mehrheitlich so aufgeregt, obwohl die meisten von ihr gar nicht unmittelbar tangiert waren? Damit grenzten die Machthaber der DDR, auf die die Menschen im Westen ständig projizierten, sich und ihre Bürger gewaltsam ab. Wenn uns diese Mauer gestört hat, geschah dies etwa, weil sie uns an eigene innere Mauern erinnerte? Falls uns besonders herausforderte, dass die SED-Regierung dahinter das eigene Volk wegsperrte, damit es nicht die Flucht antrat, kommt auch dieser Aspekt im eigenen Inneren hinzu. Ist es möglich, dass auch wir einiges in uns wegsperren? Trifft es eventuell zu, dass wir innere Mauern bauen, damit wir nicht als Persönlichkeit auseinanderfallen, weil sich die einzelnen Wesenszüge gar nicht zu einem harmonischen Ganzen zusammenfügen? Brauchen wir eine hohe Mauer, um das innere Schattenreich vom freien Leben abzuschließen?

Und warum regte uns das Apartheitsregime der südafrikanischen Buren so auf? Südafrika liegt doch weit entfernt, und die meisten kannten es gar nicht. Aber es hat uns an die eigene innere Apartheit, an die Getrenntheit und Abgespaltenheit unserer dunklen Seite, erinnert. So wie die weißen Buren, die Schwarzen und damit die Mehrheit der Bevölkerung ausschlossen und in Townships wegsperrten, sperren wir eigene dunkle Seiten weg, zäunen sie ein und lassen sie nicht am Leben teilhaben.

Kann es sein, dass wir auch deshalb so besonders heftig gegen die Haltung von Hühnern in Legebatterien sind, weil uns das an die entsprechend eingeengte Lebensform vieler Menschen in modernen Großstädten erinnert? Einige sind vielleicht selbst betroffen, andere haben möglicherweise ein schlechtes Gewissen, weil sie sich etwas Besseres leisten können als die Mehrheit.

- Der zweite Schritt führt zu der Frage: Was hat das mit mir zu tun? Genauer gesagt geht es gar nicht mehr darum, ob es mit mir zu tun hat, sondern nur, in welcher Art und Weise ich betroffen bin. Immerhin ist es mir zugestoßen oder hat es mich gestört. Alles auch noch so Widerwärtige hat immer mit mir zu tun, da ich es erlebe und emotional darauf reagiere.

Andernfalls könnte ich es weder erleben, noch könnte es Emotionen bei mir auslösen.

- Im anschließenden dritten Schritt gilt es herauszufinden, auf welcher Ebene wir Entsprechendes selbst darstellen und leben. Sogar dort, wo der Schattenaspekt noch so widerlich und das mir Zugestoßene noch so ungerecht sein mag, wird sich ein stimmiger Zusammenhang finden lassen. Hier wird einerseits unsere Ehrlichkeit uns selbst gegenüber auf eine harte Probe gestellt, und andererseits ist Kreativität gefordert. Dabei ist es keine Schande, sich professionelle Hilfe im Rahmen einer Schattentherapie zu holen.
- Der vierte Schritt ist ein Verzeihungsritual. Es ist im wahrsten Sinne des Wortes notwendig, sich gerade auch die dunkelsten Schattenaspekte zu verzeihen. Dazu sollten wir uns klarmachen, was uns dieser Schatten (bei-)gebracht, womit er uns konfrontiert hat. So fällt es leichter, mit dem Herzen, dem ganzen Wesen, zu erkennen, wie notwendig er für unsere Entwicklung und unseren Fortschritt war. Für das Verzeihungsritual ist es hilfreich, in entspannter Ruhe den jeweiligen Schatten vor dem inneren Auge – symbolisch oder als konkrete Person oder Situation – auftauchen zu lassen und ihm auf der inneren Seelen-Bilder-Ebene Dank für seine Entwicklungsimpulse zu schicken. Anschließend gelingt es leicht, ihn sich selbst ganz bewusst zuzugestehen: Ich bin so, wie ich bin, und darf so sein und über die Energie in diesem Schattenaspekt jetzt frei verfügen.

Dieses Sich-selbst-Vergeben verlangt die Bewusstheit eines Rituals, bloße Gedanken daran sind nicht ausreichend. Es ist dafür wichtig, sich an einer besonderen Stelle, in einem besonderen Augenblick der Bewusstheit hinzusetzen oder hinzulegen. Und während wir uns innerlich dem Moment des Sich-selbst-Verzeihens zuwenden, fühlen wir ihn zugleich mit dem Herzen mit: »Ich darf genauso so sein, wie ich bin, sonst hätte die Schöpfung/Gott mich nicht so geschaffen.«

Zusätzlich gibt es bei diesem Ritual noch ein Geschenk: »Vergebung«, sagt Nelson Mandela, »beseitigt die Angst.« Er muss es wissen, ist er doch bereits zu Lebzeiten als Meister der Vergebung in die Geschichte eingegangen. Sein innerlich zerrissenes, in zwei Hälften gespaltenes und dem jeweiligen gegnerischen Schatten ausgeliefertes Land hat er im Wesentlichen durch Verzeihen versöhnt.

- Der fünfte Schritt ist die Zuwendung zum entsprechenden Schattenaspekt. Wir sind das genaue Gegenteil gewohnt und haben über viele Lebensjahre die entgegengesetzte Tendenz trainiert, nämlich alles Unangenehme so gut es geht wegzuschieben oder es wenigstens zu ignorieren. Hier kann als Beispiel ein Symptom wie eine Schnittwunde, die mir ein Fremder (Feind) oder die ich mir selbst unabsichtlich zugefügt habe, zum Verständnis beitragen. Ungeachtet, wie ich dazu gekommen bin, werde ich auch dieses Symptom wie jedes andere als feindlich betrachten. Ich will es nicht, es soll verschwinden. Das wird es in diesem Fall auch, aber umso rascher, je mehr ich mich ihm zuwende und mich einfühlsam damit beschäftige. Obwohl sie mir überhaupt nicht passt, werde ich mich um die Wunde kümmern und sie sinnvollerweise säubern. Falls dies bis in die Tiefe gelingt, kann ich sie anschließend verschließen (lassen) und so ihre Heilung fördern. Falls nicht, halte ich die Wunde offen und erlaube ihr auszubluten, also dem Blut, den Schmutz abzutransportieren. Im Übrigen lasse ich Luft daran, um die Heilung zu fördern und Komplikationen wie Wundstarrkrampf zu verhindern. Außerdem kann ich über dieser Körperstelle die Aura behandeln mittels Reiki oder anderer energetischer Übungen im Sinne des Heile-heile-Gänschens, das fast alle Mütter beherrschen, bis hin zu Deeksha, der wiederentdeckten uralten Form des hinduistischen Segens.

Die Zuwendung zum Abgelehnten ist bei der Schnittwunde selbstverständlich. Sie ist aber auch sonst der entscheidende Schritt, wie er von der Medizin im Sinne von *Krankheit als Symbol* auf viele Situationen zu übertragen ist. Verdrängen oder ignorieren hilft nicht. Menschen mit chronischen Krankheitsbildern leben oft über Jahrzehnte hinweg in solider Feindschaft mit ihren Symptomen auf engstem Raum zusammen, ohne Besserung zu erfahren. Zuwendung und Aussöhnung aber helfen.

Ein Beispiel wie das der Depression mag vertiefend aufzeigen, wie viel Sinn in jedem Symptom steckt, gleichgültig ob wir dessen Herkunft durchschauen oder nicht. Es ist geradezu als Kunstwerk zu erkennen, wenn wir für einen Moment unsere Wertung aufgeben. Depressive haben aufgrund ihrer häufigen Schlafstörungen viel Zeit. Sie nutzen sie *not*gedrungen, indem sie sich fast ununterbrochen den Kopf über die Sinnlosigkeit ihres Lebens zerbrechen und sich mit Selbstmordgedanken quälen. So beschäftigen sie sich, wenn auch auf denkbar unerlöster Ebene, mit ihren zentralen Problemen und der darin liegenden Aufgabe: Sterblichkeit, Endlichkeit, Tod. Aufgrund ihrer Antriebshemmung sind sie in der Phase tiefer Depression zum Glück meist völlig blockiert und dadurch außerstande, ihre Selbstmordgedanken in die Tat umzusetzen. Diese Gefahr besteht erst im Auftauchen aus der dunklen Nacht der Seele. Die Symptomatik zwingt sie in den Augenblick des Hier und Jetzt und gibt ihnen – in relativem Schutz – alle Zeit der Welt, sich mit ihren Problemen zu beschäftigen. Das Gehirn schaltet dabei zurück auf eine frühere Funktionsweise, die das anstehende Notprogramm gerade noch erlaubt. Wenn wir uns auf diese verstehende und verständnisvolle Weise einem Symptom, Krankheitsbild oder jedem anderen Schattenaspekt zuwenden, können diese uns beibringen, was uns fehlt. Die Schnittwunde zeigt uns ganz banal, dass wir uns geschnitten – im Sinne von getäuscht – haben und dass wir die beiden Seiten der neuerlich entstandenen Spaltung kurz- oder mittelfristig wieder zusammenfügen müssen, um Heilung zu erreichen. Die Depression zeigt, wie sehr uns das Thema Sterblichkeit und Tod fehlt und das Leben im Hier und Jetzt sein Recht fordert. Auf ähnliche Weise bringen uns alle Symptome und Schattenaspekte zu uns selbst, wenn wir auf sie achten und eingehen.

Sobald sie in Schwierigkeiten geraten oder Probleme zu lösen haben, wollen sich Menschen unserer Gesellschaft jedoch an erster Stelle auf den Verstand verlassen. Der mag sich zwar bemühen, ist aber voller Vorurteile. Trotzdem kann er im Rahmen der Schattenarbeit bei der Themenfindung im Allgemeinen und bei dem Auffinden der jeweiligen Ebene der Betroffenheit von großer Hilfe sein.

Für die konkrete Schattenarbeit der Aussöhnung ist die Haltung des Nichtwissens ideal, wie sie Buddhisten kennen, die vorurteilsfrei ist, oder von Uppekha, der positiv gestimmten Gleichgültigkeit beim Betrachten der Schattenereignisse, so als würde man etwas wahrnehmen, an dem man mehr Zeuge als Beteiligter ist.

Übung: Setzen oder legen Sie sich so entspannt wie möglich hin, und warten Sie einfach ab, welche Stimmungen und Gemütslagen sich ganz ohne Ihr Zutun bemerkbar machen. Stellen Sie sich vor, dass Sie in Ihrem Körperhaus bei sich selbst zu Gast sind, und beobachten Sie lediglich die Gäste, die da eintreten und es sich für gewisse Zeit gemütlich machen. Jeder dieser Gäste hat eine Stimmungsbotschaft für Sie als Hausherr oder Hausherrin. Kein Gast könnte eintreten, wenn Sie nicht eine Resonanz zu ihm hätten, und meist werden es Schattenthemen sein, die ungebetene und unangenehme Gäste anziehen.
Wenn Sie dieser Uppekha-Übung jeden Morgen eine Viertelstunde widmen, werden Sie mit der Zeit eigene Missstimmungen immer weniger auf die Menschen Ihrer Umgebung projizieren.

Für die Schattenarbeit tut es gut, den Einfluss unseres Verstandes, über den wir uns ständig etwas zurechtzulegen und hinzubiegen versuchen, ein wenig abzumildern. Das gelingt zum Beispiel, wenn wir Dinge aufschreiben – statt sie nur zu denken oder auszusprechen –, weil der Intellekt beim Schreiben in seinem Tempo gebremst wird. Sobald wir außerdem damit beginnen, spontan und intuitiv gleichsam den ersten Gedanken nicht nur auszusprechen, sondern aufzuschreiben, unterläuft dies noch mehr die Rationalisierungsmethode des Intellekts. Falls dieses Aufschreiben im Rollenverständnis eines Kindes geschieht, das noch keine Rücksicht auf Stil und Grammatik nimmt, sondern einfach seine Empfindungen loswerden will, umso besser. Im Übrigen ist dies auch die ideale Haltung beim Schreiben des Schattentagebuches. Es wird zwar die äußere Ordnung leiden, aber die innere Betroffenheit, um die es vor allem geht, wird zunehmen.

Noch mehr kann beim Malen ausgedrückt werden. Direkt nach jeder Schattentherapiesitzung lassen wir die Patienten im Heil-Kunde-Zentrum ihre Erfahrungen nicht nur aufschreiben, sondern auch malend darstellen, um sie so nochmals zu vertiefen. Die Gedanken müssen im wahrsten Sinne des Wortes *ausgedrückt* und in die Welt entlassen werden. Nach dem Malen oder Aufschreiben bestünde der nächste konsequente Schritt darin, alles zu veröffentlichen, wie ich es etwa in diesem Buch mit einigen meiner Schattenaspekte andeute. Es wäre die weitestgehende Möglichkeit des Ausdrucks, die meist natürlich Theorie bleibt. Sie würde anzeigen, wie vorbehaltlos man zu den eigenen dunklen Seiten steht. Gut möglich ist aber, das, was einem über den Schatten klargeworden ist, auszusprechen und jemandem zu erzählen, der im eigenen Leben wichtig ist.

Wie Masken entstehen

Unsere Persönlichkeitsentwicklung, das heißt die Herausbildung des bewussten Ich, beruht auf Bewertungen. Es entsteht die Persona als Maske und Fassade. Dieser Prozess lässt sich folgendermaßen veranschaulichen:

Wir werden mit einer umfassenden geistig-seelischen Grundausstattung ins Leben geschickt und erleben schon als Säugling, welche unserer Anlagen bei den Eltern und besonders bei der Mutter gut ankommen. Diese Eigenschaften werden verstärkt, während anderes keinen Zuspruch erfährt und als weniger gut Gelittenes sich nicht weiterentwickeln darf. So rutscht es in die Unsichtbarkeit und letztlich in den Schatten.

Wenn ein Kleinkind erlebt, wie aggressive Durchsetzungsversuche seines eigenen Willens wiederholt heftigen Unmut der Eltern auslösen oder sogar bestraft werden, wird es diese unbewusst abwerten und allmählich aufgeben. Demgegenüber wird liebenswürdiger Gehorsam aufgewertet und verstärkt. So entscheiden wir von Anfang an ständig zwischen Gegensatzpaaren und entwickeln das, was wir Persönlichkeit nennen, im Laufe dessen, was Eltern Erziehung nennen. Mit der Zeit lernen Kinder über den Spiegel der Umwelt, unerwünschte Eigenschaften durch ihr Gegenteil zu ersetzen. Dabei spielt es keine Rolle, ob sie für unerwünschte Eigenschaften geschlagen, getadelt oder indirekt herabgesetzt werden, etwa durch die Mahnung: »Der liebe Gott ist traurig, wenn du das machst!« Eltern, die dagegen das Kind ermutigen, zu sich zu stehen, für seine Interessen einzutreten und zur Not auch für sie zu kämpfen, führen naturgemäß beim Kind zu geringerer Schattenbildung einerseits und zu mehr Selbstbewusstsein andererseits.

An dieser Stelle ist es wichtig, sich wieder klarzumachen, wie sehr abgelehnte Dinge, die wir nicht mehr zeigen, trotzdem vorhanden bleiben und keineswegs aus der Welt sind, sondern nur tief in den Schatten gesunken. Wir können sie lediglich verbergen. Das Schattenreich wird so zum Versteck für alles von Eltern, Umwelt und schließlich einem selbst Ungeliebte und Ungelittene. Die Naturwissenschaft kennt den Energieerhaltungssatz, der besagt, dass Energie niemals verschwinden, sondern lediglich in andere Erscheinungsformen umgewandelt werden kann. Wenn Wasser zu Eis gefriert oder zu Gas verdampft, verschwindet kein einziges seiner Moleküle. Bei geistig-seelischen Energien gilt das Entsprechende: Vom Bewusstsein ins Unbewusste beziehungsweise vom Ich ins Schattenreich lässt sich seelische Energie leicht verschieben; der Weg zurück aus dem Schattenreich ins Bewusstsein ist das Problem – und Anliegen dieses Buches. Energien verschwinden in keinem Fall, es ändert sich nur unsere Bewusstheit für sie.

Mit fortschreitender Entwicklung wird das Spektrum von Eigenschaften, die Kinder zeigen, immer kleiner. Was die Beurteilung durch die Eltern überstanden hat, wird als Nächstes dem Urteil der erweiterten Familie ausgesetzt und von diesem größeren Kreis wiederum bewertet. Dabei wird neuerlich einiges ausgesondert und in den Schatten abgeschoben. Anschließend kommt die Gruppe der Gleichaltrigen, neudeutsch Peergroup genannt, und trifft wiederum eine bewertende Auswahl, was »in« und »out« ist. Die In- und Out-Listen der Jugendmagazine spielen ganz offensichtlich auf dieser Klaviatur. Was »out« ist, muss weg – als letzter Ausweg bleibt immer das Schattenreich.

Auf diese Weise stellen wir praktisch ein Leben lang unsere geistig-seelischen Mitbringsel und auch später erworbene Fähigkeiten in das Schaufenster unseres Lebens. Was nicht gut ankommt und vom Publikum nicht angenommen wird, verschwindet wieder im hinteren, unteren Bereich und letztlich im Schatten. So entscheiden wir nach Versuch und Irrtum darüber, was wir in unserer Person(a) behalten und was wir in den Schatten abschieben. Es ist also letztlich unsere Umwelt, die darüber befindet, was akzeptabel ist und folglich bleiben darf und was in den Schatten(sack) muss. Wenn wir Kindergarten, Schule, Studium, Lehre oder Berufsausbildung hinter uns haben, ist unser Angebot in der Auslage schon stark reduziert. An dieser Stelle mag auch deutlich werden, wie ungeheuer wichtig die Qualität von Elternhaus und der anderen Institutionen der Erziehung ist.

Audio-Meditation: Hören Sie die Meditationen 1 und 7, und lassen Sie die Meditation dann in Ruhe ausklingen.
Vertrauen Sie anschließend Ihre Erfahrungen dem Schattentagebuch an.

Je mehr wir in Kindheit und Jugend ausmustern, desto weniger haben wir in der Adoleszenz noch (in der Auslage) zu bieten – und desto größer ist das Schattenarsenal. Leider bleibt durchaus nicht das Beste und Wertvollste, Nützlichste oder Sinnvollste übrig, sondern eher das Konforme und Mehrheitsfähige. Über diesen Mechanismus stabilisiert sich die schweigende Mehrheit, neudeutsch der Mainstream. Mit jeder Arbeitsstelle und Beziehung, die hinter uns liegt, wird es noch weniger, was wir (an)zu bieten haben und in die Auslage unseres Lebens stellen.

Angebot und Nachfrage regeln sich ebenfalls auf dieser Ebene. Was nicht gekauft wird, kommt nach einiger Zeit wieder nach unten. Dies führt mit der Zeit zu einer größeren Sammlung von Ladenhütern, die wir Schatten nennen. Dummerweise werden damit auch diejenigen Eigenschaften und Charakterzüge, die von der Umwelt ignoriert wurden, abserviert. Und zum Schluss sind wir, unsere Person(a), wirklich nur noch, was immer gut ankam.

Nur wenn wir im Elternhaus gelernt haben, unsere Eigenart(en) zu verteidigen oder besser noch die Erfahrung machen durften, bedingungslos geliebt zu werden, können wir mehr von unseren Reichtümern bewahren. Unsere Persönlichkeit ist sonst zu einer kleinen Sammlung von allgemein auf dem Lebensweg akzeptierten Eigenschaften zusammengeschrumpft. Der ganze Rest ist Schatten, und je strikter und enger die Umgebung, desto größer das Schattenreich, aber desto wertvoller ist dieses Schattenreich auch, falls es gelingt, die verdrängten Schätze wieder ins Leben zu holen.

Dieses Phänomen des zunehmenden Schattens finden wir überall. Wenn wir heute das Christentum ansehen, bietet sich uns nach Inquisition, Kreuzzügen und der aktuellen Missbrauchskatastrophe ein Schattenbild. Hätten wir das erste Jahrhundert nach Christus betrachtet, hätten die lichten Seiten dominiert. Ähnlich ergeht es uns wahrscheinlich mit der eigenen Beziehung. Im ersten Jahr bot sich ein Bild lichtvoller Liebe, nach zehn Jahren überwiegen oft die Schattenaspekte. Wo aber so viel Schatten ist, muss auch viel Licht gewesen sein. Irgendwann kommt alles, was an Schatten vorhanden ist, heraus. Diese Gewissheit haben wir, es ist immer nur eine Frage der Zeit.

Besonders unangenehm ist, dass auf dem beschriebenen Weg Dinge in den Schatten geraten, die später durchaus Gefallen gefunden hätten. Aber da waren sie schon ausgemustert. Bei den meisten Menschen gilt leider: einmal Schatten, immer Schatten. Wer viele Beziehungen hinter sich bringt, wird zwar Erfahrungen sammeln, aber in jeder auch – meist ohne es zu merken – Themen und Eigenschaften opfern. Unter Umständen wären einige davon in späteren Beziehungen durchaus gut angekommen, aber nun waren sie schon gar nicht mehr im Angebot und bekamen damit keine zweite Chance.

Auf diese Weise erklärt sich, dass viele Menschen mit zunehmendem Alter ihr Repertoire reduzieren, statt geistig zu wachsen. Das Beunruhigendste ist dabei in meinen Augen, wie viele Menschen sich so an ihr reduziertes Selbstbild gewöhnen, dass sie sich zum Schluss in der reduzierten Form nicht nur akzeptieren, sondern sogar gefallen. Sie sind nun überhaupt nicht mehr anstößig, sondern glatt geschmirgelt, und sie nehmen an allem Anstoß, was sich von ihnen unterscheidet und noch lebendig ist. Von ihnen selbst gehen keinerlei Anstöße und Impulse mehr aus. Schon früh »gestorben«, werden sie oft erst spät begraben. Ihren gewaltigen Widerstand gegen das Leben spüren sie gar nicht mehr, weil sie Lebendiges fast vollkommen ausgeschlossen haben. Was sie ihr Leben nennen, verdient diesen Namen kaum noch und hat mehr mit den Ansprüchen der jeweiligen Gesellschaft als mit ihnen persönlich, mit ihrer Individualität zu tun. Deshalb erscheinen nicht wenige ältere Menschen in ihren Möglichkeiten so reduziert; ihre Persönlichkeit ist eingeschränkt und ihr Schatten riesig. Ihre Lebenschancen sind nur noch gering, wenn sie den Schatten mit seinem großen Reichtum nicht integrieren. Wer das Krebsmuster im Sinne meines Buches *Krankheit als Sprache der Seele* verstanden hat, erkennt an dieser Stelle, warum dieses Krankheitsbild auch inhaltlich stimmig mit dem Lebensalter so zunimmt. Nicht mehr auf Bewusstseinsebenen gelebtes Wachstum sinkt zunehmend in den Schatten beziehungsweise in den Körper.

Die wenigen Dinge, die übrig geblieben sind, weil sie mit dem engen Weltbild der jeweiligen Gesellschaft zusammenpassen, wirken oft langweilig. Viel spannender wären die Dinge, die den Schatten ausmachen, und vor allem die Geschichten, die sich um ihn ranken. Ein schönes Beispiel für einen Menschen, der sich dem Diktat der Gesellschaft mit ihrem Maskenzwang nicht ergeben hat, ist die Heldin in dem Kultfilm *Harold and Maude.* Sie stellt den Archetyp der närrischen Alten *wundervoll* dar. Weniges erfordert so viel Mut, wie ver-rückt (aus der Norm) zu sein und die Sicherheit der Herde zu verlassen. Maude ist es gelungen, nachdem sie sogar das KZ überstanden hat. Äußere Autoritäten wie Polizisten, Verkehrsregeln und Führerscheinbestimmungen haben in ihrem Leben einfach keinen Stellenwert mehr gegenüber so wesentlichen Dingen wie Gefühlen, Emotionen, sinnlichen Eindrücken und Sinnfragen. Sie betrachtet mit staunenden Kinderaugen jeden Augenblick und scheint es geschafft zu haben, »zu werden wie die Kinder«. Auch der Tod hat für sie jeden Schrecken verloren. Aus Sicht der Gesellschaft spinnt die alte Maude; sie tut dies aber auf eine bezaubernde und faszinierende Weise. Und auf ihre verrückte Art ist sie ausgesöhnt mit Alter und Tod. Deutlich wird hier, dass der Schatten einen großen Reichtum an Echtem und Altem, Originellem und Energievollem hat.

Es ist die große Entscheidung des Lebens, ob wir uns auf das reduzierte, sozusagen nach all den Ausmusterungsprozessen übrig gebliebene Leben beschränken lassen oder anfangen, die Vergangenheit zu heilen und den Schatten zu integrieren. Eine alte Therapeutenweisheit besagt: »Es ist nie zu spät, eine glückliche Kindheit zu haben.« Missachten wir dies, wird der Schatten immer mächtiger und erstickt schließlich unsere besten Seiten. Es ist nicht einmal sicher, was besser ist: Wenn er übermächtig wird im Sinne einer Psychose und die Macht im Leben vollends übernimmt, aber immerhin spürbar lebt. Oder wenn er übermächtig wird im bürgerlichen Sinn und alles Spontane und Kreative, alles Originelle und Spirituelle unter sich begräbt und nur roboterartiges Funktionieren übrig lässt. In der Psychose kann er sich offen ausleben, in der Zombie-Existenz des ferngesteuerten Roboters nur versteckt – und die Gefahr unkontrollierter Ausbrüche wächst dabei ständig. Hier sind therapeutisch geschulte Augen notwendig, um den Schatten in den Verkrustungen und Blockaden, Symptomen und Fehlleistungen noch zu entdecken und hervorzulocken.

Film-Meditation: Sehen Sie sich den Film *Harold and Maude* in meditativer Entspannung an. Betrachten Sie sehr bewusst den vielgestaltigen Maskenball in Harolds Familie, und genießen Sie die Echtheit in Maudes Schattenreich.
Anschließend lassen Sie sich mit der Abspannmusik in Ihre eigene Welt von kindlich anrührender Echtheit und dann auch auf Ihren eigenen Maskenball ein.
Halten Sie Ihre Eindrücke und Gedanken in Ihrem Schattentagebuch fest.

Wenn wir uns daranmachen, die eigenen Schattenthemen aufzuspüren, können wir uns an unserer Herkunftsfamilie orientieren. Was in deren recht klar umrissenen Rahmen nicht hinein-

Schattentagebuch

1. Teil: *Was wäre das Schlimmste, das meine Mutter, mein Vater über mich sagen könnte? Was das Schlimmste, das mein(e) Partner(in) über mich sagen könnte? Was das Schlimmste, das mein(e) Kind(er) über mich sagen könnte(n)? Was wäre das Schlimmste, das mein wichtigster Lehrer über mich sagen könnte? Was das Schlimmste, das mein wichtigster Ausbilder gegen mich vorbringen könnte? Was wäre das Schlimmste, das über mich in der (Lokal-)Zeitung stehen könnte? Was könnte schlimmstenfalls über mich in Radio und Fernsehen berichtet werden?*

Machen Sie sich bewusst, dass all das, was Sie sich zu diesen Fragen notiert haben, auch wahr und Teil des Schattens ist. Was wir fürchten, kommt irgendwann in der einen oder anderen Form in unser Leben. Es ist wieder nur eine Frage der Ebenen und muss nicht so geschehen, wie wir es befürchten, aber die entsprechende Energie wird in dem zu unserem Leben passenden Zusammenhang auftauchen.

2. Teil: Wiederholen Sie das Spiel, und ersetzen Sie das Wort »Schlimmste« durch »Schönste«, um den positiven Licht-Schatten Ihres Lebens zu finden:

Was wäre das Schönste, das meine Mutter, mein Vater, mein(e) Partner(in), mein(e) Kind(er), mein wichtigster Lehrer, mein wichtigster Ausbilder über mich sagen könnte? Was wäre das Schönste, das man über mich in der (Lokal-)Zeitung, im Radio und Fernsehen berichtet könnte?

Falls Sie diesen schönen Teil auslassen wollen, weil er Ihnen jetzt zu viel ist, können Sie auch den Schatten gleich noch rasch deuten.

passt, gerät unweigerlich in den Schatten. Folglich spielen neben den Eltern auch (Ur-)Großeltern und Ahnen eine wichtige Rolle.

An unseren Eltern sehen wir am deutlichsten, was bleiben durfte oder darf. Themen, die in ihrer Seele Raum einnehmen, können und konnten sie auch leicht an uns akzeptieren. Was sie aber bei sich nicht tolerierten, durfte wahrscheinlich auch in unserem Schaufenster nicht bleiben und landete folglich im Schatten. Somit ist es wichtig, die Ursprungsfamilie im Hinblick auf diese Werte zu durchforsten. Am einfachsten geschieht dies auf der inneren Bilderebene im Sinne einer geführten Meditation.

Die Analyse unserer Eltern und ihrer Werte und Vorstellungen, die unsere ursprüngliche Familie prägten, ergibt auf der Schattenseite den am längsten verdrängten Schatten. Themen, die schon bei den Eltern und Großeltern keinen Platz hatten und in unserer Kultur wenig gelitten waren, bilden tiefsten, schon an das Kollektive reichenden Schatten. Die Sexualität könnte beispielsweise, weil in der christlichen Kultur schlecht angesehen, in den tiefen Schattenschichten vergraben sein. Aggression ist dagegen meist weniger tief verdrängt, da ihr gegenüber ungleich mehr Akzeptanz herrscht. Bei Gewaltexzessen im Fernsehen regt sich kaum jemand auf, vergleichbare Sexorgien sind dagegen völlig undenkbar.

Audio-Meditation: Hören Sie die Meditationen 1 und 8, und nehmen Sie sich im Anschluss wieder ausreichend Zeit, um sie ausklingen zu lassen.
Bei dieser Übung sollten Sie gut darauf achten, dass Sie die Fakten ohne Wertung betrachten, um nicht wieder ins Projizieren abzugleiten. Tragen Sie anschließend das Ergebnis in Ihr Schattentagebuch ein.

Seien Sie sich bewusst, dass Eltern Entwicklungsgehilfen des Schicksals sind und nicht als Projektionsflächen zu neuer Schattenbildung missbraucht werden sollten. Ihre Eltern haben in aller Regel ihr Möglichstes getan und insgesamt dazu beigetragen, Sie an diesen Punkt Ihres Lebens zu bringen. Jetzt geht es um Sie selbst und darum, die Projektionen hinter sich zu lassen.

Mit fortschreitender Lebenszeit nimmt der (Erziehungs-) Druck auf das Angebot in der Auslage unseres Lebens deutlich ab. Je älter wir werden, desto weniger wird uns hineingeredet und desto mehr können wir sein, wie wir wollen. Während der Anpassungsdruck zu Beginn, in der Kindheit, stark ist, lässt er später spürbar nach und ist in der Lebensmitte kaum noch relevant. Die verschiedenen Zeiten wollen wir mit Hilfe von Meditationsübungen klären.

Anziehungskräfte – die Menschen in meinem Leben

Je strenger und einschränkender das Umfeld eines Kindes war, desto weniger seiner Seiten konnte es akzeptieren, und desto mehr wird es später diese wenigen verbliebenen Aspekte seiner Person(a) verstärken und betonen. Sein Ego wird eng, rigide und festgefügt und sein Schatten groß und ausgedehnt.

Je verständnisvoller, offener, konstruktiver und unterstützender das Umfeld war, desto mehr wird alles, was zur (Eigen-)Art des Kindes gehört, akzeptiert. Umso geringer wird sich das Ego verfestigen und umso weniger massiv sich der Schatten entwickeln. Das Bewusstsein wird dagegen in dem Maß weit und ausgedehnt, wie der Schatten bescheidener bleibt.

Eine Person mit einem massiven Ego wird etwas Aufgesetztes, Gehetztes, Angestrengtes und Künstliches ausstrahlen. Bei einem weniger fest gefügten, offenen und durchlässigen Ego erleben wir den betreffenden Menschen dagegen als authentisch und echt; er erscheint uns dem Selbst und seiner Verwirklichung näher. Das heißt auch, dass bereits mehr Schatten integriert ist. In diesem Sinne ist eine offene, liberale Ausgangsbasis für jedes Kind ein großes Geschenk und bietet die Chance, den Schatten leichter und erfolgreicher zu konfrontieren. Bei Menschen, die zu Beginn nur Enge und Beschränkung erfuhren, ist die Notwendigkeit der Schattenkonfrontation zwar besonders groß, aber da der Schatten meist gewaltig ist, nimmt die Chance ab, dass der Betreffende sich an ihn heranwagt. Dabei wäre die Belohnung hier besonders groß. Allerdings ist die Aufgabe für ein dann eher festgefügtes, enges Ego auch besonders schwer, was den typischen Teufelskreis ergibt.

Was aus unserem tiefsten Inneren an Schatten auftauchen und zum Vorschein gebracht werden kann, zeigt sich in entsprechenden Menschen und Situationen. Nach dem Resonanzgesetz ziehen wir ja ständig bestimmte Menschentypen an, die uns als Spiegel Hilfestellung leisten – ohne es zu wollen oder auch nur zu ahnen. Das gilt für Eltern ebenso wie für Partner und Chefs. Auf das Schicksal ist diesbezüglich Verlass.

> **Schattentagebuch:** *Was für Menschen ziehe ich heute an, und wie sah das früher aus? Was sagt das über meinen Schatten? Welche Themen spiegeln mir die Menschen in meiner Nähe in Bezug auf meine Entwicklung und meinen Schatten wider?*
> Charakterisieren Sie außerdem Ihren momentan besten Freund und »liebsten« Feind.
> Halten Sie Ihre Gedanken und Erkenntnisse in Ihrem Schattentagebuch fest.

Haben wir ein Schattenthema wirklich integriert, verschwinden diese Menschen aus unserem Leben. Sie werden für uns unwichtiger oder hören auf, das uns störende Verhalten zu zeigen.

Oder wir sind plötzlich in der Lage, uns leicht von ihnen zu trennen und jedenfalls nicht mehr von ihnen provozieren zu lassen.

Je mehr Schatten wir freiwillig integrieren, desto weniger Spiegel brauchen wir, um ihn uns bewusst zu machen, und desto ruhiger und entspannter wird das Umfeld. Je mehr wir integriert haben und leben können, desto mehr spiegeln das auch die Menschen unserer Umgebung wider. Was wir aber in anderen verurteilen, gehört uns selbst noch nicht; es ist nicht integriert und folglich unser Schatten. Es kann nicht oft genug wiederholt werden: Wer oder was uns widerstrebt, ist unser Schatten. Wem oder was wir widerstehen, also Widerstand leisten, auch.

Wir alle begegnen entsprechenden Menschen und Situationen auf unserem Weg, das kann zum Beispiel heißen, je kränker der Arzt selbst noch ist, desto mitgenommener werden seine Patienten sein. Je mehr Therapeuten sich aus ihren eigenen Verstrickungen und Problemen lösen, desto gesünder und entwickelter sind die Menschen, die ihre Hilfe suchen und annehmen können. Je mehr wir also von uns annehmen, desto vollkommener werden diejenigen sein, die in unser Leben treten und es mit uns teilen.

Partnerschaften funktionieren im Guten wie im Schlechten über Projektion. Hinter den positiven Eigenschaften, die ich in meinem Partner, meiner Partnerin gleich zu Beginn in der Phase der Verliebtheit sehe, stecken positive eigene Entwicklungswünsche, die ich auf ihn oder sie projiziere. Gern wäre ich auch so charmant, faszinierend, schön, intelligent, erfolgreich, redegewandt, liebenswürdig, musikalisch, bodenständig oder unkonventionell und jedenfalls reizend. Würde ich diese Eigenschaften von Anfang an in mir selbst zu entwickeln versuchen, könnte Partnerschaft sogleich Entwicklungen anschieben. Diese Phase der Beziehung verdeutlicht das Resonanzgesetz. Wir schwingen wundervoll zusammen, da wir uns bewusst aufeinander einlassen und gegenseitig von unseren eigenen positiven Projektionen begeistert sind. Die Beziehungsenergie ist jetzt von positivem oder lichtem Schatten geprägt.

Die nächste Phase bestimmt das Polaritätsgesetz. Jetzt wird alles schwieriger. Der Partner fängt nun an, mir eigene dunkle Schattenseiten widerzuspiegeln, die ich an mir weder wahrhaben, noch erst recht akzeptieren will und nicht einmal erkennen kann. Ich trage sie zwar in mir – und insofern bin ich auch mit ihnen in Resonanz –, aber sie erscheinen mir völlig fremd und sogar entgegengesetzt. Ich erlebe also, wie mir der Partner nun meinen Gegenpol zeigt. An ihm oder ihr sehe ich umso deutlicher, was ich an mir selbst nicht erkennen mag und will, und ich fange womöglich sogar an, es an ihm – also in der Projektion – zu bekämpfen. Der Partner macht in Wahrheit nichts. Ich bin es, der eigenes Ungel(i)ebtes auf ihn abschiebt und in ihm zu sehen und zu attackieren beginnt. Diese Dynamik ruiniert in der Regel die Beziehung, wenn nicht erkannt wird, dass man immer nur sich selbst beurteilen und beschimpfen, beleidigen und bekämpfen kann. Der dunkle Schatten, der leicht in der Projektion auf den Partner bei diesem, aber kaum bei sich selbst erkannt wird, entwickelt immer mehr Sprengstoff und lässt die Beziehung am Ende oft scheitern.

Partnerschaft ist also ein ideales Trainingsfeld für Schattenarbeit. Dabei könnten wir sowohl unsere positiven, lichten Schattenaspekte als auch langfristig die negativen, dunklen zurückzunehmen lernen. Es geht darum, die Feinde lieben zu lernen, aber natürlich auch die Freunde und vor allem uns selbst.

Zu Freunden und Feinden besteht in jedem Fall eine Art Partnerschaft. Beide profitieren gleichermaßen von einem eigenartigen Effekt, der Freundschaft wie Feindschaft erhält. Wenn wir einmal jemanden in eine Schublade sortiert und mit einer Art von Projektion überzogen haben, neigen wir dazu, dabei zu bleiben. Bei den Freunden nennt man das »Heiligenscheineffekt«. Sie können tun, was sie wollen – wir machen unsere eigenen positiven Projektionen an ihnen fest. Wenn wir sie einmal liebgewonnen haben, genießen sie die berühmte Narrenfreiheit. Die Feinde können ebenfalls machen, was sie wollen, aber sie kommen aus der dunklen Ecke nicht mehr heraus. Wer in einer Gruppe oder Abteilung, Familie oder Firma einmal zum Feindbild wurde, hat es schwer, davon wieder freizukommen.

In vielen modernen Industriestaaten ist die Scheidungsrate innerhalb von fünfzig Jahren von achtzehn auf fast achtzig Prozent gestiegen. Diese Entwicklung im Bereich von Partnerschaft zeigt, wie wenig am Schatten gearbeitet wird. Die Mehrheit kämpft ohne Erfolg, aber mit großer Hingabe am Spiegel, das heißt am Verhalten des Partners, und lässt den Schatten unberührt. Der einzige sinnvolle Ausweg besteht darin, die unbewussten eigenen Anteile im Sinne von Schattentherapie in Besitz zu nehmen, um sie anschließend nicht mehr auf den Partner schieben zu müssen, sondern im Gegenteil in Gold für den eigenen oder gemeinsamen Weg zu verwandeln. Das ist die Aufgabe von Partnerschaft und Liebe. Sie können uns wie nichts anderes bei der Auseinandersetzung mit dem Schatten helfen. Wenn wir lernen zu *lieben, was ist,* kann uns nichts mehr widerfahren, außer das Himmelreich Gottes. Erich Fried sieht es in diesem Sinne und drückt in seinem Gedicht *Was es ist* das Ziel des Weges aus:

»Es ist Unsinn
sagt die Vernunft
Es ist was es ist
sagt die Liebe

Es ist Unglück
sagt die Berechnung
Es ist nichts als Schmerz
sagt die Angst
Es ist aussichtslos
sagt die Einsicht
Es ist was es ist
sagt die Liebe

Es ist lächerlich
sagt der Stolz
Es ist leichtsinnig
sagt die Vorsicht
Es ist unmöglich
sagt die Erfahrung
Es ist was es ist
sagt die Liebe«

Im Sinne der Polarität formuliert dagegen Heinrich Heine:
»Die Engel nennen es
Himmelsfreud,
die Teufel, die nennen es
Höllenleid,
die Menschen, die nennen es
Liebe.«

Anregungen, um mehr über Schatten und Partnerschaft zu lernen

- In dem Hörbuch *Partnerbeziehungen* werden zwei geführte Meditationen angeboten, die den Schatten in der Beziehung zum Thema haben und ihn wandeln helfen.
- Der dunkle Partnerschatten wird in dem Filmklassiker *Wer hat Angst vor Virginia Woolf?* von Elizabeth Taylor und Richard Burton in den Hauptrollen unübertroffen dargestellt. Ein ähnlich anstrengendes Eheduell und den typischen Wandel vom Licht in den Schatten einer Partnerschaft zeigt der Film *Der Rosenkrieg* mit Kathleen Turner und Michael Douglas. Für den lichten Partnerschatten gibt es unzählige Liebesfilme, für das ganze Drama so gelungene wie Ingmar Bergmans *Szenen einer Ehe* oder auch neuere wie *Besser geht's nicht* mit Jack Nicholson und Helen Hunt. Jeder dieser Filme bietet die Chance, das Zauberwort »Ende« als Anfang der eigenen Geschichte zu nehmen, die Augen zu schließen und die entsprechenden eigenen Schatten zu betrachten.

Wer nicht in einer Partnerschaft lebt, hat diese wahrscheinlich als Schattenthema. Er oder sie kann die entsprechenden Lernschritte aber natürlich auch über Freunde, Kollegen, Chefs und Nachbarn – wenn auch meist mit weniger Nachdruck – erleben.

Welche der hier angebotenen Anregungen für Ihre Schattenarbeit Sie auch wählen, vergessen Sie nicht, Ihre Einsichten und Gedanken in Ihrem Schattentagebuch zu notieren.

Schattenspiele und Persönlichkeit

Wie wir schon wissen, ist die Persona die Maske, die nur preisgibt, was unserem Ich genehm ist, und die alles zurückhält, was zum Schatten gehört. Nur manchmal rutscht der Maske etwas durch, *passiert* ihr ein kleiner Fauxpas, ein »falscher Schritt«, bei dem Schattenmaterial entweicht. Das sind die Versprecher und Versehen, die Fehlleistungen, Missgriffe und Fehltritte. Wir könnten sie als kleine Tricks des Schattens verstehen, mit denen er sich in den Alltag schmuggelt.

Krankheitssymptome entstehen ähnlich aus innerem Schattendruck, aber sie wirken nachhaltiger und haben viel mehr Energie hinter sich. Sie sind mehr oder weniger massive Schattendarstellungen, mit denen dieser sich in unser bewusstes Leben einnistet. Akute Symptome gleichen dabei eher den Fehlleistungen, bei chronischen verschafft sich die Schattenenergie bereits dauerhaft und nachhaltig Geltung. Deshalb wollen wir sie und ihre Zeichen und Symbole auch so rasch wie möglich wieder loswerden.

Das Heer schattenunkundiger Therapeuten hilft, mittels Allopathie und psychologischer und sozialer Unterdrückung gegen das Unbewusste Front zu machen. Auf Dauer sitzt der Schatten aber am längeren Hebel beziehungsweise im Zentrum der Macht, nämlich mitten in uns. Die Maske der Persona ist vergleichbar oberflächlich, und auch die Unterdrückungsmaßnahmen wirken nur an der Oberfläche.

Findet sich etwa vordergründig eine lebenslustige Person(a), in deren Tiefe sich ein trauriges Wesen verbirgt, wie bei den großen depressiven Clowns der Zirkusgeschichte, wird im schlechteren Fall die Lustigkeit mit den Jahren immer aufgesetzter wirken. Die Witze werden krasser, und das Lachen wird lauter, um dem wachsenden Schattendruck noch standhalten zu können.

Wirklich große Clowns aber finden Zugang zu ihrer dunklen Seite, und so wird ihr Witz hinter- und tiefgründig, und das von ihnen ausgelöste Lachen befreit in den Zuschauern die Erinnerung an eigene Tiefe.

Das Repertoire für den Maskenball ist gewaltig. Die Zahl der Kostüme und Rollen, aber auch der Bälle, wo sie zum Einsatz kommen, ebenfalls. Hinter coolen Dreitagebärten verstecken sich nicht selten selbstunsichere, ihrer Männlichkeit nicht vertrauende Typen. Sie treiben großen Aufwand mit Spezialrasierern, um auf der Oberfläche jemanden zu spielen, den sie in der Tiefe (noch gar) nicht darstellen können. Was aber bei einem Twen durchgehen mag, wirkt bei einem Endvierziger schon mühsam. Besonders entspannte Späthippietypen treiben es ebenfalls besonders bunt, um ihre Anspannung im Hinblick auf Verantwortung sowie ihre Ängste vor Struktur und Ordnung hinter aufwendig inszenierter Lockerheit zu verbergen.

Aufgesetzte Wichtigkeit geht mit demonstrativer Schönheit Beziehungen ein. Wer die Masken der Persönlichkeit zu durchschauen lernt, hat das ganze Jahr über Fasching oder Karneval, denn die moderne Gesellschaft macht uns zu Meistern der Verkleidung. Schon früh im Leben entwickeln wir Masken, um niemanden zu verletzen, möglichst jeden zufriedenzustellen und vor allem, uns(er) Selbst nicht herauszufordern. Auf den Weg des geringsten Widerstands geeicht, brauchen wir zwingend eine Persona mit differenzierter Maske oder Fassade.

Je größer und anonymer eine Gesellschaft oder Subkultur und damit je größer ihr Anpassungsdruck, desto mehr Energie fließt in den Fassadenbau. Ein Priester fand beispielsweise während seiner Schattentherapie ein Tauf-, Kommunions-, Firmungs-, Hochzeits- und Beerdigungsgesicht, das er jeweils auf Bestellung abrufen konnte. Das heißt aber nicht, dass alle Masken der Persona per Definition schlecht sind; wir sollten nur immer wieder versuchen, wir selbst zu sein und die Masken zu gebrauchen, statt sie gar nicht mehr abzulegen, zu erstarren und so *unser* (wahres) *Gesicht* zu *verlieren.*

Das *Tao Te King* macht das Dilemma im Vers 76 deutlich:

> »Die Menschen kommen weich und geschmeidig zur
> Welt;
> tot sind sie steif und starr.
> Die Pflanzen kommen zart und biegsam zur Welt;
> tot sind sie spröde und dürr.
>
> Demgemäß gilt:
> Wer steif und starr ist,
> ist ein Schüler des Todes.
> Wer weich und nachgiebig ist,
> ist ein Schüler des Lebens.
>
> Das Starre und Steife wird zerbrechen.
> Das Weiche und Geschmeidige wird sich durchsetzen.«[23]

Die Persona, jene Maske, die wir der Welt zeigen, wird im Laufe des Lebens immer notwendiger und starrer, um den Schatten weiterhin zu verbergen und der wachsenden Diskrepanz zum Selbst zu genügen. Das Selbst, also ein Ich, das den Schatten integriert hat, ist dagegen weich und geschmeidig.

Ein Mensch, der sich ein Leben lang angepasst und bemüht hat, es allen recht zu machen, ist am Ende angestrengt, weil es schwer ist, die verschiedenen Masken ständig passend parat zu haben und zu wechseln und zugleich dem inneren Schattendruck standzuhalten. Christliche oder buddhistische Einsiedler

---

23 Laotse: *Tao Te King,* a. a. O., S. 81.

beispielsweise brauchen kaum Masken, denn sie begegnen ein Mönchsleben lang niemandem außer sich selbst in der Einsamkeit ihrer Klause. Bezüglich des Schattens aber haben auch sie es nicht leicht. Ohne äußeren Spiegel wird der Schatten unsichtbar, trotzdem verschwindet er nicht. So erklärt sich das Phänomen, dass viele östliche Gurus in ihrem heimischen Ashram erleuchtet wirkten und sich auch erleuchtet fühlten. Kaum waren sie jedoch im Westen mit seinen neuen Verlockungen, meldeten sich die unbearbeiteten, weil bislang nicht gespiegelten Aspekte. Plötzlich erscheinen die »Meister« dann wie Betrüger, dabei waren sie nur dem eigenen Schatten aufgesessen.

> **Schattentagebuch:** *Wo bin ich starr und fest im Körper? Wo hart und stur im Seelischen? Wen könnte ich um ehrliche Erkenntnishilfe bitten? Bei wem könnte ich es wirklich ertragen, wenn er oder sie mir hilft, jene Schatten zu sehen, für die ich (eigen-)blind bin? Welche Freundschaft oder Beziehung hält das aus?*
> Bitte notieren Sie Ihre Antworten und Eindrücke in Ihrem Schattentagebuch.

Halten wir also fest, dass sich der Schatten im Zuge des Lebens immer stärker und deutlicher herausbildet und die Betroffenen wachsender Peinlichkeit aussetzt. Wenn das Eigenbild und das Bild der anderen kaum mehr übereinstimmen, erscheint das Leben gescheitert, das Bild der verkrachten Existenz drängt sich auf.

Die überwiegende Mehrheit der Menschen wächst bei uns heute ohne Vorbilder für innerseelische Entwicklung auf. Damit wird die Persona stark bevorzugt gegenüber dem Schatten und dem Selbst. Die meisten Erfolgreichen haben mehrere Masken und wechseln sie behände. Von hier ist es nur noch ein kleiner Schritt zu den Sub- und Spaltpersönlichkeiten der Psychosynthese, auf die wir noch zu sprechen kommen. Wer dagegen mehr auf Selbstverwirklichung im Sinne der Individuation C. G. Jungs setzt, wird seinen Schatten und dessen Durchlichtung in den Mittelpunkt seines Lebensinteresses stellen.

In den verschiedenen Lebensphasen werden Maske und Schatten verschiedene Schwerpunkte bilden. In der ersten Lebenshälfte, in der es nach christlichem Auftrag darum geht, sich die Erde untertan zu machen, darf die Person(a) mit ihren Masken und Fassaden überwiegen. In dieser Phase geht es um Erfolg in der Welt, also im Außen. In der zweiten Lebenshälfte, wenn Heimweg und Einkehr der Seele anstehen, sollte dagegen der Schatten das Hauptaugenmerk bekommen, da es um innere Entwicklung und Selbstverwirklichung geht.

Allerdings bedürfen in beiden Lebenshälften verschiedene Bereiche unterschiedlicher Beachtung. In der Partnerschaft könnte schon in der ersten Lebenshälfte die Schattenarbeit und der Bezug nach innen mit großem Vorteil überwiegen. Ein moderner Beruf mag es dagegen notwendig machen, die Persona auch über die Lebensmitte hinaus zu betonen. Das wird von der jeweiligen Position abhängen. Nicht jede erlaubt es in dieser Gesellschaft gleichermaßen, sich echt und offen, zugewandt und menschlich zu geben. Moderne Manager, Banker und Generaldirektoren tun sich in dieser Hinsicht offenbar schwerer; Fastenärzte, Kursleiter und Psychotherapeuten haben es hier natürlich leichter. Die Entscheidung, ob man seelische Entwick-

> **Schattentagebuch:** *Was zeige ich von mir? Wie gebe ich mich gegenüber meiner Familie, meinem Partner, meinen Freunden, Kollegen, Chefs? Was erwarten die anderen von mir? Wie steht es um die Freude auf meinem Weg?*
> Bitte halten Sie Ihre Erkenntnisse und Gedanken dazu im Schattentagebuch fest.

lung oder Erfolg in der Welt an die erste Stelle setzt, kann nur jeder und jede für sich fällen. Ein verlässlicher Maßstab dafür könnte die Freude sein – die jedoch nicht mit Spaß zu verwechseln ist. Der große Mythenforscher Joseph Campbell sagt dazu: »Indem man seiner Freude folgt, bringt man sich gewissermaßen auf eine Spur, die schon immer da war und auf einen wartete, und das Leben, das man führen sollte, ist genau das Leben, das man führt. Wo man auch ist – wenn man seiner Freude folgt, wird einem diese Erfahrung zuteil, dieses Leben in einem, unablässig.« Einer meiner Lehrer, Oskar Schlag, sagte mir einmal an einer Wegkreuzung meines Lebens: »Wo die Freude nicht ist, ist der Weg nicht.«

Gefahr und Rettung aus dem Schattenreich

Märchen und Mythen als Wegweiser

Eine von der bürgerlichen Welt gut erkannte Gefahr ist, sich im Schattenreich zu verirren beziehungsweise die Macht an den Schatten zu verlieren. Wenn die dunkle Seite – besonders nach langer gnadenloser Unterdrückung – die Oberhand gewinnt, sprechen wir von Psychose, wenn sie sie behält, von Schizophrenie. Mit ihrer großen Angst und ihrem Abwehrzauber im Hinblick auf dieses Szenario verstärkt die Schulmedizin leider diese Gefahr noch mehr. Wer alle Schattenäußerungen kompromisslos allopathisch unterdrückt, macht deren vollständigen Durchbruch nur wahrscheinlicher. Ein Zitat aus dem apokryphen *Thomasevangelium* (Vers 70) weist mahnend auf diesen Zusammenhang hin: »Wenn ihr das hervorbringt, was in euch ist, wird das, was ihr hervorbringt, euch retten. Wenn ihr das, was in euch ist, nicht hervorbringt, wird es euch zerstören.«

Komplett übersehen wird auf der anderen Seite die Gefahr, sich völlig mit der Persona zu verwechseln. Viele Menschen der modernen Welt halten sich ganz für ihre Maske oder Fassade. Doch wenn man von einem Menschen sagt, er sei nichts als Maske und also hohl und leer, spricht das Bände und verrät, wie wenig man von ihm hält.

Die Tendenz, sich mit seiner äußeren Fassade zu verwechseln, gewinnt heute an Zulauf. Ganz konkret wird das in der ausufernden plastischen Chirurgie im Dienste kosmetischer Ziele deutlich. Dabei geht es lediglich um Aussehen, also Fassade. Die Funktion der überarbeiteten Körperregionen verschlechtert sich jedoch in der Regel; das Gefühl in ihnen wird ignoriert. Vergrößerte Brüste, verlängerte Glieder, nachgespannte Gesichter oder neugestylte Vaginen werden in ihrer Funktion durch die Operationen behindert, die Empfindungen darin missachtet. Es ist einmal mehr der typische moderne Aufstand gegen die vorgegebene Wirklichkeit, gegen das, was ist.

Aber auch die Verwechslung mit dem eigenen Status greift um sich, und viele Geldmanager und Börsenfans halten sich offenbar für ihr Bankkonto. Solche Menschen wirken fast *zu gut, um wahr zu sein,* geradezu unwirklich gut, und tatsächlich sind sie nicht echt. Wer sich nur mit Anteilen der Persona identifiziert wie seinem Aussehen, seiner Kleidung, seinem Status in Gestalt von Titeln oder wirtschaftlicher Macht, bekommt in dieser Hinsicht etwas Hohles und Unechtes. Demgegenüber macht uns jeder Schattenanteil, den wir zulassen und der folglich zu unserer Wirklichkeit hinzukommt, echter und umfassender, aber natürlich auch ambivalenter und mehrdimensionaler und somit tiefer und menschlicher. Je mehr Schattenaspekte vom Unbewussten zum Ich wechseln, desto weiter und offener wird Letzteres. Desto mehr können wir auch uns(er) Selbst und unsere Welt wahrnehmen, wie sie wirklich sind – und nicht nur als Projektion unserer unbewussten Schattenwirklichkeit.

Aber wie kann diese Rettung aus dem Schatten, die Schattenintegration geschehen? Die Märchen und Mythen geben hier die schönsten und zeitlosesten Antworten. Viele Märchen, vom *Froschkönig* bis zu *Die Schöne und das Biest,* zeigen exemplarisch, wie dunkelster Schatten in hellstes Licht zu wandeln ist. Prinzen und Prinzessinnen werden im Märchen von unbekannten dunklen Wesenheiten verwünscht und in abgrundhässliche Gestalten verwandelt. In ihrem abstoßenden Körper bleiben sie meist gefangen, bis die Liebe sie erlöst. Das heißt, jemand muss hinter ihrer hässlichen Fassade ihr wahres edles, liebenswertes Wesen erkennen und sie trotz äußerer Hässlichkeit lieben. Insofern haben wir in diesen Märchen die Umkehrung der modernen Situation, wo sich hinter edlen Fassaden die dunkelsten und hässlichsten Schatten finden. Märchengestalten sind meist durch Verfluchungen gezwungen, ihren Schatten für alle sichtbar zu zeigen. Die Gestalten des modernen Fortschrittsmärchens leben oft den dunkelsten Schatten hinter wunderschönen künstlichen Fassaden. Möglicherweise ist dies der schlimmere Fluch.

Oscar Wilde hat dieses klassische Thema in seinem berühmten Roman *Das Bildnis des Dorian Gray* dargestellt. Erzählt wird von einem schönen Jüngling, dessen Schatten in einem magischen Spiel gleichsam abgenommen und auf ein Gemälde projiziert wird. Das Bildnis altert nun stellvertretend für ihn und übernimmt sogar all seine hässlichen Charaktereigenschaften. Dass der Körper für immer jugendlich schön und begehrenswert bleibt, ist sicher auch der Traum vieler moderner Menschen, die ihr Heil in die geschickten Hände der Chirurgen der Verschönerungsindustrie legen. Im Roman wird er aber zum Albtraum, denn irgendwann muss sich Dorian Gray wieder mit seinem Schatten vereinigen. Zum Schluss findet man einen abstoßend hässlichen alten Mann tot vor dem Gemälde liegen, das nun wieder den wunderschönen Jüngling zeigt.

Bei Märchenerzählungen können wir davon ausgehen, dass alle Figuren Teile der eigenen Seele darstellen. Mit anderen Worten, beim Biest und beim Froschkönig hat der lange nach innen verbannte Schatten die Oberhand gewonnen und wird außen *deut*lich. So wartet dieser dunkle, nach außen gekehrte unschöne Aspekt auf Erlösung. Dazu muss er vom Ich, dem bewussten Teil des eigenen Wesens, wieder angenommen und eben geliebt werden. In diesem Augenblick offenbart er ein wundervolles Geschenk. Und Geschenk heißt nicht umsonst Präsent, was auch Gegenwart und Zugegensein bedeutet. Tatsächlich ist es dieser Moment des Annehmens in der zeitlosen Gegenwart, in dem das Geschenk sich offenbart.

Für das Märchen vom Froschkönig bedeutet es, dass die schöne Prinzessin ihren dunklen Schattenanteil abgespalten und verbannt hat. Er sitzt als nasskalter Frosch im dunklen Teich, das heißt im wässrigen Seelenreich. Da fällt ihr goldener Ball, Symbol ihres Selbst, ausgerechnet in dieses dunkle Wasser, was sie untröstlich macht. Der einzige Weg zu ihrer goldenen Ganzheit führt nun über den hässlichen Frosch. Nur er kann ihr noch helfen, zu ihrem Selbst in Gestalt des goldenen Balls zu gelangen. Der Frosch ist dazu auch bereit; er verlangt aber ihre Liebe. Doch die Prinzessin will sich nicht vom Frosch erpressen lassen – und klatscht ihn an die Wand. In diesem Moment steht sie zu sich, lässt sich auch nicht von den Regeln und Ermahnungen des Vaters beeinflussen, und erlöst mit ihrer authentischen Haltung den Frosch und macht so die Liebe möglich. Ihre befreite und ehrliche archetypisch männliche Aggression erlöst ihren Schatten, ihren männlichen Seelenanteil oder Animus.

Nach der Schattenkonfrontation ist es also die Liebe, die den dunklen Schatten durchlichtet und zur Befreiung bringt. Die Erlösung entspricht in der »Höhenpsychologie«[24] der Märchen der mystischen Hochzeit und Erleuchtung. So auch in dem Märchen *Die Schöne und das Biest*. Darin kehrt Tausendschönchen freiwillig zum Biest zurück, das heißt, die Seele kehrt zurück zu ihrem abgespaltenen dunklen Aspekt und vereinigt sich wieder mit ihm. Die Heldin hat ebenfalls das dunkle, hässliche Männliche

24 Der Begriff stammt von Oskar Ruf, in: *Die esoterische Bedeutung der Märchen*. Knaur, München 1996.

zu erlösen. Wie im *Froschkönig* ist die Hochzeit Symbol des Geschenkes, das in der Schattenerlösung liegt. Erst durch die Vereinigung mit dem dunklen Anteil können die Beziehung und das Leben gelingen. Dies ist bis heute so und wird so bleiben.

Das Märchen macht deutlich, dass es allein die Liebe ist, die den Schatten integrieren kann. Wenn alle Figuren des Märchens in einem selbst zu finden sind, handelt es sich um Selbst- oder Eigenliebe. Dazu gehört, den Mut zu haben, zu sich zu stehen, authentisch zu werden. Diese Liebe macht schön und erlaubt erst die Liebe zu anderen. Denn wir können aus christlicher Sicht den Nächsten bestenfalls lieben wie uns selbst. Erich Fromm sagt in seinem Buch *Die Kunst des Liebens*, dass die Liebe ein kreativer Akt der Seele sei.[25] Wenn wir also kreativ Liebe aus dem Innersten schöpfen, dann machen wir keinen Unterschied mehr zwischen Ich und Du.

Das Wesen der Liebe ist eine tragende Kraft aus dem eigenen Inneren und ermöglicht das Sichöffnen- und Annehmenkönnen. Wem das mit seinem Schatten gelingt, der wird für immer schön und licht. Sowohl die Prinzessin als auch Tausendschönchen müssen also den eigenen Schatten erst annehmen, um in diesem tiefsten Dunkel das Erstrebenswerteste und Schönste zu finden: die Liebe ihres Lebens. Darin besteht das Geheimnis des Geschenkes im Schatten, das uns noch intensiv beschäftigen wird.

William Miller schreibt in seinem Buch *Der goldene Schatten*: »Wir müssen dem Schlechtesten in uns begegnen, damit wir die Möglichkeiten für ein erfüllteres und tieferes Leben und eine größere Erfüllung unseres Selbst entdecken können. Wenn wir uns weiterhin nur mit der schönen Seite unseres Selbst (Persona) identifizieren, wird das Leben immer künstlicher, langweili-

25 Erich Fromm: *Die Kunst des Liebens*. Ullstein, Berlin 2005.

ger und unkreativer werden.«[26] Der hier so eindrücklich angepriesene Weg ist für Suchende ohne Alternative, aber keineswegs ohne Gefahr. Sie müssen sich des Schattens in jedem Moment gewahr werden und ihn immer ernst nehmen. Niemals dürfen sie ihn unterschätzen und sich ihm überstürzt nähern oder ihn blind und noch unerkannt einfach ausleben. Den eigenen Abgrund sehen, ohne sich in ihn zu stürzen, macht uns zu Menschen und der vielzitierten Krone der Schöpfung.

Wann immer Suchende der Ganzheit oder Einheit begegneten, mussten sie sich schützen oder erlitten schweren Schaden. Moses kann Jahwe nur über die Projektion des brennenden Dornbusches wahrnehmen. In der griechischen Mythologie entwickelt sich stets ein Drama, wenn Sterbliche darauf bestehen, der Gottheit von Angesicht zu Angesicht gegenüberzutreten. Miller schreibt aus psychologischer Sicht: »Wir können aber die ganze Enthüllung niemals auf einmal verkraften. Sie wäre überwältigend, und wir würden hoffnungslos zerstört. Manche Menschen verkünden voller Ignoranz, dass sie absolut ehrlich mit sich sein wollen und sich selbst innen und außen komplett kennenlernen und nichts dabei zurückhalten wollen. Das ist nichts weiter als eine Einladung zum Wahnsinn. Wir sollten nicht eine einzige Minute lang die Macht des Schattens unterschätzen oder die möglichen Irrwege auf unserer Entdeckungsreise herunterspielen.«[27]

In der praktischen Arbeit der Reinkarnationstherapie zeigt sich, wie Patienten mit hässlichsten Schattenerlebnissen nicht etwa abstoßend, sondern im Gegenteil liebenswert werden – für sich selbst und ihre Umwelt –, sobald sie sie ehrlich annehmen und folglich lieben lernen. Das ist auch der Grund, warum wir jeden Patienten zur Therapie annehmen. Sobald er sich seinem

26 William A. Miller: *Der goldene Schatten*, Hugendubel, München 2000, S. 93.

27 Miller: *Der goldene Schatten*, a. a. O., S. 94.

Schatten stellt und ehrlich wird, ist er ungemein liebenswert. Die psychoanalytische Methode der bewussten Patientenauswahl verrät, wie vergleichsweise ausschließend und damit schattenschonend dieses Verfahren ist.

In der kompromisslosen Auseinandersetzung mit dem Schatten geht von Märchen eine besondere Kraft aus. »Kindern erzählt man Märchen, damit sie einschlafen, Erwachsenen, damit sie aufwachen«, meint der argentinische Psychiater und Therapeut Jorge Bucay. Märchen sind tatsächlich viel mehr als erbauliche Geschichten zum Vorlesen beim Einschlafen für Kinder, obwohl sie sich auch dabei seit Jahrhunderten wundervoll bewährt haben. Märchen enthalten archetypische Grundmuster und Weisheiten der Seele und sind Wegweiser für den menschlichen Entwicklungsweg. Auf vielfältige Weise und den jeweiligen individuellen Bedürfnissen entsprechend, kreisen sie immer um die eine Wahrheit. So sagt der Psychologe, Astrologe und Märchenspezialist Claus Riemann: »Märchen sind nicht wirklich, aber sie sind wahr. Sie erlauben einen Zugang zur zeitlosen Weisheit der menschlichen Seele, zu archetypischen Gestalten und Entwicklungsmotiven, die in allen Zeiten und in allen Kulturen dieselben waren und immer dieselben sein werden.«[28]

So ist es keineswegs verwunderlich, wenn in allen Märchen Entwicklungsgehilfen in Form von Schattengestalten eine wichtige, ja entscheidende Rolle spielen. Märchenhafte Entwicklungswege sind von bösen Stiefmüttern, gefühlskalten Vätern, Hexen, dem bösen Wolf oder dem Teufel inklusive seiner Großmutter gesäumt. Ohne sie käme die Entwicklung nicht in Gang, wäre keine (Er-)Lösung möglich. All diese Schattengestalten arbeiten im Sinne von Goethes Mephisto als Teil von jener Kraft,

---

28 Claus Riemann: *Alter König – Neuer König. Seelenweisheit im Märchen.* Selbstverlag 2007.

die stets das Böse will und stets das Gute schafft. Während sie den Märchenhelden vorsätzlich hindern wollen, ermöglichen sie erst seinen Fortschritt.

Erstaunlich auch, wie sehr den Märchenhelden die Notwendigkeit der Schattengestalten bewusst ist. Weder beschuldigen sie die Bösewichte noch verurteilen sie sie, noch jammern oder klagen sie im Geringsten über die Schattengestalten. Projektion ist für Märchenhelden kein Thema. Stattdessen wird die Bedeutung der Schattengestalten für das eigene Schicksal an- und ernst genommen.

Erst am Ende jedes Märchens, zum Abschluss des Erlösungsweges, nachdem die Helden gleichsam ihr »Schattendasein« überwunden haben und ganz sie selbst geworden sind, verschwinden die Schatten(-gestalten) wie von selbst aus ihrem Leben. Bis es so weit ist, stellen sich die Märchenhelden in vielfältiger Weise allen Widrigkeiten und Hindernissen, die ihnen die Schattenfiguren in den Weg stellen. Und dabei gesellen sich immer genau die richtigen Helfer an ihre Seite. Auch diese lichten Helfergestalten haben durchaus einen Bezug zu den dunklen (unbewussten) Bereichen der Seele, wobei sie den im Schatten verborgenen inneren Reichtum verkörpern.

Die Helfer sind häufig Tiere. Im Märchen *Aschenputtel* sind es die Tauben, die helfen, Gutes von Schlechtem zu unterscheiden (»Die Guten ins Töpfchen, die Schlechten ins Kröpfchen«). Tiere bringen uns generell mit der Urkraft unserer natürlichen Instinkte in Kontakt. Durch die Verbindung zu dieser Energie lassen sich scheinbar nicht zu bewältigende Aufgaben ganz leicht lösen. Für das Aschenputtel geht es darum, zu erkennen, was gut (für es) ist. Das »Schlechte« wird nicht verurteilt, sondern nach innen genommen, verarbeitet, verwandelt und ausgeschieden beziehungsweise losgelassen.

Die über Aschenputtel wachende gute Fee, das heißt die verstorbene Mutter als Schutzgeist, zeigt, wie sehr wir geführt werden. Es gibt diese geheimnisvolle andere Welt, die jenseits unserer normalen Wahrnehmung liegt und für uns sorgt. Das Vertrauen in diese inneren Helfer und das bedingungslose Annehmen des eigenen »Schattendaseins« führen Aschenputtel wie von selbst an den wahren Platz seines Lebens. Es ist der nur ihm allein passende Schuh, der dies symbolisiert. Er bringt das Aschenputtel auf seinen Weg.

Im Märchen vom *Schneewittchen* sind Neid und Eifersucht, zwei dunkle, nicht selten in Begleitung der Schönheit auftauchende Gefühle, der Schatten der bösen Stiefmutter. Sie bedrohen Schneewittchens Leben und seine heile Welt. So muss das anmutige junge Mädchen in den dunklen, gefährlichen (Seelen-) Wald fliehen und sich hinter den Bergen bei den sieben Zwergen verstecken. Zwerge stehen symbolisch ebenfalls für ins Dunkle verbannte Seelenkräfte. Sie sind gleichsam Mitarbeiter von Pluto-Hades, dem antiken Gott der Unterwelt. In seinem Reich, in den dunklen Bergwerken, fördern die Zwerge seine Reichtümer ans Tageslicht: die wertvollen Edelsteine und Metalle, Symbol für unsere im Schattenreich vergrabenen Schätze. In diesem Fall sind die Zwerge lichte Helfergestalten, die Schneewittchen während seines Aufenthalts im Schattenreich beschützen. Aber all ihren Warnungen zum Trotz muss Schneewittchen seinen Weg selbst gehen. Dass es gleich dreimal auf die bösen Tricks der stiefmütterlichen Hexe, Symbol des dunklen Weiblichen, hereinfällt und trotzdem überlebt, offenbart, wie es in keinem Moment den Glauben und das Vertrauen in seinen not-wendigen Weg verliert. So kann Schneewittchen vom Prinzen gefunden werden, der immer Symbol des Animus, des inneren männlichen Teils, ist, und sich mit ihm vereinigen. Und nur dadurch wird Schneewittchen ganz. Hinter seiner äußeren Schönheit strahlt von nun an die Schönheit seines Selbst. Die böse Stiefmutter, der dunkle weibliche Schatten, stirbt. Schneewittchen hat ihn angenommen, durchlitten und damit durchlichtet und seiner Existenznotwendigkeit beraubt. Und dieser Schritt, der das lichte und das dunkle Weibliche vereint, macht die Heldin bereit für die nächste Vereinigung mit ihrem männlichen lichten Schatten, dem Animus oder Königssohn.

Auch *Dornröschen* folgt diesem Schattenmuster. Die dreizehnte Fee, die den Tod repräsentiert und aus (männlichen) Rationalisierungsgründen (es ist zu wenig Tafelgedeck vorhanden) nicht zum Geburtsfest von Dornröschen eingeladen wurde, lässt sich nicht ausgrenzen. Die Sehnsucht nach Unsterblichkeit, beziehungsweise die Angst vor dem Tod, ist urmenschlich. Der Tod aber ist nun einmal Teil unseres Lebens auf der irdischen Ebene. Die Mutter gebiert ein Kind und damit dessen Tod gleich mit. Die Dreizehn gilt deshalb als Unglückszahl, weil sie symbolisch mit diesen dunklen Aspekten des Weiblichen verbunden ist. Freitag der 13. steht in so üblem Ruf, weil damit auch noch jener Wochentag angesprochen ist, der der germanischen Göttin Freyja geweiht war. Diesem dunkelsten Teil unseres Lebens zu entkommen ist Thema vieler Geschichten, etwa wenn mit Gevatter Tod um Lebenszeit Schach gespielt wird. Aber auch hier gilt es, sich diesem Teil zu stellen und ihn ins Leben zu integrieren.

Die Ausgrenzung der dreizehnten Fee im Märchen von *Dornröschen* führt gleichsam zu einem Leben im betäubten Zustand des Tiefschlafs. Der Fluch der Fee wird wahr, Dornröschen sticht sich an der Spindel, und ein todähnlicher Schlaf überkommt es – trotz aller Vorkehrungen des Königs, der sein Heil in der funktionalen Maßnahme des Verbrennens aller Spindeln gesucht hat. Zusammen mit Dornröschen sinkt das Reich in den Schlaf. Dornenhecken überwuchern das Schloss, das heißt, die Lebendigkeit fehlt, das Leben kann nicht weiterfließen. Die Angst vor dem Tod lähmt alle. Er sollte ausgegrenzt werden, aber gerade dadurch sind alle in den scheintoten Zustand gefallen. Die

Quintessenz lautet: Wir erreichen erst wirklich Lebendigkeit und Lebensqualität, wenn wir uns den Schatten des Todes, das heißt die Endlichkeit unseres Lebens, bewusst machen und zu uns hereinnehmen.

Wie sähe das Leben wohl aus, wenn es nie enden würde? Tage voller Belanglosigkeiten würden sich aneinanderreihen. So ist die Endlichkeit unseres Lebens ein weises Geschenk. Sie zwingt uns, jeden Moment auszukosten. Und es ist ein gnädiges Geschenk, weil wir immer wieder neu beginnen können. Dieser Gedanke klingt auch in dem Märchen an. Nach hundert Jahren Schlaf darf Dornröschen wieder erwachen, aber erst, nachdem sein (innerer) Prinz die Polarität des Lebens anerkannt und bezwungen hat. Der junge Mann hat den Mut, die dichte, dornengespickte Hecke zu durchdringen und Dornröschen aus seinem »Heile-Welt-Zauber« zu befreien. Der Schmerz, die Dornen, gehören zum Leben, genauso wie der Tod.

Im Märchen *Rotkäppchen* finden wir die wohlmeinende Mutter, die ihr Kind schützen will, indem sie es ermahnt, auf keinen Fall den (rechten und damit archetypisch männlichen) Weg zu verlassen. Rotkäppchen soll sich also, modern formuliert, den gängigen gesellschaftlichen Normen anpassen und dem Mainstream folgen. Dieser Weg erscheint zwar sicher, aber er verhindert Rotkäppchens individuelle Entwicklung.

In Gestalt des bösen Wolfes findet Rotkäppchen seinen (Ver-) Führer, der es auf den Weg der Selbstwerdung bringt. Wie so oft begegnet uns Schatten in Gestalt des Wolfes im Schafspelz. Nichtsahnend und mit kindlicher Naivität arbeitet Rotkäppchen instinktiv dem Wolf zu, der es in der Folge mit dem Leben in der Welt der Gegensätze, der Polarität von Gut und Böse, vertraut macht. Auf seinem Weg durch den dunklen Wald seiner Seele lernt das Mädchen das Leben überhaupt erst kennen und findet (Seelen-)Freunde. Es befreit sich dadurch aus dem eng begrenzten, der Norm gehorchenden Bereich seiner Familie. Als es endlich im Haus seiner Großmutter ankommt, findet es anstelle der Schutz bietenden Groß(en)Mutter den bösen Wolf, der sich als diese ausgibt und die sprichwörtliche Kreide gefressen hat.

Rotkäppchen erschrickt über das gefährliche und bedrohliche Aussehen des großmütterlichen Schattens. Aber in seiner noch immer unbekümmerten Kindlichkeit lässt es sich ganz auf das Geschehen ein – und wird vom bösen Wolf verschlungen. Symbolisch begibt es sich auf die Reise in das Schattenreich. Erst im Bauch des Wolfes trifft es dann wieder auf den beschützenden weiblichen Seelenanteil, repräsentiert durch die Großmutter.

Hilfe und Erlösung bringt auch hier eine männliche (Animus-)Figur: der Jäger. Er ist ebenfalls ein Verbündeter des Schattenreiches. Er steht in inniger Beziehung mit den Instinktkräften der Natur und speziell den Tieren, die er einerseits tötet, andererseits hegt und pflegt. So vereint er auf wertfreie, neutrale Weise in sich die beiden Bereiche des Lebens in der Polarität. Statt kindlicher Nahrung (Kuchen), die wir im Proviantkorb von Rotkäppchen finden, bringt er als Jäger auch »fleischliche Kost« ins Spiel des Lebens. Mit mutigem Schnitt befreit er das Rotkäppchen und die Großmutter aus dem Leib des Wolfes. Durch diesen aggressiven (Geburts-)Akt im Sinne eines märchenhaften Kaiserschnittes wird symbolisch aus dem behüteten kleinen Mädchen eine Frau, die nun beide Seiten des Lebens kennt. Der dunkle Schatten ist natürlich das Animalisch-Verschlingende des Wolfes, der lichte Schatten ist der befreiende Jäger.

Im Märchen *Rumpelstilzchen* begegnet uns der Schatten in Gestalt des angeberischen Vaters, der sich damit brüstet, seine Tochter könne Stroh zu Gold spinnen. Der goldgierige König lässt daraufhin das Mädchen in eine Kammer sperren, wo es diese Gabe über Nacht beweisen soll. So bringt der Schatten, in diesem Fall männliche Gier nach Anerkennung und immer mehr Besitz, Entwicklung in Gang.

Auch in diesem Märchen taucht eine Gestalt aus dem Schattenreich als Helfer auf: Rumpelstilzchen. Es verkörpert eine Mischung aus Naturgeist und Mitarbeiter des Teufels und spinnt für unsere Märchenheldin zweimal das Stroh zu Gold, nachdem sie ihm das Liebste, das sie besitzt, als Lohn versprochen hat. Dabei handelt es sich um Erinnerungsstücke aus der Vergangenheit, an denen sie hängt. Symbolisch ist sie dadurch aufgefordert, Altes, Vergangenes zu opfern und loszulassen.

Aber die Gier des Königs wird durch das viele Gold nur noch größer, und als die junge Frau irgendwann nichts mehr besitzt, muss sie Rumpelstilzchen das Allerliebste ihrer Zukunft, ihr erstes Kind, versprechen, um ihr Leben zu retten. Sie schließt also einen Pakt und verpfändet ihre Zukunft. Die drohenden Konsequenzen ihres Handelns verdrängt sie (in den Schatten).

Begeistert von ihren außergewöhnlichen Fähigkeiten nimmt der König sie zur Frau, und bald wird das erste Kind geboren. Nun gilt es, den Pakt mit dem Schatten-Teufel einzulösen. Und wie so oft, auch im normalen, wenig märchenhaften Leben, beginnen jetzt die Verhandlungen. Mit flehentlichen Bitten versucht sie, ihren Kopf aus der Paktschlinge zu ziehen. Und noch einmal lässt sich Rumpelstilzchen auf einen Handel ein; als Schatten(-gestalt) will es unbedingt anerkannt und erkannt werden. Dies drückt sich symbolisch darin aus, dass die Märchenheldin seinen richtigen Namen herausfinden muss, damit Rumpelstilzchen sie freigibt.

Etwas bei seinem Namen nennen heißt immer, es auch zu *er*kennen. So werden im ganzen Königreich alle nur möglichen Namen gesammelt. Aber natürlich findet sich der richtige Schattenname nicht in der bekannten, äußeren Welt. Im Dunkel der Nacht wird er Rumpelstilzchen abgelauscht und so der Bann gebrochen.

Schattentagebuch: *Was ist oder war mein Lieblingsmärchen? Lesen Sie es nochmals durch, oder besser noch: lassen Sie es sich vorlesen. Was sagt es über meinen Schatten aus, das heißt, wie ist die Rolle des Bösen darin ausgedrückt? Wenn ich alle Figuren des Märchens jetzt noch einmal als Teile meiner Seele erlebe, was sagt mir mein Märchen dann?* Bitte halten Sie Ihre Gedanken und Einsichten im Schattentagebuch fest.

Rumpelstilzchen als Schatten zerfällt, weil er (an-) erkannt ist. Im ganzen Märchen aber ist dieser Schatten der große Helfer gewesen, der die Heldin auf den Weg gebracht hat.

Entsprechende Schattenverwandlungen lassen sich in unzähligen Märchen verschiedenster Völker finden. Immer stoßen wir auf das gleiche Muster. Der Schatten ist im wahrsten Sinne des Wortes *not-wendig,* damit wir unseren ganz eigenen und gleichzeitig urmenschlichen Entwicklungsweg finden. Er ist uns Kraftquelle, Verbündeter und Aufgabe. Wie eines der verzauberten Märchenwesen sehnt er sich nach Erkanntwerden, Durchlichtung und Erlösung.

Schattenqualitäten

Da alles ungelebte Leben zu Schatten wird, sind Schattenthemen keineswegs nur dunkel und negativ. Jeremiah Abrams, ein amerikanischer Schattentherapeut, sieht deshalb seine Aufgabe darin, »... der Geschichte des Klienten Realität und Sinn zu geben und ihm zu helfen, sich die verdrängten Teile seiner Persönlichkeit bewusst zu machen. Die größte Sünde ist vielleicht das ungelebte Leben.«[29]

29 Im Vorwort zu Debbie Ford: *Die dunkle Seite der Lichtjäger,* a. a. O., S. 10.

Das eigene Leben nicht wirklich gelebt zu haben, diese »Sünde«, beklagen Menschen auf dem Totenbett tatsächlich mehr als irgendwelche begangenen Fehler. Sie wünschen sich vor allem drei Dinge: mehr gelebt, mehr riskiert und mehr Disziplin aufgebracht zu haben. Was sie gehindert hat, war Angst. Sie ist eine der größten Schattenquellen; Angsttherapien sind deshalb wirksame Schattenbearbeitungen.[30]

Letztlich laufen alle beklagten Versäumnisse darauf hinaus, sich zu wenig dem Selbst und damit der Integration des Schattens gewidmet zu haben. Damit gerät in der bürgerlichen Welt leicht auch so Wundervolles wie Ekstase und orgiastische Sexualität in den Schatten und wartet auf Befreiung. Ebenso sinken Gefühlsreichtum, Empfindsamkeit und Liebe ins Schattenreich. Die eigene Kraft und Kompetenz, die Echtheit und Authentizität, Genialität und der unentdeckte Künstler in einem selbst werden außerdem oft früh im Leben begraben, weil sie zum Anecken führen. Schatten ist eben auch all das, was wir nie machen würden, aber so gern gemacht hätten und jetzt endlich machen sollten.

> **Schattentagebuch:** *Habe ich Idole? Verehre ich Helden in der Sportwelt oder Stars aus dem Showgeschäft? Welchen Menschen bete ich an, wen bewundere ich abgöttisch?*
> *Wie viele und welche Wünsche habe ich noch?*
> Bitte notieren Sie Ihre Antworten im Schattentagebuch.

Wer viele Helden und Idole hat – gleichgültig, in welchen Bereichen –, projiziert positive Eigenschaften auf diese äußeren Stars. Letztlich muss er werden wie sie und ihre heraus- und überragenden, leuchtenden und faszinierenden Starqualitäten

30 Zum Beispiel mit Hilfe des Hörbuchs *Angstfrei leben.*

in sich selbst verwirklichen. Wer so zum Held im eigenen Leben wird, braucht im Außen weniger Helden, und diese haben geringeren Status für ihn. Sobald man die eigenen Träume und Visionen verwirklicht, muss man sie nicht auf andere Träumer und Visionäre projizieren. Wer selbst Fußballstar ist, wird kaum anderen Fußballstars als Fan nachreisen. Popstars treten meist nicht als Groupies bei anderen in Erscheinung.

Große Weisheit liegt in dem Ausspruch des chassidischen Rabbi Susya kurz vor seinem Tod: »Wenn ich in den Himmel komme, werden sie mich nicht fragen: ›Warum warst du nicht Moses?‹ Sondern sie werden fragen: ›Warum warst du nicht Susya? Warum wurdest du nicht, was nur du werden konntest?‹«

Weniger schattenverdächtig als Idole sind Vorbilder. Sie können in positiver Weise Entwicklung fördern. Wer einem großen Vorbild nacheifert, wird weder dessen äußeres Leben kopieren, noch ihm ständig nachreisen wollen oder zum Beispiel über die Klatschblätter versuchen, Einblicke zu gewinnen und an dessen Leben Anteil zu haben. Stattdessen wird er sein eigenes Leben leben und dem Vorbild inhaltlich nachstreben. Er will Qualitäten des Vorbildes in sich verwirklichen und muss sich entsprechend entwickeln. Wer hingegen sein eigenes Leben geradezu vermeidet, um es ganz nach seinem Idol auszurichten, projiziert nur positive Eigenschaften. Er setzt alles daran, seinem Idol ständig zu Füßen zu sitzen, und unternimmt wenig, die angehimmelten Züge in sich zu entwickeln. Das aber ist notwendig, um die Projektion zurückzunehmen und erwachsen zu werden.

So wie wir eine negative Schattenliste brauchen, um in Richtung unseres vollen Potenzials zu wachsen, ist also auch eine positive notwendig. All unsere Träume, Wünsche und Visionen ersehnen Verwirklichung und enthalten positive Schattenaspekte, die Leben und Anerkennung brauchen. Wen oder was wir je bewundert haben, all das kann uns bei der Erstellung solch einer Liste positiven Schattens helfen.

Übung: Fangen Sie an, in Ihrem Schattentagebuch eine Liste positiver und eine Liste negativer Qualitäten zu führen. Alles von Ihnen Bewunderte kommt auf die erste, alles Abgelehnte und Verachtete auf die zweite Liste.
Listen Sie die Begriffe oder Stichwörter immer auf der linken Seite auf, so dass rechts genug Platz für weitere Notizen bleibt. Später können Sie dort die Gegenpole einfügen, die zusätzliche Erkenntnisse bringen werden.

Für die Übung, sich selbst Träume und Wünsche zu erfüllen, brauchen wir durchaus nicht zu warten, bis unsere Zeit abgelaufen ist wie in dem *wunder*vollen Film *Das Beste kommt zum Schluss (The Bucket List)*. Darin spielen Jack Nicholson und Morgan Freeman zwei ältere schwerkranke Krebspatienten, die sich daranmachen, noch kurz vor Torschluss all ihre Träume auf eine Liste zu schreiben und sich zu erfüllen. Diese Liste »arbeiten« sie dann ihr restliches (Film-)Leben mit viel Charme ab. Rasch zeigt sich, wie viel Qualität das Leben noch in sich birgt, obwohl die gesundheitliche schon verflogen ist. Solch eine Liste wäre allerdings mit noch viel mehr Gewinn viel früher im Leben zu erstellen, entsprechend dem Motto: »Es gibt ein Leben vor dem Tod.«

Es ist also durchaus möglich, dass nach einem sogenannten guten und sogar besonders anständigen Leben ein vorbildlicher Bürger an die Himmelspforte klopft und keinen Einlass erhält, weil ihm 783 große und über 1000 mittlere Orgasmen fehlen, 445 Rauscherfahrungen und 789 große Ekstasen, Hunderte hingebungsvoller Orgien und 4598 Momente sinnlos faulen Glücklichseins, 34 876 liebevolle Blicke in große staunende Kinderaugen und 8456 berührenden Augenblicke tiefen Mitgefühls mit Tieren und noch viel mehr mit Menschen. Und es könnte noch schlimmer und schöner kommen, aber es ist natürlich nicht denkbar, dass der Hüter der Schwelle solch ein Erbsenzähler ist.

Weniges haben wir so gut geübt, wie zu werten, zu urteilen und schließlich sogar zu be- und verurteilen. Insofern können wir es gut nutzen, um auf leichten und gewohnten Wegen an unsere Schatten heranzukommen. Also erlauben Sie sich noch einmal, nach Herzenslust zu werten und zu urteilen und so den eigenen Schatten zu finden.

Eine Erleichterung in Bezug auf die negativen Wertungen ergibt sich, wenn wir vorher lernen, unsere positiven Seiten anzuerkennen und uns dafür selbst zu loben. Wer gelernt hat, sich in positiver Hinsicht zu akzeptieren und stolz auf eigene Leistungen zu sein, kann seine Schattenseiten naturgemäß leichter annehmen. Sein Leben ist ausgewogener und droht nicht ständig, aus der Balance zu kippen. Am besten beginnt die Anerkennung der eigenen Leistungen mit einer Lebensbilanz.

Film-Meditation: Sehen Sie sich den Film *Das Beste kommt zum Schluss* an, und lassen Sie zur Abspannmusik »Say« von John Mayer zu, dass die äußeren Augen sich schließen. Während Sie sich der Entspannung hingeben, tauchen vor dem inneren Auge all die Leistungen und Errungenschaften Ihres Lebens auf, die Sie bis zu diesem Punkt Ihrer Einzigartigkeit geführt haben. Fragen Sie sich: *Was finde ich wundervoll an mir und an anderen? Wie und ab wann will ich diese Eigenschaften bei mir verwirklichen?*

Und erstellen Sie gleich jetzt in inneren Bildern Ihre eigene Liste all jener Dinge, die Sie in diesem Leben noch erreichen, verwirklichen und erleben wollen, einschließlich all jener Reiseziele, die Sie noch haben, der Träume, die noch in Ihrer Seele leben, der Sehnsüchte, die Sie noch spüren.
Übertragen Sie anschließend alles in Ihr Schattentagebuch, wo Ihre Liste dann Gestalt annimmt. Und fangen Sie so rasch wie möglich mit dem Abarbeiten dieser Liste an, gleich jetzt oder spätestens am kommenden Wochenende und jedenfalls im nächsten Urlaub.

Herausforderungen in Geschenke wandeln

Wenn wir – übungshalber – unsere Mitmenschen und die Umwelt nach Herzenslust bewerten, wird es leichtfallen, eine Liste aller Scheußlichkeiten zu erstellen, die uns im Außen missfallen. Ganz oben rangiert, was uns am meisten (an uns und anderen) stört, und die Liste endet mit kleineren Lastern und Problemen. *Auf Teufel komm raus* nehmen wir damit die Dinge in unsere Negativliste auf, die mit uns zu tun haben müssen.

All unsere Handicaps, negativen Aspekte und hässlichen Seiten sind ihrer Natur gemäß Herausforderungen. Als sie in der Auslage unseres Lebens von der Umgebung nicht angenommen und uns nicht abgekauft wurden, nahmen wir sie nach unten, unter den Ladentisch. Aber letztlich sind wir natürlich darauf sitzengeblieben. Und irgendwann im Leben werden wir diese Sammlung, dieses Lager der Ladenhüter, entdecken. Wir können sie uns auch jetzt gleich bewusst und freiwillig vornehmen, angereichert durch alles, was uns draußen an scheinbar Fremdem missfällt und ebenfalls zu uns gehört. Wie schon gesagt, wir hüten hier unsere größten und wertvollsten Schätze. Sie liegen, wo wir sie bisher wahrscheinlich am wenigsten vermuten, ganz nah und zentral, mitten in uns und im Dunkeln.

Die Liste der Negativeigenschaften sollte wirklich ansehnlich und vollständig sein. Das wird sie auch, wenn wir uns keine falsche Zurückhaltung auferlegen. Sobald sie abgeschlossen ist, können wir sie vor dem Hintergrund der Polarität auf ihre erlöste Seite untersuchen und das Licht der Bewusstheit darauf lenken. So werden aus Schatten Schätze, wenn wir dieses Spiel der Wandlung kultivieren. Die Schattenseite von Perfektionismus und Zwanghaftigkeit zeigt sich beispielsweise in Vollkommenheit und Makellosigkeit. Genauso könnten wir aus eng machendem Geiz sinnvolle, nützliche Vorsorge gewinnen, ganz im Sinne des Sprichwortes: »Spare in der Zeit, so hast du in der Not.« Insgesamt geht es nicht darum, dunkle Seiten auszumerzen und aus unserem Leben zu drängen, sondern im Gegenteil, sie hereinzuholen und die positiven Aspekte darin zu erkennen und zu integrieren. Je länger und beängstigender also unsere Negativliste, desto größer und schöner die daraus zu gewinnenden Geschenke.

Es gibt eine überschaubare Zahl von Prinzipien, auf die wir nun näher eingehen wollen. Wir können mit Hilfe der inneren Bilder Zugang zu ihnen finden, aber auch über intellektuelles Verständnis. Wer diese Prinzipien kennt und praktisch anzuwenden versteht, tut sich generell im Leben viel leichter. Die damit verbundene große Chance geht über das Finden des Schatzes im Schattenproblem noch weit hinaus. Es können damit Vorsätze erfolgreich in die Tat umgesetzt, Vorhaben realisiert und echte Vorbeugung ermöglicht werden.

Ein einfaches Beispiel macht dies deutlich: Wutanfälle und Zornesausbrüche sind ein Schattenthema. In ihrer Tiefe lassen sich aber Energien erkennen, die äußerst hilfreich sind. Mit der Archetypenwelt Vertraute sehen dahinter sofort das (Ur-)Prinzip der Aggression. Dessen erlöste Varianten sind unter anderem Mut, Entscheidungsfähigkeit, Tatkraft und Stärke. Diese lassen sich aus Zorn und Wut erlösen und für ein kompletteres Leben gewinnen. Das ist die Idee hinter einem Buch wie *Aggression als Chance*.

Nicht nur bei diesem Thema können wir viele weitere Aspekte für beide Seiten des Prinzips erkennen. Brutalität ist offensichtlich ein unerlöster Zug, Durchsetzungskraft aber die dazugehörige erlöste Seite. Beide liegen sich gegenüber und ergänzen einander. Je dunkler der Schattenaspekt auf der einen, desto lichter das Geschenk auf der anderen Seite. In entsprechender Weise lässt sich dieses Spiel für alle Prinzipien der Wirklichkeit weiterführen. Hässlichkeit gehört zum Schatten, ihr zugrunde liegt Disharmonie, ihr gegenüber findet sich Schönheit. In dem Märchen *Die Schöne und das Biest* wird diese Polarität deutlich. In aller Disharmonie liegt also die Chance zur Harmonie.

Hier zeigt sich schon die Tiefe dieses Prinzipienspiels. Nicht nur hat jeder Archetyp in sich erlöste und unerlöste Seiten, Archetypen stehen sich auch als Gegenpole selbst wieder gegenüber. Denn natürlich liegt dem Krieg und Aggressionsprinzip der Frieden gegenüber. Die Mythologie zeigt uns dies, wenn Venus und Mars zusammenfinden und Kinder wie Harmonia und Eros zeugen. Echte Harmonie und echte Erotik brauchen beide Seiten der Wirklichkeit in Gestalt männlich energischer und weiblich sanfter Energie. Aber die beiden zeugen auch zwei Schattenkinder, nämlich Phobos und Daimos. Natürlich haben auch diese wieder lichte Seiten im Schatten, bei Phobos und den Ängsten ist es die der Enge gegenüberliegende Weite. Den schönen Seiten von Daimos' Dämonenwelt sind wir schon eingangs begegnet. In diesem Sinne nannte der amerikanische Buddhist und Psychiater Edward Podvoll sein bereits zitiertes wundervolles Buch über das Schattenreich der Psychiatrie *Verlockungen des Wahnsinns*. Später gaben schattenfeindlichere Verlagsleute ihm lieber den Titel *Aus entrückten Welten*. Von den polaren Seiten des Lebens betrachtet, wird beides dem Buch gerecht.

Als weiteres Thema, das viele Schatten wirft, sei das der Reduktion auf das Wesentliche erwähnt, mythologisch mit Saturn verbunden. Dazu gehört auch Krankheit, die uns reduziert und beschränkt und auf Wesentliches zurückwirft. Im Sinne von *Krankheit als Weg* kann sie zum Geschenk werden, wenn wir ihre andere erlöste Seite entdecken.

Als ein Zurückwerfen auf die Grundfragen des Lebens ist Krankheit immer als Geschenk zu sehen. Die vielen verschiedenen Symptome der unzähligen Krankheitsbilder lassen sich ausgehend von der gemeinsamen Basis der Reduktion auf das Wesentliche auch noch anderen Themen unterordnen. In komplexen Krankheitsbildern kombinieren sich verschiedene Themen. So kommt es zur Methode der Krankheitsbilderdeutung von *Krankheit als Symbol* (Literaturverzeichnis).

Zu dem Prinzip der Reduktion auf das Wesentliche gehört auch die Arbeit, die vielen als negativer Schattenaspekt erscheint, aber anderen ebenso viel Freude bereitet und Sinn vermittelt. Die Härte des Lebens mag zum Schatten gerechnet werden, die Struktur zur Lichtseite, die Strenge zum Schatten, die Konsequenz zum Licht.

Beim Prinzip des Austauschs und der Kommunikation stehen sich leeres Geschwätz und lebenswichtige Information polar gegenüber. Großspurigkeit einerseits und Großmut und Toleranz andererseits finden sich beim Archetyp der Expansion und des Wachstums. Protzendes Angeben und gewinnende Ausstrahlung zeigen zwei Seiten des Sonnenprinzips der Mitte. Beleidigtes Einschnappen und mitfühlendes Zugewandtsein gehören zu den beiden Seiten des archetypisch Mütterlichen, Kindlichen, zu dem auch der Rhythmus zählt.

Vergessen wir also nie, dass jede negative Seite ihr positives Pendant hat. Ein Stromschlag kann töten – und Leben retten, wenn er beispielsweise in der medizinischen Behandlung von Herzflimmern bei der Defibrillation eingesetzt wird. Schlangengift kann gleichermaßen Leben kosten und retten. Eine Göttin wie die indische Kali spendet das Leben und verschlingt es wieder. In ihrer Gefolgschaft schenkt jede Mutter bei der Geburt Leben und gebiert dabei auch zugleich schon wieder den Tod.

Die Autorin Jean Shinoda Bolen hat in ihren Büchern *Göttinnen in jeder Frau* und *Götter in jedem Mann*[31] die ganze Bandbreite der Götter mit ihren beiden Seiten anklingen lassen. In jedem von uns sind sie in Samengestalt angelegt und warten nur darauf, wachsen zu dürfen. Der Schatten ist der dunkle Mutterboden dieser Götter, Themen oder Prinzipien. Es ist an uns, sie in unser Bewusstsein zu lassen und unser Leben mit ihrer Energie zu bereichern. Und unsere Seele kennt einen wunderbaren Weg zu ihnen – über die inneren Bilder.

Audio-Meditation: Hören Sie die Meditationen 1 und 9. Diese Meditation können Sie beliebig oft wiederholen, bis Sie alle Ihnen wichtig erscheinenden Themen transformiert haben.

31 Jean Shinoda Bolen: *Göttinnen in jeder Frau. Psychologie einer neuen Weiblichkeit.* Ullstein, Berlin 2004; dies.: *Götter in jedem Mann. Besser verstehen, wie Männer leben und lieben.* Heyne, München 1998.

Zwölf archetypische Räume von Licht und Schatten

Das bereits mehrfach gebrauchte Bild vom Leben als Ladengeschäft, in dessen Auslage die eigenen Produkte angeboten werden, hat in der ersten Lebenshälfte zu einem immer knapper werdenden Angebot geführt und zu einer wachsenden Zahl von Ladenhütern als Schattensammlung. Das Angebot lässt sich auch nach zwölf inneren Räumen ordnen, zum Beispiel denen eines großen Hauses mit zwölf geräumigen Doppelzimmern, in das wir mit unserer Empfängnis genau wie in unser Körperhaus hineinziehen. Zu Beginn des Lebens liegt jedes der Doppelzimmer in hellem Sonnenlicht, und wir haben zu allen Zimmern beliebig Zutritt. Mit der Zeit aber wächst wilder Wein an den Mauern empor und überwuchert zunehmend die Fenster, so dass das Licht in den Räumen ab- und der Schatten zunimmt. Wir leben von Anfang an in diesem Haus, spielen, lernen und wachsen darin.

Mit der Zeit erfahren wir, dass jene Bereiche, die ins Dunkel des Unbewussten sinken, schmutzig und daher zu meiden seien. Hinzu kommt alles, was uns Angst macht und deshalb ins Unbewusste abgeschoben wird. Allmählich geraten so große Teile und manchmal ganze Zimmer in Vergessenheit und versinken unter Staub und Spinnweben. Trotzdem existieren sie natürlich weiter, sie spielen nur im normalen Tagesbewusstsein und Alltag keine Rolle mehr. Manche Menschen leben zur Zeit ihrer Adoleszenz nur noch in ein, zwei Zimmern; der Rest ist weitgehend eingemottet. Viele Zimmer betreten sie nicht mehr und werden sie irgendwann vergessen. Und dann vergessen sie oft auch noch, dass sie sie vergessen haben, und ihre Welt wird endgültig klein und eng.

Wenn wir vergessen, wer wir sind und sein könnten, ist das schlimm genug. Wenn wir aber auch noch vergessen, dass wir es vergessen haben, trennt uns dies sowohl von unserem ursprünglichen Potenzial als auch von allen zukünftigen Möglichkeiten.

Am Anfang haben wir also ein großes offenes Haus, das mit der Zeit zu einer Art verschlossenem Schattenpalast verkommt, wenn das Leben aus vielen Räumen tendenziell entweicht. Manche mögen mehr, andere weniger folgsam gegenüber ihren Eltern, Lehrern und ihrer Umgebung und dafür neugieriger gewesen sein. Jeder von uns hat aber durch Rückeroberung die Chance, aus dem Schattengemäuer wieder ein wundervolles Haus zu machen und sogar einen Palast im positiven Sinn, den Tempel der entwickelten Seele. Wenn wir unsere Bewusstheit in alle zwölf Zimmer der wichtigsten Prinzipien lenken und mit ihrer Hilfe das Beste aus jedem Raum machen, können wir schließlich im Schloss unseres Bewusstseins leben, in der Fülle unserer Möglichkeiten.

Die folgende Aufteilung der Qualitäten und Eigenschaften dieser Prinzipien in Stärken und Schwächen ist nicht im üblichen Sinn als Wertung zu verstehen. Da wir davon ausgehen, dass alles Unbewusste zum Schatten gehört, können sowohl Schwächen als auch Stärken unbewusst und damit in den Schatten verdrängt sein.

1. Aufbruch, Aggression

Stärke/Aufgabe: Tatkraft, Entscheidungsfähigkeit, Aktivität, Initiative, Willensstärke, Willensentfaltung, Durchsetzungskraft, Spontaneität, Zivilcourage, Vordringen in neue Bereiche, neue Wege bereiten und gehen.

Schwäche/Schatten: Zorn, Wut, Grobheit, Rohheit, Konkurrenzkampf, Unbeherrschtheit, Streitsucht, Voreiligkeit, Ellbogenmentalität, gedankenloser Aktivismus, Zerstörung, Revierkampf, Rücksichtslosigkeit, Egoismus.

2. Selbstwert, Verwurzelung, Sinnenfreude

Stärke/Aufgabe: innere und äußere Werte schaffen, Gemeinschaftssinn, Gutes bewahren, Bewährtes hüten, Sinnengenuss,

Treue, Sicherheit, Wirklichkeitsnähe, Realitätssinn, Geduld, Bodenständigkeit, Naturverbundenheit, Gelassenheit, Sicherheit.
Schwäche/Schatten: Habsucht, Genusssucht, Besessenheit von Besitz, übertriebenes Streben nach materieller Sicherheit, Ungleichgewicht zwischen Geben und Nehmen, Trägheit, Sturheit, Schwerfälligkeit.

3. Kommunikation, Austausch
Stärke/Aufgabe: Informationsvermittlung, Sprachbegabung, Neutralität, Flexibilität, Intellekt, Vielseitigkeit, logisches Denken, Kontaktfreudigkeit, Lernfähigkeit, Offenheit, Aufnahmefähigkeit, schnelle Auffassungsgabe.
Schwäche/Schatten: Oberflächlichkeit, Opportunismus, Tratschsucht, leeres Geschwätz, Raffinesse, Betrug, Lüge, Schwindel, List, sensationslüsterne Neugier, Zersplitterung, Zweifel, Standpunktlosigkeit, Projektion, Verschlagenheit, Unbeständigkeit.

4. Empfindung, Gefühl, Geborgenheit, Lebensrhythmus
Stärke/Aufgabe: Mitgefühl, Fürsorglichkeit, Einfühlungsgabe, Hilfsbereitschaft, Nähren, Mutterschaft, Empfindsamkeit, Empathie, Familiensinn, seelische Identität, Nachgiebigkeit.
Schwäche/Schatten: Gefühlsduselei, Sentimentalität, emotionale Bedürftigkeit, Abhängigkeit, Launenhaftigkeit, Selbstmitleid, Erpressung durch das Einnehmen der Opferrolle, Depression, Regression, Kindchenrolle, Gefühlsegoismus, Zaghaftigkeit, Rührseligkeit, Weinerlichkeit.

5. Kreativität, Ausstrahlung, Mitte
Stärke/Aufgabe: Selbstausdruck, Authentizität, Balance, Selbstbewusstsein, Großzügigkeit, Lebensfreude, Autorität, Organisationstalent, Souveränität, Güte, Herzenswärme, Mut, Selbstvertrauen, schöpferische Intelligenz, Großherzigkeit, Herzlichkeit.

Schwäche/Schatten: Egoismus, Selbstherrlichkeit, Diva-/Pascha-Allüren, Hochmut, Angeberei, Ruhmsucht, Herrschsucht, Geltungssucht, Ehrgeiz, Selbstgefälligkeit, Abhängigkeit von Bewunderung, mehr Schein als Sein, Dünkel (»Ich da oben, die da unten«).

6. Ordnung, Vernunft
Stärke/Aufgabe: Anpassungsfähigkeit an gegebene Lebensumstände, Beobachtungsgabe, ökonomisches Denken und Handeln, Unterscheidungsfähigkeit, sinnvolle und effiziente Planung, Genauigkeit, Liebe zum Detail, Dienen, Demut, Achtsamkeit, Achtung gegenüber den kleinen alltäglichen Dingen, Arbeitsfreude.
Schwäche/Schatten: Kritiksucht, Nörgelei, Verurteilung, Pedanterie, Haarspalterei, Abwertung, Effizienz auf Kosten von Gefühl und Lebendigkeit, Handeln nur nach Zweck und Nutzen, sich in unwichtigen Details verlieren, Misstrauen, Ängstlichkeit, Hypochondrie, Spießigkeit, Besserwisserei, Rationalitätshörigkeit, Engstirnigkeit, blinde Wissenschaftsgläubigkeit.

7. Harmonie, Partnerschaft, Ästhetik
Stärke/Aufgabe: Liebessinn, Schönheitssinn, Stilempfinden, Ausgeglichenheit, Ausgewogenheit, Selbstliebe, von äußerer Schönheit zur inneren Schönheit finden, Beziehungsfähigkeit, Kontaktfreude, innerer und äußerer Frieden, Taktgefühl, Kompromissfähigkeit, Diplomatie, Schöngeistigkeit.
Schwäche/Schatten: Scheinharmonie, die schöne Fassade, die seelenlose Maske, Eitelkeit, Falschheit, Unehrlichkeit, Missgunst, Heile-Welt-Forderungen an andere; Sucht, sich immer neu zu verlieben, statt Partnerschaft zu leben; Wankelmut, Unentschlossenheit, Halbherzigkeit, krankhafte Konfliktvermeidung.

8. Radikale Wandlung

Stärke/Aufgabe: Wandlungsfähigkeit, totale Verbindlichkeit, sich auf die tiefsten Tiefen einlassen, Regenerationskraft, tägliches Erleben des Stirb-und-werde-Vorgangs, bedingungsloser Einsatz für eine Sache, über sich selbst hinauswachsen können, Reue, Gesinnungswandel, Umkehr, Selbst- und Schattenkonfrontation; ausziehen, um das »Fürchten« zu lernen; immer wieder Abschied nehmen, loslassen; Leidenschaft.

Schwäche/Schatten: Destruktivität, Besessenheit, Rache, Selbsthass, Manipulation, Machtmissbrauch, Machtkämpfe, Eifersucht, Fanatismus, Fixiertheit, Prinzipienreiterei, Unerbittlichkeit, Hinterhältigkeit, Zynismus, Sadismus, Masochismus, Entweder-oder-Haltung, Exzess oder Askese, seelischer Vampirismus, Hörigkeit und Abhängigkeit schaffen oder erleiden.

9. Wachstum, Sinnfindung

Stärke/Aufgabe: Sinnsuche, inneres Wachstum, innere Fülle und Erfüllung, Horizonterweiterung, Toleranz, Gerechtigkeit (auf das Rechte, Wahre ausgerichtet sein), Zielbewusstsein, Fähigkeit zu Synthese und Überblick, geistiges Brückenbauen, Großzügigkeit, Ein-sicht, Enthusiasmus, das rechte Maß erkennen, Bildung und Weisheit, Glaubensfähigkeit, Religiosität, Ethik.

Schwäche/Schatten: Völlerei, nie genug kriegen, Unbescheidenheit, Größenwahn, Maßlosigkeit, über das Ziel hinausschießen, Verschwendungssucht, Missionierungssucht, Hochstapelei, unvernünftige und egoistische Expansion, Selbstgerechtigkeit, Anerkennungssucht; Angst, Schwäche und Kleinheit zu zeigen und bloßgestellt zu werden; maßloses Übertreiben, Heuchelei, Scheinheiligkeit, moralische Überheblichkeit, angemaßte Unfehlbarkeit, arrogantes Elitedenken.

10. Struktur, Konzentration auf das Wesentliche
Stärke/Aufgabe: Beschränkung auf das Wesen(tliche), Klarheit, Bescheidenheit, Meisterschaft, Konzentrationsfähigkeit, Traditionsbewusstsein, Pflicht als Freude, Ernsthaftigkeit, Verlässlichkeit, Pflichtbewusstsein, Schicksalsgesetze erkennen und annehmen, Verantwortungsbewusstsein, Eigenverantwortung, Fleiß, Konsequenz und Ausdauer, Konsequenzen tragen, bewusstes Überwinden von Hindernissen, Reife.
Schwäche/Schatten: Härte, Strenge, Kälte, Gnadenlosigkeit, Starrheit, »Normopathie« (Zwang, Regeln einzuhalten, um als normal zu gelten), Zwanghaftigkeit, Obrigkeitsgläubigkeit, devotes Buckeln, Scheuklappenmentalität, Angst, Geiz, Uneinsichtigkeit, die eigene Meinung zum Gesetz erheben, Griesgrämigkeit, Gefühllosigkeit, Leistung als Maß aller Dinge, den Lebensfluss blockieren.

11. Unabhängigkeit, Originalität
Stärke/Aufgabe: Individualismus, Befreiung aus Abhängigkeiten, Aufhebung von Gegensätzen, Objektivität, Wahrheitssuche, Wahrhaftigkeit, Experimentierfreude, Erfindungsgeist, Idealismus (Freiheit, Gleichheit, Brüderlichkeit), Zukunftsperspektiven entwickeln, unkonventionelle Lösungen finden, Genialität, Einfallsreichtum, Witz, Sowohl-als-auch-Lebenshaltung, Freizügigkeit.
Schwäche/Schatten: lebensfeindlichen Theorien und Ideen folgen, gefühlloser Kampf für Ideologien, Abwertung von Gefühl und Nähe, Exzentrik, Rebellion aus Prinzip, ständige Opposition, Neuerungen um jeden Preis durchsetzen und ohne Konsequenzen zu bedenken, Arroganz, mangelnder Realitätssinn, mangelnde Bodenhaftung; Anspruch, etwas Besonders zu sein; Sonderrechte verlangen, zum Sonderling werden, Anarchie, Abgehobenheit, Distanziertheit, Selbstüberschätzung.

12. Grenzauflösung

Stärke/Aufgabe: Urvertrauen, Hingabefähigkeit, Feinfühligkeit, Medialität, Spiritualität, Intuition, Altruismus, Ahnungsvermögen, die Wirklichkeit hinter der sichtbaren Welt erspüren, Grenzenlosigkeit, Allliebe, All-eins-Sein, Seelsorge, Aufopferungsfähigkeit, schöpferische Fantasie, visionäre Gesamtschau, Barmherzigkeit; glauben, hoffen, lieben.

Schwäche/Schatten: Haltlosigkeit, Chaos, Verdrängung, Kopf in den Sand stecken, Selbstbetrug, Lebenslügen; Flüchten, Täuschen; Leben in Scheinwelten, Heimlichtuerei, Vernebelung, Sucht statt Suche, sich verirren bis zum Irrsinn, Helfersyndrom, unrealistische Träumereien, Identitätsverlust, mangelndes Selbstbewusstsein, ewiges Opfersein, chamäleonartige Scheinanpassung, Verführbarkeit; Fremdbestimmung, Verschwommenheit und Konturlosigkeit; unverwirklichte Sehn-süchte.

Audio-Meditation: Hören Sie die Nummern 1 und 10. Holen Sie sich von Ihrer Liste negativer Eigenschaften (Übung Seite 159) den momentan wichtigsten Punkt ins Bewusstsein, und halten Sie ihn innerlich fest. Lassen Sie sich dann in bewährter Weise in die Entspannung sinken, wobei Sie sich weiter Ihres Negativpunkts bewusst bleiben ...

Auf diese Weise können Sie in vielen folgenden Meditationen, wann immer Sie Zeit haben und die Notwendigkeit spüren, Ihre Negativliste Punkt für Punkt weiter abarbeiten und damit erlösen. Zum Schluss wird es eine Polaritätsliste sein, auf der jedem Schattenaspekt der jeweilige Lichtaspekt gegenübersteht.

Geschenke sammeln

Neben dem intuitiven Weg über die Bildermeditation können wir auch über den Intellekt an der Umwandlung von Schattenaspekten in Geschenke »arbeiten« und uns dabei wieder der Liste der Prinzipien bedienen.

1. *Aufbruch, Aggression*: In der Tiefe ungezügelter Aggression, Brutalität, Grobheit und Übermut finden wir Stärke, Mut und ruhige Kraft und dadurch sogar Mut zur Sanftheit. So wird Sanft*mut* zum Geschenk grober Brutalität. In der Courage, der Rage des Herzens, der Beherztheit, wird die umgeformte Energie vielleicht am deutlichsten. Die Ungeduld birgt in ihrer Tiefe die Möglichkeit, im Ernstfall zu raschen Lösungen zu finden und auf dem Gegenpol Langmütigkeit zu lernen.
2. *Selbstwert, Verwurzelung, Sinnenfreude*: Der materieversessene Börsentyp, der unbewusst ständig seine Intuition an den Kurven der Börse trainiert, die vielen Männern längst die Welt bedeuten und wichtiger als die des weiblichen Körpers sind, kann sich und seiner Familie mit kluger Voraussicht von Entwicklungen dienen und so Enttäuschungen und Unglück ersparen. Im Schatten seiner Gewinnsucht lernt der unersättliche Gierhals über den Verlust, sich zu bescheiden und so bescheiden werden.
3. *Kommunikation, Austausch*: Der Schwätzer und das Tratschweib können über ihre Art von süchtiger *Kommuni*kati*on* lernen, Informationen auszutauschen und Gemeinsamkeiten herzustellen. So beinhaltet krankhafte Schwatzsucht das Geschenk der Kommunion. Hausierer trugen früher neben ihrem materiellen Angebot auch viele wichtige Informationen herum. Zuträger und Zuhälter stellen Kontakte her, die Ge-

schenkcharakter bekommen können. Erstere vermitteln Information, letztere Sex. Die Ebene ihres Schaffens könnten sie jederzeit erhöhen. Unehrlichkeit und Verlogenheit brauchen Raffinesse, Schläue und Egoismus. Sie vermitteln die Geschenke der Verfeinerung und Intelligenz.

4. *Empfindung, Gefühl, Geborgenheit, Lebensrhythmus*: Säufer, die sich die Welt schönsaufen, sind in der Regel zu weich für die harte Welt der Realität. Das Geschenk des Suffs ist der Wunsch nach Weichheit und Geborgenheit und die Fähigkeit, sich einzufühlen und mit allem eins zu werden.
5. *Kreativität, Ausstrahlung, Mitte*: Schaumschläger sind auf den ersten Blick unangenehm, können auf den zweiten aber das Geschenk des Schaums vermitteln – immerhin ist aus diesem Venus-Aphrodite, die schaumgeborene Liebesgöttin, hervorgegangen. Tatsächlich brauchen Komplimente oft etwas Schaum wie ein guter Cappuccino oder ein frisch gezapftes Bier.
6. *Ordnung, Vernunft*: Stillose »Pfuscherei« und Bastelei vermitteln das Geschenk des Improvisationstalents und der nachhaltigen Hilfe für sich selbst und andere. Geiz und extreme Sparsamkeit können Reserven schaffen und Vorsorge ermöglichen. Der offensichtliche Drückeberger kann das Geschenk der Vorsicht und Rücksicht machen und so unsinnige Auseinandersetzungen und Kämpfe, damit auch Verletzungen und Niederlagen ersparen.
7. *Harmonie, Partnerschaft, Ästhetik*: Obszön aufgetakelte und peinlich wirkende Huren können das Geschenk von Sinnlichkeit und Erotik vermitteln und das Verführerische und Schillernde und damit Anmachende symbolisieren. Der sittenstrenge, moralinsaure Tugendwächter, der gegen die Pornoindustrie kämpft und sich im Rahmen deren Überwachung einen Pornofilm nach dem anderen »reinzieht«,

könnte sich mit dem Geschenk der Lust beehren und beglücken. Natürlich schlummert im Schatten des Puritanismus ungelebte Lust.

8. *Radikale Wandlung*: Der Selbstzerstörer darf in seiner Autoaggression die Kraft zu radikaler Selbstanalyse und anschließender Wandlung und Richtungsänderung erkennen und sich die Magie des großen Geschenkes der Metamorphose machen.
9. *Wachstum, Sinnfindung*: Missionierende und Frömmler werden in ihrer Bigotterie die Sehnsucht nach Glaube und Religio(n) entdecken und können zuallererst sich selbst damit beehren.
10. *Struktur, Konzentration auf das Wesentliche*: Ordnungsfanatiker und Zwanghafte lernen, in der Tiefe ihrer Besessenheit die Liebe zu Struktur und Wert zu erkennen und sich und der Welt dieses Geschenk zu machen.
11. *Unabhängigkeit, Originalität*: Verrückte und Spinner dürften in den eigenen Verrücktheiten und Spinnereien die Spuren von Genialität und Inspiration erkennen und sich und die Welt damit reicher machen.
12. *Grenzauflösung*: In der Tiefe der Griesgrämigkeit lässt sich die Enttäuschung finden. Wird in dieser das Ende der Täuschung erkannt, kann sich Zufriedenheit einstellen und als Geschenk angenommen werden. Vernebler, Vertuscher und Traumtänzer bergen Mystik und Visionen in den Tiefen ihrer unergründlichen Seele, nach denen sich diese Welt so sehnt.

Licht- und Schurkengestalten, Reizthemen

Die Listen der positiven und der negativen Qualitäten Ihres Schattentagebuches werden Sie im Laufe der Zeit mit immer mehr Reizthemen auffüllen – falls Sie die Übung auf Seite 159 intensiv nutzen wollen. Ergänzen Sie sie auch gezielt um bekannte Persönlichkeiten aus der Geschichte und dem gegenwärtigen öffentlichen Leben. Dabei mag es gleichermaßen schwerfallen, sich einzugestehen, sowohl über dieselben wundervollen Eigenschaften wie Mahatma Gandhi zu verfügen als auch über dieselben schauderhaften wie Adolf Hitler. Wir werden sie aber alle in uns haben, jedenfalls wenn diese historischen Gestalten uns bewegen. Die entsprechenden Qualitäten werden da sein, nur nicht in dem Ausmaß und auf demselben Niveau.

Darüber hinaus erschreckt es natürlich, etwas an sich selbst zu entdecken, das man bisher weit von sich gewiesen hat. Dabei könnte dieses Reizthema wegen der darin steckenden Wachstumsimpulse und Schätze ab sofort ein Moment der Freude werden. Folgende Geschichte mag dies verdeutlichen: Ein Künstlerfreund lebte in einer mit Designermöbeln und ausgewählter Kunst ausgestatteten Altbauwohnung, in der eine kühl-elegante Atmosphäre herrschte. Nicht zufällig schien es in der ganzen Wohnung keine einzige gemütliche Ecke zu geben. Ein edles, aber unbequemes Sofa stand an einem Platz, der aus rein ästhetischen und sicher nicht aus praktischen Gesichtspunkten gewählt war. Eines Tages verriet mir seine Freundin jedoch das Geheimnis der Wohnung. Immer Samstagabends, wenn sich die Welt seiner Spießerfeinde zu allerlei unsäglichen Spießigkeiten aufmachte, ließ mein Künstlerfreund sich dazu hinreißen, eine quasi geheime Kammer zu öffnen, in der ein durchgelegenes Sofa stand. Hier fläzte er sich vor den Fernseher, um in der Sportschau die Spiele der Fußballbundesliga zu verfolgen und Bier aus Dosen zu trinken – und wehe, man wagte es, ihn dabei zu stören. Wie viel leichter wäre es für ihn gewesen, diesen Teil von sich ganz offen am Leben zu beteiligen. Später, als etablierter Künstler mit viel Anerkennung, wurde er gelassener. Sein Spott gegenüber den Mitspießern ließ nach, und seine Seele dehnte sich aus und ließ auch Gemütlichkeit zu. Er erlebte, dass »gemütlich« nichts mit »spießig« zu tun haben muss, selbst wenn »spießig« oft »gemütlich« ist. Spießigkeit kann also das Geschenk der Gemütlichkeit vermitteln.

Machen Sie sich jetzt auch einmal bewusst, welche generellen Themen und Personen- oder Berufsgruppen bei Ihnen Aggression oder Ablehnung auslösen: Warum regen Mafiabosse Sie so auf? Was stört Sie an Autoritäten und Hierarchien? Was an den Boni der Banker? Warum wollen Sie diesen und jenen Politiker an den Pranger stellen? Was haben Sie gegen Entführer und Erpresser, Terroristen und Bankräuber? Was gegen Gewalt und Unmenschlichkeit? Und so weiter.

Welches der folgenden Reizthemen spricht Sie besonders an und warum: Krieg(er), Militär(s), Atomkraft(-betreiber und -anhänger), Boulevardzeitungen, Medi-ziner bzw. -zyniker, Unternehmer, Bonzen, Bosse, Banker, Spekulanten, Politiker, Reiche, Milliardäre, Arme, Bettler, Diebe, Räuber, Betrüger, Schwindler, Mörder, Vergewaltiger, religiöse Fanatiker, Heuchler, Frauen und Kinder missbrauchende Männer, Schriftgelehrte, Beamte, Schmarotzer, Opportunisten, Wende- und Gierhälse, Clevere, Geldhaie …

Erweitern Sie diese Liste, bis sie alle enthält, die Ihnen widerstehen und widerwärtig sind, und streichen Sie, wer für Sie nicht dazupasst. Wenn Sie selbst Unternehmer sind, wollen Sie dieses Stichwort sicher streichen, Sie sollten es aber lieber unterstreichen, denn der Schatten der eigenen Profession könnte besonders wichtig und ergiebig werden (siehe auch das Kapitel »Berufswahl« ab Seite 252).

Übung

Teil 1: Lassen Sie die jeweilige Antifigur vor Ihrem inneren Auge auftauchen und all Ihre (Vor-)Urteile gegen sie aufsteigen. Dann fragen Sie sich: *Wie wäre die Welt ohne diese Menschen? Was würde ihr und mir fehlen?*

Lassen Sie dann mögliche Lichtseiten dieser Figur auftauchen. Vervollständigen Sie anschließend die rechte Spalte der Liste mit den neu erkannten Lichteffekten.

Teil 2: Stellen Sie gleich noch eine Liste Ihnen widerwärtiger Personen aus Vergangenheit und Gegenwart zusammen – Antitypen von Nero über Hitler und Stalin bis zu Josef Mengele, Freisler und Eichmann oder Charles Manson und dazu all Ihre persönlichen Reizfiguren. Spielen Sie mit ihnen dasselbe Spiel auf intellektueller Ebene in Ihrem Schattentagebuch.

Hoffentlich werden Sie nicht dasselbe Ausmaß an Scheußlichkeiten bei sich finden, aber Sie könnten sich anhand von Hitler und Stalin fragen, welcher Teil von Ihnen für die Durchsetzung einer Ideologie wie weit gehen würde. Eine Gestalt wie Nero könnte Ihnen helfen herauszufinden, wie weit Sie für einen Egotrip gingen. Am Beispiel Josef Mengele, Naziarzt und Massenmörder, ließe sich wahrnehmen, wie extrem ein Teil von Ihnen auf Forschung und Wissenschaft setzt. An Roland Freisler, dem Nazirichter, könnte Ihnen klar werden, wie weit ein Anteil von Ihnen über Leichen gehen würde, um ein System zu stützen. Und Adolf Eichmann, Buchhalter des Holocaust, kann Ihnen bewusst machen, wie weit Organisation und Bürokratie Sie (ver-)führen könnten. An Charles Manson ließe sich ermessen, wohin Sektenwahnsinn Sie im Extremfall treiben würde. Namentlich und international bekannte weibliche Monster sind übrigens selten.

Aussöhnung auch mit dem dunkelsten Schatten

Sicher ist die Liste der negativen Eigenschaften, die Sie Ihrem Schattentagebuch anvertraut haben, bereits angewachsen. Hier eine weitere Anregung für die Auseinandersetzung mit dunkelsten Schattenanteilen.

Übung: Überlegen Sie, welche Eigenschaften auf Sie zutreffen: *egoistisch, egozentrisch, betrügerisch, lügnerisch, ordinär, zickig, hässlich, teuflisch, schamlos, belastet, oberflächlich, kalt, unehrlich, feige, gefühllos, dumm, ekelhaft, masochistisch, sadistisch, nachtragend, scheinheilig, besserwisserisch, streitsüchtig, verschlagen, herablassend, eifersüchtig, habsüchtig, starrsinnig, jähzornig, boshaft, nutzlos, hinterhältig, fett, grausam, schadenfroh, schmutzig, diebisch, krank ...*

Ergänzen Sie diese Liste beliebig, und streichen Sie, was für Sie unpassend ist. Je stärker Sie auf eines der Eigenschaftswörter und der mit ihm verbundenen Reizthemen reagieren, desto sicherer gehört es zu Ihrem dunkelsten Schatten.

Am Beispiel von *mörderisch,* das eine Maximalherausforderung für die meisten darstellen dürfte, wollen wir durchspielen, wie Sie sogar mit schrecklichsten Schatteneigenschaften umgehen und sie umpolen können. Normale Standardfragen, die Ihnen bei den anderen Qualitäten helfen könnten und die Sie durchaus anwenden sollten – zum Beispiel: *Wann verhalte ich mich heute so? Habe ich mich früher jemals so verhalten?* –, werden hier hoffentlich nicht weiterhelfen. Dafür können folgende Fragen, die um mögliche (Zukunfts-)Szenarien kreisen, die Tore zum eigenen Schattenreich öffnen: *Könnte ich mich jemals so ver-*

halten und unter welchen Umständen? und *Was müsste passieren, damit ich ...*

Also: *Bevor jemand mein Kind ermordet, könnte ich ihn wahrscheinlich umbringen ...* Oder: *Auch aus Notwehr könnte ich wahrscheinlich töten ...*

Mit solchen Erkenntnissen beginnt die Integration selbst finsterster Eigenschaften. Sie anzunehmen ist notwendig, denn solange wir das nicht schaffen, beschert uns das Resonanzgesetz Kontakt zu Menschen, die diese Eigenschaft repräsentieren, und zwar umso drastischer, je verdrängter die Eigenschaft bei uns selbst ist.

Aussöhnungsritual: Finden Sie einen Freund oder eine Freundin, der oder die ihnen die Eigenschaften dieser und auch anderer Negativlisten ins Gesicht sagt. Wählen Sie für dieses Ritual vor allem jene Eigenschaften, die Sie im Verdacht haben, sie könnten für Sie schwierig anzunehmen sein.
Die Person, mit der Sie diese Übung machen, sollte eine Maske tragen, die das Gesicht verbirgt. Dies ist nicht nur deshalb empfehlenswert, weil es um die Bearbeitung Ihrer Persona, Ihres eigenen Maskenrepertoires, geht, sondern weil der andere damit leichter in eine unpersönliche, anonyme Situation gelangt. Wenn der andere Ihnen die Schatteneigenschaften durch die Maske ins Gesicht sagt, fühlen Sie sich zwar berührt, aber es ist genügend Distanz gewahrt, denn er meint es ja nicht persönlich. Er sagt also ganz direkt: »Du bist verlogen.« Und er lässt dieses Wort so lange wirken und wiederholt es, bis Sie mit Ja antworten können, weil aus der Tiefe Ihrer Seele ein Ja aufsteigt. Wo das länger nicht der Fall ist, wiederholt er einfach den Vorwurf, bis Sie so weit sind. Manchmal müssen Sie wahrscheinlich auch eine Qualität später nochmals ansetzen.

Nachdem Ihr Gegenüber Sie mit der bestimmten Eigenschaft konfrontiert hat, etwa mit: »Du bist besserwisserisch«, lassen Sie diese in sich wirken und wiederholen dann sehr bewusst, aber innerlich: »Ja, ich bin besserwisserisch. Ich kann das jetzt erkennen.« Wiederholen Sie diese beiden Sätze immer wieder innerlich, bis Sie spüren, dass sie stimmen. Dann sagen Sie laut: »Ja«, und Sie wiederholen sie nochmals laut und fügen noch an: »Ich kann jetzt annehmen, dass ich besserwisserisch bin.« Wahrscheinlich fallen Ihnen jetzt sogar Situationen ein, in denen Sie tatsächlich besserwisserisch reagiert haben.
Als Nächstes können Sie einen Schritt zurückgehen zum Kapitel »Geschenke sammeln« (Seite 173 ff.) und meditativ das positive Geschenk aus Ihrer Besserwisserei erlösen, zum Beispiel den Wissensvorsprung, die Lust an Informationsbeschaffung oder was auch immer.
Halten Sie das Ergebnis im Schattentagebuch fest.

Natürlich bieten Ihre Listen Stoff für viele Aussöhnungsrituale dieser Art. Aber bedenken Sie, dass weniger mehr ist. Nehmen Sie sich nicht zu viel auf einmal vor. Lieber ein Thema intensiv durchgehen und es gefühlt haben, als über vieles schnell hinweghuschen.

Wenn wir dunkelsten und erschreckendsten Schatten in uns begegnen, dauert es meist eine gewisse Zeit, bis wir die darin verborgenen Geschenke wirklich freilegen können. Auch unsere Märchenheldin Tausendschönchen muss erst eine Weile mit ihrem »Biest« zusammenleben, bis sie reif zur Erlösung wird. Zwischen Erkenntnis und Wandlung wird eine Schrecksekunde liegen, über die es sich Gedanken zu machen lohnt. Miller sagt dazu in seinem Buch *Der goldene Schatten*: »Zugleich ist es sehr wichtig, dass wir uns nicht vollständig mit irgendeiner dieser negativen, ja manchmal sogar bösen Dimensionen identifizieren, die in unser Bewusstsein treten. Sich mit dem Schatten zu identifizieren und ihn auszuagieren ist potenziell destruktiv. Ein solches Verhalten ist etwas ganz anderes, als eine Einsicht in den eigenen Schatten zu erleben und dabei der Versuchung zu widerstehen, diesen Zug auszuleben. Wir leben mit einer Spannung zwischen der alten Persönlichkeit und dem neu entdeckten Gegenteil, bis wir das neue Element in unsere bewusste Persönlichkeit integriert haben. Wir müssen die Last dieses dunklen, neuen Elementes so lange tragen, bis wir eine Möglichkeit finden, es kreativ und positiv zu verwenden und in unser bewusstes Selbst einzubauen.«[32]

Es geht also keineswegs darum, die dunklen Seiten und Züge in dunkle Taten und Aktionen umzusetzen, sondern im Bewusstsein ihrer Existenz weiterzuleben und diese Spannung zwischen dem bisherigen ausschließlich lichten Selbstbild und dem jetzt hinzugekommenen dunkleren Bild auszuhalten. Sofort wird sich eine spürbare Milde gegenüber jenen einstellen, die ähnliche dunkle Seiten zeigen. Es wird die Lust an deren Verurteilung reduzieren oder unser Urteil versachlichen. Allein schon dieses Gefühl wird sich gut und ebenso lebens- wie liebenswert anfühlen.

Aber der entscheidende Schritt kommt erst, wenn wir die wertfreie Energie im eigenen dunklen Schattenaspekt erkennen. Vergewaltigung oder Missbrauch sind schreckliche Schattenaspekte. Es ist als Täter schwer, darin die reine Energie der Aggression zu sehen. Wer den Vergewaltiger in sich entdeckt, wird schockiert sein, und der Schock mag nachhaltig wirken. Aber es

32 Miller: *Der goldene Schatten*, a. a. O., S. 99 f.

ist möglich, darüber seine eigene Kraft, seinen Mut und seine Entscheidungsfähigkeit zu finden. Dieser Schritt macht die eigene Tat weder ungeschehen noch weniger schrecklich und darf keinesfalls dazu führen, derlei Verbrechen zu wiederholen oder auch nur generell zu tolerieren. Die bewusste oder unbewusste Selbstverurteilung kann aber in die Akzeptanz dieses düsteren Schattens übergehen, und daraus ergibt sich der Zugang zu der hier blockierten Energie. Das Geschehen ist jetzt nicht mehr zu ändern. Damit es sich keinesfalls mehr wiederholt, ist dieser Schritt in die Akzeptanz für den Täter überaus wichtig. Genügend schreckliche Beispiele belegen, dass noch so drakonische Strafen nicht vor Wiederholungen von Verbrechen schützen. Anerkennen und Akzeptieren schützen dagegen davor und führen zu einem Gesinnungswandel, was die Alten Metanoia nannten, tiefste Reue.

Radium kann Krebs auslösen; man kann damit aber auch Krebsgeschwüre behandeln. Radium ist deshalb in all seinen Möglichkeiten zu sehen, um ihm wirklich gerecht zu werden. Salz würzt die Suppe, in Unmengen wird es aber gefährlich. Mit einem Messer kann man Brot schneiden oder töten. An Gift kann man sterben und damit auch Krankheitsbilder heilen. Es ist die verwandelnde reine Energie der Substanz zu sehen im Sinne von Paracelsus' Wort, dass die Dosis das Gift macht.

Sie entscheiden selbst, wie viel Zeit Ihnen Ihr Schatten und in der Folge Ihre Selbstverwirklichung wert sind. Garantieren kann ich, dass alles, was anfangs unangenehm erscheint, mit der Zeit sogar Spaß machen wird. In dem Maß, wie der Gewinn an Energie und Lebenslust deutlich wird, erhöht sich die Lebensfreude.

Langfristig ist diese therapeutische Schattenreise sogar ein großangelegtes Programm zur Zeitgewinnung. Nichts ist für so viele Fehlzeiten zuständig wie Schatten – nicht nur in Form echter Ausfälle infolge von Krankheit und Tod, sondern auch wegen all der kleinen Fehlzeiten durch Tagträume, Grübeln und Hängenbleiben an ungelöster und unerlöster Vergangenheit mit all ihren unerledigten und unverarbeiteten Geschäften.

Die Erwähnung des Todes mag in diesem Zusammenhang erschrecken und übertrieben wirken, aber nach über dreißig Arztjahren in spirituellem Umfeld bin ich mir sicher, dass übermächtiger Schatten häufig auch den Tod heraufbeschwört. Ein Leben kommt zum Ende, wenn seine Möglichkeiten ausgeschöpft sind und es seinen Sinn erfüllt hat. Menschen sterben in Frieden, wenn sie gelernt haben, was in dieser Inkarnation für sie zu lernen war. Sie sterben im Stress, wenn sie nicht einmal merken, wie sie längst aufgehört haben zu lernen, und ihr Leben daher keinen Sinn mehr macht. Moderne Menschen klammern sich besonders vehement auch im hohen Alter weiter an das Leben, weil sie einerseits hoffen, doch noch etwas lernen und mitnehmen zu können, und weil sie andererseits keine Ahnung haben, was danach kommt. Beides macht verständlicherweise Angst.

Film-Meditation: Sehen Sie sich *Hinter dem Horizont* an. Bleiben Sie mit der Abspannmusik in Trance, und schließen Sie nur die äußeren Augen, um auf die entsprechende, momentan für Sie anstehende Bilderreise zu gehen.
Halten Sie Ihre Eindrücke wieder im Schattentagebuch fest.

Jede Stunde, die in Schattenarbeit fließt, ist daher ideal investiert. Je rechtzeitiger im Leben die Schattenarbeit erfolgt, desto besser für uns, aber auch für unsere Umwelt und die ganze Welt und sogar für das Leben nach dem Tod, wenn wir in den Kreis unserer inneren Bilder, der hellen wie der dunklen, eintreten. Das ist der eigentliche Hintergrund der christlichen Fegefeuermythen. Hervorragend dargestellt und ganz in Übereinstimmung mit langjährigen Reinkarnationstherapie-Erfahrungen ist diese Nachtodsituation in dem Film *Hinter dem Horizont* (*What Dreams May Come* mit Robin Williams in der Hauptrolle) dargestellt.

Innerer Reichtum und die Vielfalt des Lebens

Der lichte Schatten, das Lichtpotenzial

Nachhaltige Arbeit mit dem dunkelsten Schatten braucht als Gegengewicht die Hinwendung zu unserer unbewussten lichten Seite. Beide ergänzen sich im Übrigen perfekt und spiegeln sich wider. Nehmen Sie sich die Zeit, auch Ihre Positivliste immer wieder zu ergänzen. Natürlich kann als Anregung dazu die Negativliste dienen. Welche der folgenden guten Seiten sind Ihnen bereits in den Sinn gekommen: schön, erfolgreich, elegant, beschwingt, hilfsbereit, frei, schwebend leicht, kreativ, spontan, ehrenvoll, ehrlich, mutig, visionär, stark, energetisch, kraftvoll, spirituell, sensibel, feinfühlig, mitfühlend, erhebend, liebevoll, liebend, begeisternd, himmlisch, engelhaft, erleuchtend ...

Auch die Liste der Persönlichkeiten aus Vergangenheit und Gegenwart mit den von Ihnen verehrten positiven Eigenschaften wird hoffentlich schon etliche Einträge aufweisen, zum Beispiel: Mutter Teresa, Albert Schweitzer, Nelson Mandela, Florence Nightingale, John Lennon, George Clooney ...

Hinzu kommen noch all Ihre persönlichen Helden und Heldinnen, die Ihre Seele berührt haben und die Ihre Seele erkannt hat. Für mich sind es zum Beispiel Schwester Alberta, Hermana Maria, meine Tochter Naomi ...

Übung: Gehen Sie mit den Helden und Heldinnen genauso um wie mit den Antitypen (siehe Seite 178), und finden Sie Ihren persönlichen Bezug zu ihnen heraus und wie das, was Sie an ihnen bewundern, in Ihnen wachsen will – wo, an welcher Stelle Ihres Lebens und wann, in welcher Zeit, und natürlich wie und in welchem Ausmaß.
Trauen Sie sich zu, immer wieder einmal eine weitere Lichtgestalt in Ihrem Schattentagebuch zu bearbeiten und in ihren bewunderten Eigenschaften zu integrieren.

In der Natur erscheint der konkrete Schatten umso dunkler, je heller das Licht ist, das ihn wirft. Gilt das auch für Menschen? Je positiver oder »heiliger« ein Mensch, desto negativer oder unheiliger sein Schatten?

Wir wissen, dass der heilige Paulus, der politische Propagandist des Christentums, zuvor als Saulus der berüchtigtste Christenschlächter war. Seine Wandlung vom Saulus zum Paulus ist sprichwörtlich. Auch in seinem Leben als Apostel berichtet Paulus weiter von Schattenerfahrungen: »Denn ich begreife mein Handeln nicht: Ich tue nicht das, was ich will, sondern das, was ich hasse«, bekannte er im Brief an die Römer (Röm 7,15). Dass der Playboy Francesco sich zum heiligen Franz von Assisi wandelte, die schöne Maria Magdalena von der Hure zur Heiligen und Augustinus vom redegewandten Opportunisten zum Vermittler der Heilslehre wurde, ist bekannt. Aber sind wir bereit, auch das Prinzip dahinter anzuerkennen: Je heller das Licht, desto dunkler der Schatten, je lichter eine Gestalt, desto dunkler ihr Schatten.

Und auch die Umkehrung gilt: Je finsterer der Schatten, desto größer ist das Lichtpotenzial. Hier liegt der Grund, warum aus heißer Liebe oft kalter Hass wird. So etwas kann, muss aber nicht geschehen. Wenn die Betroffenen ein Auge auf ihren Schatten haben und ihn ins Leben integrieren, kann er ihre Liebe sogar noch fördern, weil er beider Leben reicher und vollständiger macht. Es geht um Erkenntnis, Wandlung und Metanoia, den wahren Gesinnungswandel. »Verbessere nicht das Schlechte. Stärke das Gute«, heißt es bei Gitta Mallasz.[33]

Was den Schatten angeht, müssen wir uns deshalb vor einem US-Präsidenten Obama mehr vorsehen als vor seinem Vorgänger Bush. Obama macht Mut (»*Yes, we can*«), verkündet das Gute und den Wandel (»*Change*«) dorthin. Wir lieben das, und so wurde er sofort vorab mit dem Friedensnobelpreis belohnt – aber er muss ihn sich erst noch verdienen. Eine Gefahr ist, dass auch bei ihm der Schatten zuschlägt und er zum Beispiel Kriege für das Gute anzettelt. Aber vielleicht hilft ihm das Schicksal weiter. Kaum hatte er – im Widerspruch zu seinem Wahlkampf – vor US-Küsten Ölbohrungen erlaubt, relativierte eine der größten Öl-Katastrophen der US-Geschichte diese Entscheidung wieder.

Der Schatten seines Vorgängers George W. Bush war für die meisten leicht zu durchschauen. Bush lebte seine dunkle Schattenseiten direkt und kaum verhüllt aus, indem er Kriege unter falschem Vorwand anzettelte und Bürgerrechte aushöhlte. Natürlich kleidete auch er derlei in ein Lichtgewand und propagierte es als Kreuzzug gegen das Böse. Aber darauf fielen wirklich nur sehr Naive herein, ähnlich wie den auf der anderen Seite kämpfenden radikalen Muslimen kaum jemand ihren »heiligen Krieg« abnimmt.

Bush fehlte Bewusstheit in einem für einen Mann seiner Verantwortung schrecklichen Ausmaß: Bis zum Schluss stand er fassungslos vor der Polarität und konnte seine eigene Schatten-

---

33 Mallasz: *Die Antwort der Engel*, a. a. O., S. 139.

seite nicht fassen. Zu keiner Zeit verstand er, warum er als der US-Präsident in die Geschichte eingehen wird, der durch sein Tun den Terrorismus vervielfacht und über die Welt verbreitet hat. Nicht einmal die Realität der Zahlen und Fakten störte ihn in seiner Wahrnehmungsillusion. Hier zeigt sich eine der großen Gefahren konsequenter Schattenverdrängung: der Wahn. William Miller schreibt: »Es ist bedrückend zu sehen, dass gerade die Menschen, die ihr Schattenpotenzial am stärksten ableugnen, auch diejenigen sind, die am wahrscheinlichsten von ihm überwältigt werden.«[34] Von Bush konnte und musste man derlei erwarten. Von Obama aber erwarten alle das Gute, und die Gefahr ist, dass sich aus seinem (unbewussten) Schatten böse Überraschungen ergeben. Die Hoffnung aber bleibt, dass er ein bewusster Mensch ist, der seine Schattenseite durchaus sieht und in dieser Bewusstheit ihre unerlöste Manifestation vermeidet.

Schattentagebuch: *Wo bekämpfe ich eigene Probleme an anderen? Was lasse ich außer mir niemandem durchgehen? Wo messe ich mit zweierlei Maß? Wo bin ich verdächtig gut, demonstrativ anständig und edel? Was verbiete ich mir und anderen? Welche Menschen, speziell auch historischen Gestalten, erscheinen mir böse?* Bitte notieren Sie Ihre Erkenntnisse zu diesen Fragen im Schattentagebuch.

Nach solchen Erkenntnissen müssten viele sogenannte Heilige große scheinheilige Schatten haben. Bei genauerer Betrachtung ist das auch der Fall. Da es zum Thema Schatten keine Tabus geben kann – (Denk-)Tabus sind die größten Schattenfallen –, ist der Schattenanalyse nichts heilig, sondern das Heilige im Gegenteil besonders verdächtig. So lässt sich auf der Suche

34 Miller: *Der goldene Schatten*, a. a. O., S. 24.

nach dem wirklich Heil(ig)en nicht einmal vor den Päpsten, den katholischen Repräsentanten Gottes auf Erden, Halt machen. Sie sind entweder wirklich heil(ig), wie es viele Gläubige von Papst Johannes XXIII. annehmen, oder besonders markante Schattenrepräsentanten. Zu denken wäre an den Moment im Leben des polnischen Papstes Johannes Paul II., als er Apotheker mit Exkommunikation bedrohte, wenn sie – im Aids-Zeitalter! – Kondome verkauften.

Wer das Böse vertreiben will und dabei sein Ego nährt, dürfte auf keinem guten Weg sein und der Erlösung nicht näher kommen. Wer aber sein beschränktes Ego auf dem Weg zum Heil zunehmend in Richtung Schatten erweitert und immer mehr von sich und der Welt integriert, statt auszuschließen, reduziert seinen Schatten und nähert sich der Ganzheit und Selbstverwirklichung.

Spaltpersönlichkeiten

Neben dem Laden und der Theke des Lebens oder dem Haus mit zwölf Räumen, dem Schattenpalast, existiert noch ein weiteres dem Schatten sehr gut gerecht werdendes Modell. Es stammt aus der Psychosynthese, die von dem Arzt und Psychiater Robert Assagioli entwickelt worden ist, und beruht auf den Spaltpersönlichkeiten. Am bekanntesten ist wohl die literarische Verarbeitung des Themas in Robert Louis Stevensons Novelle über Dr. Jekyll und Mr. Hyde. Während Dr. Jekyll als hochanständiger Bürger tagsüber sein ehrenwertes Leben lebt, tobt Mr. Hyde nachts das genaue Gegenteil aus. In dem Film *Belle de Jour* spielt Catherine Deneuve hinreißend die Bürgersfrau Séverine, die es gerade umgekehrt macht. Während sie sich morgens, abends und nachts ihrem Ehemann verweigert, ist sie nachmittags die aufreizende Femme fatale für die besonderen Wünsche von Männern, die tagsüber ihre sexuellen Schatten für Geld tanzen lassen. Sie fordern Dinge von der Schönen des Tages, die sie ihren gutbürgerlichen Frauen niemals zumuten könnten. Die Schöne aber erfüllt sie ihnen so hingebungsvoll, weil sie es für sich, genauer: für eine ihrer Spaltpersönlichkeiten, tut.

Sowohl Dr. Jekyll als auch Séverine bieten ihrer Schattenseite, die sich kaum in das bürgerliche (Spießer-)Leben integrieren lässt, tagsüber beziehungsweise nachts Ventile und halten so ihr Leben – zumindest für einige Zeit – in Balance. Lebten sie diese Möglichkeiten nicht und könnten sie ihre dunklen Energien nicht freilassen, würden sie es im anderen hellen Pol nur schwer aushalten. Die ungelebten, aufgestauten Energien würden sie unter Druck bringen. Das mag andeuten, wie es denjenigen in ihren anständigen Leben geht, die nicht über solche Ventile verfügen, wohl aber entsprechende Bedürfnisse in sich haben.

In Wahrheit besitzen wir alle entsprechende Überdruckventile, nur sind wir uns ihrer meist nicht bewusst:

- In den Träumen der Nacht und besonders in den dunklen Angst- und Horrorträumen, den sogenannten Albträumen, entladen sich entsprechende Energien. Jeder Albtraum ist ein Stück Schattentherapie, ob wir uns dessen bewusst sind oder nicht. Insofern könnten wir dankbar für sie sein.
- Auch unsere Fehlleistungen sind Schattenäußerungen, die uns auf die dunklen Energien in unserer seelischen Tiefe aufmerksam machen können. Ihnen ist demnach ebenfalls Dank geschuldet.
- Krankheits- und andere Symptome tun das ihrige, um unseren verdrängten dunklen Seiten Ausdruck zu verschaffen. Wir müssten nur im Sinne von Krankheit als Symbol auf sie zugehen und horchen lernen.

- Was uns an unserem Körper nicht gefällt, könnte uns sehr leicht darauf aufmerksam machen, wo wir hängen und Wachstumsbedarf haben.[35]
- Bei Unfällen und allen möglichen Problemen von der Partnerschaft bis zum Beruf fordert die Schattenenergie ebenfalls Auftrittsmöglichkeiten auf der Bühne unseres Lebens.

Die Frage ist, ob wir diesen Versuchen Beachtung schenken oder ob wir sie zurück in die Versenkung drücken. Falls wir Letzteres tun, bieten wir dem geneigten Publikum unseres Lebens weiter unser gewinnendes Lächeln – in der Hoffnung, es möge glauben, was wir es glauben machen wollen, dass wir nämlich wirklich sind, was es sieht. Dies kann aber immer nur eine gewisse Zeit gut gehen – so lange, bis die sich stauende Schattenenergie so sehr anwächst, dass sie einen weiteren und weniger leicht übersehbaren Ausbruch hervorbringt.

Wir können die Welt mit ihren Herausforderungen grundsätzlich als Lehrmeisterin oder als Feindin betrachten. Das Endergebnis beider Varianten ist völlig verschieden. Wer »Frau Welt« mit ihren dunklen Aspekten als Lehrerin akzeptiert, wird zum Schluss belehrt und gelehrt, vielleicht sogar weise sein. Vielleicht ist er nicht gut, aber sicher ziemlich ganz. Wer sie als Feindin betrachtet, ist zum Schluss von Feinden umzingelt. Möglicherweise fühlt er sich als guter Mensch, aber er wird unheil sein und mit einem übermächtigen und bedrohlichen Schatten und dessen entsprechender Resonanz Unheil bringen. Nach dem Gesetz der Anziehung bekommen wir, womit wir in Resonanz sind. Immerhin haben wir diesbezüglich die Wahl.

Ein weiterer entscheidender Punkt ist, ob wir uns als Opfer sehen oder erkennen, wie wir uns aus unserer inneren Struktur

35 Siehe dazu *Der Körper als Spiegel der Seele* (Literaturverzeichnis).

heraus in Resonanz zu den jeweiligen Ereignissen gebracht haben. Das ist auch der Unterschied zwischen dem unreifen Erleben des Kindes, das ausgeliefert ist, und dem entwickelten des reifen Erwachsenen, der seine Verantwortung begreift und bewusst annimmt. Die Resonanzthematik können wir uns nicht oft und tief genug zu Gemüte führen.[36]

Letztlich ist es immer Energieverschwendung, wenn wir nach Ursachen forschen, warum ein Ereignis in unserem Leben nicht in unsere Verantwortung fallen sollte. Die primitivere Variante ist, Schuld bei irgendwem anders außer sich selbst zu suchen. Grundsätzlich empfehlenswert ist, das Wort Schuld durch Verantwortung zu ersetzen und diese immer bei sich selbst zu suchen und vor allem auch zu finden. Wer Schuld sucht, wird sie natürlich auch finden und zum Schluss in großem Ausmaß haben. Wer Verantwortung sucht und den Segen in ihr, wird beides finden und zum Schluss gesegnet und dankbar sein und verantwortungsvolle Positionen innehaben. »Wer suchet, der findet«, weiß die Bibel. Nach dem Resonanzgesetz finden wir, was wir suchen. Wir haben die Wahl! Das folgende Gedicht *Autobiographie in fünf Kapiteln*[37] hebt obendrein den Wert der Geduld auf dem Weg der Schattenintegration hervor:

1.
Ich gehe die Straße entlang.
Da ist ein tiefes Loch im Gehsteig.
Ich falle hinein.
Ich bin verloren … Ich bin ohne Hoffnung.
Es ist nicht meine Schuld.
Es dauert endlos, wieder herauszukommen.

---

36 Siehe dazu auch *Die Schicksalsgesetze* (Literaturverzeichnis).

37 Portia Nelson, zitiert in: Sogyal Rinpoche: *Das tibetische Buch vom Leben und Sterben*. Fischer TB, Frankfurt, 4. Aufl. 2006, S. 53 f.

2.
Ich gehe dieselbe Straße entlang.
Da ist ein tiefes Loch im Gehsteig.
Ich tue so, als sähe ich es nicht.
Ich falle wieder hinein.
Ich kann nicht glauben, schon wieder am gleichen Ort zu sein.
Aber es ist nicht meine Schuld.
Immer noch dauert es sehr lange, herauszukommen.

3.
Ich gehe dieselbe Straße entlang.
Da ist ein tiefes Loch im Gehsteig.
Ich sehe es.
Ich falle immer noch hinein ... aus Gewohnheit.
Meine Augen sind offen.
Ich weiß, wo ich bin.
Es ist meine eigene Schuld.
Ich komme sofort heraus.

4.
Ich gehe dieselbe Straße entlang.
Da ist ein tiefes Loch im Gehsteig.
Ich gehe darum herum.

5.
Ich gehe eine andere Straße.

Letztlich zeigt sich in allem, was uns daran hindert, gesund und glücklich, zufrieden und in uns ruhend das Leben zu genießen, Schatten. Wenn unser Leben also nicht wundervoll ist, muss Schatten im Spiel und die Ursache sein. Das Schattenkabinett der Spaltpersönlichkeiten ist eine besonders reizvolle Ebene, mit den eigenen Schattenseiten in Kontakt zu kommen. Manchmal können diese Subpersönlichkeiten so mächtig werden, dass sie psychiatrische Relevanz erlangen. Aber auch wo das (noch) nicht der Fall ist, sind sie im Spiel und mischen gar nicht unerheblich mit. Meist spalten sie sich nicht gänzlich ab, sondern fungieren eher als Persönlichkeitsanteile. Sie sind, wie bereits auf Seite 124 geschildert, im Laufe von Kindheit, Jugend und späterem Leben aufgrund der in unserem Umfeld herrschenden Wertungen und Überzeugungen ausgegrenzt worden. Jetzt bekommen sie hin und wieder – meist unbewusst – etwas Raum, in den sie ihre Energien entladen. Sie zeigen ein Verhalten, das unsere Person(a) inakzeptabel findet, deshalb drängen wir sie an den Rand unseres Lebens und räumen ihnen nur selten und unabsichtlich ein mehr oder weniger kleines Zeitfenster ein, das uns obendrein meist höchst peinlich ist.

Wenn diese Persönlichkeitsanteile allerdings durch sehr lange Unterdrückungszeiten zu viel Energie erhalten und gebunkert haben und es viel zu bunt treiben wollen, setzen wir sie manchmal ganz vor die Tür und spalten sie wirklich ab. Dann spüren wir selbst keinen Bezug mehr zu ihrem Verhalten wie im Beispiel von Dr. Jekyll und Mr. Hyde. Die beiden archetypischen Geschichten von *Belle de Jour*, der Schönen des Tages, und Mr. Hyde, dem Schrecken der Nacht, könnten uns anregen, auf die Suche nach eigenen persönlichen Spaltpilzen zu gehen.

Film-Meditation: Je nachdem, ob Sie einen größeren Bezug zu abgespaltenen Anteilen aus dem sexuellen oder zu solchen aus dem Aggressionsbereich spüren, sehen Sie sich den Film *Belle de Jour* oder eine der Verfilmungen von *Dr. Jekyll und Mr. Hyde* bewusst und als Therapiesitzung an. Schließen Sie danach zur Abspannmusik die Augen, und lassen Sie Ihre eigenen Assoziationen zum Thema aufsteigen. Vertrauen Sie sie anschließend Ihrem Schattentagebuch an. Wiederholen Sie das am nächsten Tag mit dem Film ihrer zweiten Wahl.

Eine bunte innere Familie

Um Sie noch weiter dazu anzuregen, eigene abgespaltene Persönlichkeitsanteile oder Subpersönlichkeiten ins Auge zu fassen, bevor sie zu Spaltpilzen in Ihrem Leben heranwachsen, möchte ich Ihnen von meinen persönlichen »Untermietern« erzählen:

Zu nennen wäre an erster Stelle der *gierige Rüdi,* der schon als Kind auf die Aufforderung, seiner Schwester etwas von der Schokolade abzugeben, mit dem Satz zitiert wird: »Selbst essen macht Spaß.« Noch heute hat Rüdi größte Mühe, nicht so zu schlingen, sondern langsam zu essen. Das Schicksal hatte ein Einsehen, sandte ihm eine Ziehtochter, die so langsam isst, dass man dabei einschlafen könnte. Inzwischen muss er sogar Bücher zu dem Thema schreiben. Und natürlich lernt auch er am besten, was er – als Fastenarzt – gerade lehrt. Aber der gierige Rüdi sitzt immer noch mit am Tisch. Alle möglichen Schliche vom Gar-nicht-mehr-Essen der Lichtnahrung bis zum Fastenaufbau-Lehrer hat er geduldig ausgesessen. Er kann inzwischen wie eine Schlange tagelang Ruhe geben und schlägt dann aber, wenn niemand mehr mit ihm rechnet, an einem lächerlichen Buffet gnadenlos zu.

Dem gierigen Rüdi dankt der Arzt in mir den Bezug zur Ernährungslehre und die Tendenz, alle Arten des Fastens und von Diäten am eigenen Leib zu erkunden. Ohne ihn hätte ich nicht alle möglichen Schliche der Ernährungslehre ausprobiert und mich nicht bis in die Biochemie schlaugemacht. Über dreißig Jahre Fastenseminare gehen auf sein Konto, und so hat der kleine Gierhals indirekt auch vielen schon sehr geholfen. Mir selbst hat er zu der einzigen zu mir passenden Figur verholfen, und natürlich hat er uns im Duett auch schon einiges verdienen lassen.

Professor Besserwisser, auch als *Dr. Allwissend* bekannt, wohnt gleich um die Ecke und hat ebenfalls seine peinlichen Seiten. Da sie aber hinlänglich bekannt sind, gehe ich hier nur auf die Geschenke ein, die mir diese Subpersönlichkeit einbringt. Abgespalten hat sie sich ja nicht, sondern dem Rest meist ganz passabel untergeordnet. Seinem Spaß, alles besser und genauer zu wissen, verdanken wir als Gesamtsystem eine Menge Informationen und Hintergrundwissen, das wir schon oft gut gebrauchen konnten. Beim Bücherschreiben und Seminarhalten ist der Professor immer mit dabei und öfter hilfreich. Dass er in seiner altklugen Art und nicht selten mit Informationsvorsprung manche Lehrer und einen Stiefvater in die Weißglut getrieben hat, ist nicht mehr zu ändern, insofern akzeptiert und toleriert.

Der *Playboy Roger* kam gern auch im Winter braungebrannt in die Schule zurück, der er wegen »Unpässlichkeit« ferngeblieben war. Es passte für ihn oft nicht so recht in der Schule. Provokativ schmierte er sich noch Labiosan auf die Lippen, jene Gletscher-Schutzsalbe, die im Klassenzimmer nur die eine Funktion hatte, im Verein mit der Gesichtsbräune klarzumachen, wo er die vergangenen Tage verbracht hatte. Er spielte gern mit den Nerven der Lehrer und unterhielt die Mitschüler mit Ideen und kleinen

Streichen, weil ihn die Schule so langweilte. Als er sich – recht spät – für Mädchen zu interessieren begann, wurde es wenigstens für die Lehrer einfacher.

Er hat uns natürlich das innere Kind – wie nebenbei – am Leben erhalten. Seine Schlamperei versucht er als Spieltrieb zu verkaufen. Aber immerhin hat er früh gelernt, andere zu unterhalten. Seinem ausgeprägten Spiel- und Maltrieb sind die Idee der Mandala-Malbücher und viele Spiele in vielen Seminaren zu verdanken. Kurse wie »Sinne, Sinn und Sinnlichkeit« hat er entscheidend inspiriert und meine eigene sinnlich-erotische Befreiung in die Wege geleitet. Er hat schon früh die richtige Lehrerin gefunden, die uns in mancher Hinsicht auf die Sprünge geholfen hat, von so vielen Fantasiegestalten ganz zu schweigen, die für uns hilfreich waren. Seine blühende Fantasie mag für unsere gemeinsame Mutter oft nicht ganz leicht gewesen sein, aber sie hat später dazu beigetragen, so vieles mit links, locker und leicht zu machen.

Ein Buch wie *Schwebend die Leichtigkeit des Seins genießen* verdankt ihm sein Leben. Sicher auch die Idee, in diesem Buch über Witze und Humor Schatten aufzuspüren. Natürlich hat weder das Buch von der Leichtigkeit eine Massenbasis gefunden, noch wird die Mehrheit den Schatten mittels Witzen jagen. In unseren Landen plagt und quält man sich viel zu gern, aber einigen hat er doch einigen Spaß und viel Genuss geschenkt. Und warum, meinte Jacques Brel, solle man die Wahrheit so mühsam im Kaffeesatz suchen, wo sie doch im Wein so viel angenehmer und bequemer zu finden sei.

Das trampelnde *Rhino-Rüdi* ist eine noch immer wenig geliebte Subpersönlichkeit, die sich auf laute Art Beachtung verschafft und eigentlich nach so vielen Bestsellern, Erfolgen und Bühnenauftritten längst leisertreten sollte. Aber neben den allfälligen Störungen, die von ihr ausgehen, hat sie auch Geschenke gebracht und einiges zur Durchsetzung beigetragen und vieles auf dem Gegenpol ausgelöst: an »Leisetreterei« bei Mantren- und Zen-Meditation und Kin-Hin, dem bewussten, achtsamen Gehen des Buddhismus. Letzteres ist eine Übung speziell entwickelt für Rhino-Rüdi.

Den *paranoiden Rüdi* will ich Ihnen als Beispiel einer späten Entwicklung von blindem Passagier nicht vorenthalten. Bis Mitte dreißig war ich eher sorglos, was Diebstahl anging, und schloss Türen nicht ab. Dann wurde mir bei einem Opferritual in Nepal die Brieftasche mit allen Unterlagen gestohlen. Das interpretierte ich noch ganz esoterisch als Aufforderung, freiwillig mehr zu geben, und blieb sorglos. Als mir dann eines nachts in Poona buchstäblich alles bis auf das Moskitonetz gestohlen wurde, radelte ich – ohne Brille – ziemlich verunsichert und mit Moskitonetz als Lendenschurz zur morgendlichen Dynamischen Meditation. Dabei spürte ich im Bauch schon eine mir neue und mich ziemlich verblüffende Wut auf diebische Inder. Als dann aber mit Mitte fünfzig am helllichten Tag in der Augsburger Innenstadt vor einem Bischofspalais das Fenster meines Autos eingeschlagen wurde und vieles, vor allem aber der Laptop mit einem halben, ungesicherten Buchmanuskript und vielen unveröffentlichten Artikeln verschwand, kam die Geburtsstunde des paranoiden Rüdi. Bis dato war ich Anhänger von Epiktet, der als Stoiker sagt, dass alles Verlorene und Gestohlene als zurückgegeben zu betrachten sei. Aber schlagartig war nun meine stoische Ruhe dahin, und ich entwickelte eine Art Sicherheitswahn bezüglich des Laptops.

So spät im Leben entstehende Subpersönlichkeiten und Schattenaspekte sind sich natürlich der Beobachtung sicher und daher leichter zu bearbeiten. Die Geschenke dieses lästigen Untermieters sind Fortschritte in der Datensicherung, Mitgefühl mit den Versicherungs- und Rückversicherungsspezialisten des bürgerlichen Lagers, über die ich mich seither viel weniger lustig mache.

Und das ist erst eine kleine Kostprobe meiner seelischen Untermieter. Es gäbe noch *Dr. med. Motz Hurtig* zu erwähnen und den *Giftzwerg*, den meine Patienten alle kennen, denn er legt den Finger in jede Wunde, und im Hinblick auf den ein Mitarbeiter sagte: »Wir machen nicht Therapie, wir sind Therapie.«

Natürlich ist es wieder so, dass die unangenehmsten dieser Untermieter die wichtigsten sind. Die Integration ihrer Botschaften und Eigenschaften ist am wesentlichsten. Psychotherapie auf der Ebene der inneren Seelenbilder mit den eigenen Untermietern ist eine gute Möglichkeit, eigene Schatten kennen- und annehmen zu lernen. Die blinden Passagiere sind durchaus gutwillig und sehr ehrlich, wenn sie erst einmal identifiziert sind. Sie antworten auf jede ihnen gestellte Frage im ersten aufsteigenden Gedanken. Es gilt diesen nur rechtzeitig zu erwischen. Darüber hinaus sind sie manchmal witzig und oft sehr kooperativ. Es geht ihnen nur darum, die von ihnen zum Ausdruck gebrachten Qualitäten auch weiterhin im Leben vertreten zu wissen.

Schattentagebuch: *Schreiben Sie die Geschichte Ihrer eigenen »Untermieter« in Ihr Schattentagebuch, und lassen Sie sich mutig von ihnen die Hand führen – fast im Sinne automatischen Schreibens. Machen Sie kein großes esoterisches Thema daraus, sondern fangen Sie einfach an, und schreiben Sie gleich den ersten Gedanken auf, der hereinpurzelt. Es geht nicht um Ordnung oder Lesbarkeit, Grammatik, Orthographie oder Syntax, sondern um das inhaltliche Präsent dieses Augenblicks. Die Subpersönlichkeiten sind wenig gut erzogen, wollen aber sofort mitmachen und ihren Teil Ihrer gemeinsamen Geschichte endlich zum Besten (aller) geben. Lesen Sie erst ganz zum Schluss alles durch. Sie könnten überrascht sein.*

Subpersönlichkeiten und Partnerschaft

Wenn Sie mit einem Menschen eine Partnerschaft eingehen, treffen auch Ihrer beider Subpersönlichkeiten aufeinander, was bewusst kaum zu verhindern ist. Die jeweiligen Untermieter und blinden Passagiere entwickeln ebenfalls zueinander eine Beziehung und müssen miteinander auskommen. Besonders interessant ist in einer Partnerbeziehung der Familienzirkus, der sich ergibt.

Die lichten Seiten haben in der Regel wenig Probleme miteinander, denn sie lernen sich meist schon auf der ersten Party kennen und mögen. Dort im Vorfeld werden sie noch besonders herausgekehrt und in den Mittelpunkt gestellt. Die blinden Passagiere im jeweiligen Lebensschiff werden dagegen meist lange und jedenfalls während der ersten Zeit versteckt. Sie schleichen sich erst allmählich und unaufgefordert in das gemeinsame Leben und treiben dort meist ihr Unwesen.

> **Schattentagebuch:** *Welche Subpersönlichkeiten mischen sich in unser beider Partnerschaft? Womit mischen wir uns auf? Wie verschieden sind wir und wie gleich-gültig in Bezug auf unsere Untermieter? Welche Subpersönlichkeiten meines Partners/meiner Partnerin mag ich besonders (wenig), und was sagt mir das über meinen Schatten?* Bitte notieren Sie Ihre Antworten im Schattentagebuch.

Wenn bei uns zu Hause die *Prinzessin auf der Erbse* mit dem trampelnden *Rhino-Rüdi* zusammenspielt, kennt der Charme dieses Duetts oft keine Grenzen. Wenn allerdings *Sagrotan-Rita*, die die ganze Welt hygienisch und ordnungstechnisch ver*schweiz*ern will, und der noch gar nicht erwähnte *Schmutzfinken-Rüdi*, der bei sich Unordnung und Chaos für Kreativität hält, aneinandergeraten, bleibt keine Waschmaschine trocken. Hier eröffnet sich ein weites Schattenreich, das am ehesten und sicher am besten mit Humor zu bewältigen ist.

Die ernste Ebene dazu findet sich in unserem Buch *Die Spuren der Seele. Was Hand und Fuß über uns verraten*[38]. Tatsächlich könnten wir uns eigentlich bereits, wenn wir *um eine* fremde *Hand anhalten*, fragen, um was für eine Art von Hand es sich da handelt. Unsere Hände passen durchaus nicht immer gleich gut ineinander. Auch darin lässt sich schon der Schatten einer Beziehung vorausahnen. Sogar hinterher ist es noch spannend, sich die Hände genauer zu betrachten, in die man sein Schicksal gelegt hat – und die Füße zu studieren, mit denen im Duett durchs Leben zu gehen, wahrscheinlich dann doch gar nicht so einfach war, wie es anfangs erschien, als man nur und naiv *miteinander gehen* wollte. Hier eröffnen sich einfache Ausblicke in Schattenreiche, unter Umständen noch bevor diese mit seelischer Energie übermäßig aufgeladen sind.

Audio-Meditation: Hören Sie die Meditationen 1 und 11, und starten Sie zu einer Begegnung mit Ihren und den Untermietern Ihres Partners. Treffen Sie sich auf einer Party, nehmen Sie sich einmal bewusst Zeit füreinander, und lernen Sie sich bewusst kennen.
Kommen Sie anschließend mit einem tiefen Atemzug zurück, und halten Sie Ihre Eindrücke im Schattentagebuch fest.

38 In *Die Spuren der Seele* (Literaturverzeichnis) finden Sie eine Tabelle, die Auskunft gibt, wie verschiedene Hände zusammenspielen.

Karneval der Schatten

Fasching und Karneval waren früher traditionelle Tummelplätze des Schattens und als solche sehr gesund. Teilweise sind sie es noch immer. Deshalb sind sie vielen ein Horror und einigen eine große Lust und Freude. Sie lassen sich geradezu als Zeit der Verhütung von Subpersönlichkeiten interpretieren. Wer diese fünfte Jahreszeit, wie die Rheinländer sie nennen, nutzt, um all seinen sonst nicht zum Zuge kommenden Persönlichkeitsanteilen Raum zu geben, verhindert deren Unterdrückung und Abspaltung. Hätte Séverine im Fasching ausgiebig die Kurtisane gegeben, hätte sie sich deren tagtäglichen Auftritt als Belle de Jour möglicherweise ersparen können. Wäre Dr. Jekyll im Karneval

Schattentagebuch

Teil 1: *Als was ging ich früher gern oder auch heute noch im Fasching? Welche Verkleidungen waren und sind mir auf den Leib geschneidert? Auch wenn ich mir Karneval heute nicht zugestehe oder zutraue, in welcher Verkleidung würde ich gern feiern, was wären meine Kostüme, was meine Rollen und Themen?*

Oder bin ich ein Opfer des Karnevalsschattens und nehme in festgefügten Rollen an einem institutionalisierten Faschingsritual in einer der Hochburgen teil, ohne meinen Schatten richtig herauszulassen?

Bitte halten Sie Ihre Gedanken fest.

Teil 2: *Wo findet mein Karneval statt? Auf dafür vorgesehenen Tanzflächen oder im Büro oder vielleicht sogar zu Hause? Wo könnte ich meine verschiedenen Seiten in Zukunft zum Zuge kommen lassen? Wo meine Lieblingsverkleidungen zum Einsatz bringen? Wo welche Aspekte von mir (aus-)toben lassen?*

Schreiben Sie Ihre Gedanken und Einfälle unzensiert nieder.

öfter als Unhold und Raubmörder unterwegs gewesen, hätte er vielleicht die Nächte seines Normallebens davon entlastet. Insofern sind Playboys und Playgirls, Bankräuber und Vagabunden, Zorros und Cowgirls, heldenhafte Indianer und draufgängerische Seeräuber möglicherweise in der fünften Jahreszeit viel besser aufgehoben als während der übrigen vier. Wer als Bankdirektor im Fasching den Freibeuter gibt, wird sich und seinen Kunden weniger zum Problem, als wenn er das ganze Jahr über diesbezüglich hinter den Kulissen und heimlich aktiv ist. Das fliegt – wie gerade geschehen – irgendwann auf und wird dann meist extrem übel genommen. Die offene Ansage im Karneval wird dagegen geradezu gern vernommen und die entsprechende Verkleidung gern gesehen, je wilder desto witziger. In diesem Sinne wäre die ursprüngliche Rolle des Faschings oder Karnevals mit Gewinn für die Seele wiederzuentdecken und zu nutzen.

Wer gern als Cowboy geht, hat mit seinen rauchenden Colts vordergründig offensichtlich Aggression als Schattenthema und ist hintergründig als Kuhjunge auch noch sehr mit dem kleinen, unbefriedigten Muttersöhnchen beschäftigt. Wer den Seeräuber gibt, möchte sich offenbar endlich einmal als Freibeuter einfach an Schätzen und Schätzchen nehmen, was ihm gefällt. Wenn sie als Marilyn Monroe posiert, möchte sie sicher auch einmal so im Mittelpunkt stehen und den Präsidenten vor laufenden Fernsehkameras verführen, zumindest wenn er so charismatisch ist wie JFK. Die Squaw sucht ganz bestimmt einen edlen Indianer und seinen Schutz. Diesen Beispielen folgend könnten Sie jedes Ihrer ehemaligen Kostüme mit großem Gewinn deuten.

Urlaub als Schattenventil

Im Urlaub aus der gewohnten Rolle zu fallen ist naheliegend und umso heilsamer, je fester gefügt die angestammte ist, die man die übrigen elf Monate spielt. Vor allem wer sich des Rollenspiels gar nicht bewusst ist, lebt gefährlich im Hinblick auf unerwartete bedrohliche Schattendurchbrüche. In diesem Fall wäre es viel besser, ab und zu bewusst »Ferien vom Ich« zu machen.

> **Schattentagebuch:** *Inwieweit nutze ich Urlaub schon als Ferien vom Ich? Wie könnte ich es in Zukunft tun? Wo war ich schon, wo noch nie? Wo müsste ich hin? Wo will ich ständig hin? Wohin auf keinen Fall? Was sagt mir das? Wo könnte Urlaub für mich zur Schattentherapie werden?*
> ... und vergessen Sie das Schattentagebuch dabei nicht.

Wie man sich normalerweise gibt, wird auf Dauer anstrengend, da einige Schattenaspekte im Alltagsleben sicher nicht mitspielen dürfen. Oft ist es auch besser so, da weder Anlageberater noch Friseure, weder Zahnärzte noch Schönheitschirurgen den Abenteurer in sich jederzeit freilassen sollten. Aber im Urlaub könnte jeder von ihnen ohne Bedenken diesem Teil von sich eine Chance geben.

In den Ferien ist es möglich, Rollen zu wechseln oder andere Oktaven und Obertöne bis hin zu Extremen anklingen zu lassen und zu erproben, zum Beispiel eine Nummer höher, schöner, luxuriöser, abenteuerlicher, gewagter, frecher, glamouröser, freizügiger und manchmal auch zwei bis drei. Andererseits könnte eine Nummer einfacher, bescheidener, rücksichtsvoller und demütiger ebenfalls eine verlockende Schattenerfahrung ermöglichen und zu einem Urlaub im Kloster, Ashram oder als Fastenzeit animieren.

Audio-Meditation: Hören Sie die Meditationen 1 und 12, und stellen Sie sich in aller Ruhe Ihren nächsten Traumurlaub vor.
Kommen Sie anschließend mit einem tiefen Atemzug zurück, und halten Sie Ihre Gedanken im Schattentagebuch fest.

Kollektiver Schatten

Gesundheits- oder Krankheitssystem?

Es ist bereits mehrfach die Rede vom kollektiven Schatten gewesen, der die unbewussten Themen einer Gruppe oder Gesellschaft, einer Kultur, Glaubensgemeinschaft, Institution oder eines Berufsstands umfasst. So ist der Schatten der Gesundheitsindustrie in letzter Zeit besonders deutlich geworden, und viele wurden sein Opfer. Statt Gesundheit auf den Weg zu bringen, haben sich Verantwortliche der Pharmaindustrie, aber auch Funktionäre des Gesundheitswesens und sogar Mediziner, Politiker und Journalisten als Krankmacher und Seuchenerfinder hervorgetan. Der Trick ist äußerst simpel: Tatsächlich immer vorhandene Gefahren werden ohne (echten medizinischen) Grund und Anlass zu beliebigen Zeiten hochstilisiert und als Angstmacher eingesetzt, etwa bei der sogenannten Vogel- und Schweinegrippe. Hier geben ganze Berufsgruppen sich gemeinsam für eine Schatten-Posse her, ruinieren ihr Image und liefern ein Beispiel für kollektiven Schatten.

Im Rahmen ihrer als Vorbeugung verkauften Früherkennung verbreiten viele Schulmediziner auch gnadenlos Krebsangst, um diese dann mit eigenen lukrativen Methoden wieder zu besänftigen. Wenn sie nicht vorhandene Vorstufen von Krebs und übertriebene Diagnosen nutzen, um Patienten für Operationen gefügig zu machen, tut sich der tiefste Schatten der Medizin auf.

Das deutsche Gesundheitssystem hat sich in der letzten Zeit einen zusätzlichen furchtbaren Schatten ziemlich unbemerkt selbst geschaffen. Die Abrechnung der ärztlichen Leistungen wurde an die Schwere der Diagnosen gekoppelt. Der eigentlich logische Gedanke, die Behandlung schwerer Krankheitsbilder besser zu honorieren, führte sehr rasch bei sehr vielen Kollegen dazu, viel bedrohlichere Diagnosen zu stellen, um mehr Geld zu »verdienen«. Schlimmere Diagnosen lösen aber mehr Angst und Hoffnungslosigkeit aus. Wer Angst und *Zwei*fel an der Gesundheit sät, beschwört Ver*zwei*flung herauf und ist im Schattenreich tätig.

Das griechische *dia-gnosis* kommt von *dia* (= hindurch) und *gnosis* (= wissen, erkennen). Durch die Befunde hindurch erkennen, was hinter Symptomen steckt, das ist die lichte Idee. Wird die Betonung illegalerweise nur um einen Buchstaben verschoben, landen wir bei *di-agnosis*, der doppelten Unwissenheit (*di* = zwei, *agnosis* = Unwissenheit). Selbst wenn Sprachwissenschaftler solche Deutungen ablehnen, wie sie ja auch den Schatten konsequent übersehen, mag ich diesbezüglich nicht an Zufall glauben.

Einzelne Wörter können uns auf der Schattensuche durchaus weiterbringen, etwa bei dem Begriff Doppelblindversuch. Ausgedrückt wird damit die wissenschaftliche Forderung, im Hinblick auf die Selbstheilungskräfte der Patienten sowohl die Wirkung der Psyche als auch die Droge Arzt auszuschalten. Hier fliegt schon der erste Schatten auf, denn tatsächlich leugnen die meisten Schulmediziner diese Kräfte, warum sie dann also so aufwändig ausschalten? Auf diese Weise wird der ganze Aufwand mit Doppelblindversuchen zu einem großangelegten Beweis des doppelten seelischen Beitrags zu Heilungen. Genau das wollen die Schulmediziner aber nicht zugeben und fahren hier ihr zweites Schattenerlebnis ein.

Der schlimmere Schatten enthüllt sich, wenn wir bedenken, wie blind im doppelten Sinn jene Schulmediziner arbeiten, die diese beiden entscheidenden Kräfte bei ihrer Behandlung wirklich auszuschließen suchen, also das wissenschaftliche Verfahren auf ihre praktische Arbeit übertragen. So etwas geschieht natürlich in bester Absicht, aber doch mit katastrophalen Ergebnissen. Das ist das ebenso Vertrackte wie Raffinierte am Schatten.

Dreißig Jahre praktischer ärztlicher Arbeit haben mich überzeugt, dass Angst und Zweifel krank machen und dass Verunsicherung der Heilung im Weg steht. Hoffnung und Glaube aber heilen, und Sicherheit und Gewissheit unterstützen darin wie wenig anderes. So wäre bei Gesundheitsaktionen immer zu prüfen, was herauskommt, wenn der Schatten mitbedacht wird.

Schattentagebuch: *Wie bereit bin ich, im Krankheitsfall die Verantwortung selbst zu übernehmen? Wie empfänglich bin ich noch für Dinge, an die ich gar nicht mehr glaube? Wie sehr lasse ich mich immer noch durch Autoritäten zu Aktionen nötigen, die ich innerlich längst ablehne? Wie leicht lasse ich mir von Autoritäten Angst machen? Wie bewusst setze ich im Krankheitsfall auf meine Selbstheilungskräfte und vertraue der Droge Arzt?*
Auf welchem Schattenklavier spiele ich selbst, um Menschen meinen Willen aufzuzwingen?
Bitte schreiben Sie das Ergebnis in Ihr Schattentagebuch.

Ein weiterer Schatten moderner Mediziner wird deutlich, wenn sie Patienten zu völliger Auslieferung gegenüber der Schulmedizin nötigen, um ihnen andererseits kurz vor der OP mittels Unterschrift doch wieder die ganze (juristische) Verantwortung zuzuschieben. Besser wäre es, einerseits Patienten von Anfang an darüber aufzuklären, dass sie immer die ganze Verantwortung für sich selbst tragen, und andererseits nur wirklich verantwortliche Maßnahmen anzubieten, wie echte Vorbeugung im hier angedeuteten

Sinne von *Krankheit als Symbol* statt überzogener Früherkennung mit oft noch gefährlichen Methoden.

Die alternative Gesundheitsszene

Auch die alternative Gesundheitsszene hat ihre unsäglichen Schattenbereiche und diesbezüglich ein grundsätzliches Problem. Wenn Menschen eingeredet wird, sie würden falsch und gefährlich leben, wird das Feld von Angst vor Krankheit und Unglück und keinesfalls das von »ansteckender Gesundheit« bestellt. Im Ernährungsbereich gibt es kaum etwas, das nicht von irgendeinem System verboten und von einem anderen in den Himmel gehoben wird. Hier wird deutlich, wie sehr Schatten von der jeweiligen Wertung abhängt.

Schattentagebuch: *Wie reagiere ich auf vollmundige Heilungsversprechen? Wie groß ist meine Erwartung, dass ein Wunder geschieht? Wie viel Hoffnung setze ich in immer neue Methoden, um mich weiter vor dem eigentlichen, mir längst bewussten Thema zu drücken? Wie steht es um mein Selbstwertgefühl, und wie hochgeschraubt sind meine Erwartungen?*
Wie fanatisch vertrete ich meine Lebensweise? Respektiere ich die Einzigartigkeit jedes Menschen? Fühle ich mich besser, weil ich einem bestimmten Weg folge? Oder habe ich ein schlechtes Gewissen, weil ich keinen Weg durchhalte?
Notieren Sie Ihre Antworten und Gedanken wieder im Schattentagebuch.

Eine Schattentendenz ist im gesamten alternativen Medizinbereich offensichtlich. Fast jeder glaubt, mit seiner Theorie alles erklären und mit seiner Methode alles behandeln, wenn nicht gar heilen zu können. Dass etwas hundertprozentig so sei, ist in der Medizin aber immer falsch, und Heilungsversprechen sind zu Recht verboten. Die verschiedenen Naturheilverfahren haben sich in dieser Hinsicht tatsächlich verfahren und sind in einer entsprechend verfahrenen Situation gelandet, die den Schatten überdeutlich macht. Selbstüberschätzung, Größenwahn und vor allem missionarischer Fanatismus wären die hässlichen Bezeichnungen für diesen Schatten. Seine Geschenke sind gehobenes Selbstwertgefühl und große Träume und Projekte wie auch die Kraft zu ihrer Verwirklichung.

Spirituelle Gruppen

Eine Gruppe, die sich Erleuchtung zum Ziel setzt, wird automatisch anfällig für tiefen Schatten nach dem Motto: »Wo viel Licht ist, da ist auch viel Schatten.« Wenn das Ego aufgelöst werden soll, droht es auf dem Gegenpol zu expandieren und peinliche Triumphe zu feiern. So sind überdimensionierte Egos zu einer Art Mar-

Schattentagebuch: *Wie verhält sich mein spiritueller Anspruch zu meiner Wirklichkeit? Welches Verhältnis habe ich zu meinem Ego? Will ich es wirklich überwinden, oder habe ich vor allem vom Ego geprägte spirituelle Projekte?*
Falle ich immer noch und immer wieder auf den Schatten und Affirmationen herein? Bin ich also auf dem Weg in die Verwicklung statt in die Entwicklung?
Blicke ich auf »unspirituelle« Menschen herab? Missioniere ich und wenn ja, warum? Wie anfällig bin ich für spirituelle Fremdbestimmung – als Opfer oder als Täter im Sinne von »Ich weiß, was für dich gut ist«?
Vertrauen Sie die Ergebnisse Ihrem Schattentagebuch an.

kenzeichen der spirituellen Szene geworden. Nicht wenige halten sich für etwas Besseres und geben sich entsprechend arrogant und elitär.

Wer die Polarität und damit die Absonderung von der Einheit überwinden will und ständig seine Besonderheit betont, hat offenbar ein Problem. Wer sich nach der Devise »Mein Wille geschehe« ständig überall durchzusetzen versucht und mit dem Kopf durch die Wand will, statt das Leben mit seinen Gegebenheiten anzunehmen, ist ein Opfer des Schattens – ebenso, wer seinen Weg als allein selig machend bezeichnet und von Aus- und Abgrenzung lebt. Das aber ist das Markenzeichen vieler Sekten.

Wer von Ganzheit und Befreiung träumt und mittels positiven Denkens und Affirmationen den Schatten ausdrücklich ausschließt, hat offenbar ein Schattenproblem. Schlimmer noch, er fördert die Schattenproduktion bei entgegengesetzter Absicht. Wessen Meditationsmethode Alleingültigkeit beansprucht, der hat offenbar Probleme mit der eigenen Philosophie.

Achtung, Schatten! Tipps für das Heben des Schatzes

Fehlleistungen

Die klassische Fehlleistung ist der *Versprecher*, der eine ganz andere Botschaft anklingen lässt als die bewusst beabsichtigte. Schatten und Persönlichkeit gehen dabei plötzlich und unerwartet getrennte Wege. Ein Beispiel ist das Anreden des Partners in einer emotional geladenen Situation wie einem Liebesakt mit falschem Vornamen. Das ist ein Schattendurchbruch, wie er peinlicher kaum sein kann. Man(n) möchte es so gern ungeschehen machen, aber das geht nicht. Die unabsichtlich und unbewusst geschaffene Wirklichkeit wirkt. Viel interessanter als die Strategie des Verleugnens und Abstreitens wäre die Frage, wie es dazu kommen konnte. Oder besser noch, warum es dazu kommen musste.

Einem Patienten war dies tatsächlich in der Hochzeitsnacht widerfahren. Seine Partnerin hätte daran beinahe die schon seit Jahren bestehende, mit einer Tochter gesegnete und landläufig als glücklich zu bezeichnende Beziehung platzen lassen. Deswegen von ihr zur Psychotherapie genötigt, fand er hinter dem Versprecher das Schattenthema. Obwohl er es nie offen geäußert hatte, war er unzufrieden mit der verklemmten und ihm langweiligen Erotik ihrer Beziehung. Die Fehlleistung des Versprechers – sein Unbewusstes hatte den Namen einer früheren, für ihn deutlich erotischeren Freundin gewählt – brachte das ganze

Dilemma ans Licht. Seine Frau, sowieso schon Auslöser der Therapie, übernahm schließlich drei Viertel der Therapiestunden und bearbeitete ihr entsprechendes Thema. Zwei Jahre und eine vierwöchige Psychotherapie nach dem bedeutungsschwangeren Versprecher sind beide durch diese Schattenkonfrontation einen großen Schritt weiter und glücklicher in ihrer Ehe, die nun auch erfüllte Liebesfeste kennt.

Das andere, das Peinliche, das sich über den Versprecher aus dem Schatten nach vorn drängt, transportiert letztlich die viel wichtigere Botschaft als der ursprünglich beabsichtigte »anständige« Ausdruck. Dieses andere schafft es bei Versprechern, die Kontrolle des Über-Ichs auszutricksen und daran vorbei aus dem Schattenreich aus- und in die bewusste Welt einzubrechen. Solche Botschaften sind unangenehm, aber ehrlich und bedeutungsvoll. Sie haben viel mehr zu sagen und eine ungleich tiefere Wahrheit zu verkünden. Generell gilt, dass Schattenäußerungen immer wichtiger sind als die der Persona, unserer stromlinienförmigen, ordentlichen Persönlichkeit. Kurzfristig sind Versprecher unangenehm, peinlich und manchmal schmerzhaft, langfristig aber förderlich für die Entwicklung.

Über-Ich ist die Freud'sche Bezeichnung jener Instanz, die auch die nächtlichen Träume verfremdet und filtert, und dem Es, Freuds Ausdruck für Schatten, gegenübersteht. Das Über-Ich sorgt für saubere Verhältnisse im gutbürgerlichen Sinn und schafft so durch Unterdrückung ein Leben lang Schatten. Damit hat auch der Altmeister der Psychotherapie schon ein Modell für den Umgang mit dem Schatten anzubieten. Er setzt – seiner Zeit verhaftet – teils auf dessen Unterdrückung, erkennt aber auch bereits die Chance, die aus seiner Sublimierung erwachsen würde. Diese zielt darauf, eine ansprechendere Ebene für die Schattenenergie zu finden. Ohne Zugang zu den Archetypen scheiterte aber die Umsetzung weitgehend, da sich Energien nicht beliebig verschieben lassen, sondern nur in ihrem urprinzipiellen Umfeld. Aus brüllenden Zornesausbrüchen lässt sich etwa die Aggressionsenergie für ein mutiges, offensives Leben gewinnen, aber nicht zum Aufräumen des Schreibtisches. Ersteres bleibt im Bereich von Aggression, Letzteres weist auf das Prinzip der Reduktion auf das Wesentliche hin. Auch war die Methode von Freuds Therapie noch ganz intellektuell und vom Linkshirn geprägt und damit dem archetypisch männlichen Pol verhaftet.

Hysterisches Lachen bei einer Beerdigung ist eine ebenfalls bekannte peinliche Fehlleistung. Obwohl das Über-Ich gebietet, aus Anstands- und allen anderen Gründen, nur Zeichen der Trauer zu zeigen, rutscht in aller Ehrlichkeit das hysterische Gegenteil heraus. Peinlich deutlich verschafft der Schatten sich für alle spontan *deut*lich Gehör. Hier findet ein Trauergast, beziehungsweise eine Subpersönlichkeit von ihm, den begangenen Abschied in Wirklichkeit nicht traurig, sondern ausgesprochen belustigend und vielleicht befreiend. Die Analyse solcher Situationen ergäbe rasch den entsprechenden Schatten. Die entschuldigenden Beteuerungen, wie sehr die Peinlichkeit einem leidtue, glaubt in der Situation sowieso niemand. Beim katholischen Leichenschmaus ist diese Umpolung von der Trauer in die Fröhlichkeit sogar beabsichtigt.

Fehlhandlungen können mehr oder weniger unbewusst sein. »Da ist mir *die Hand ausgerutscht*«, sagt manche Mutter und will damit Schuld von sich weisen. Allerdings sind die meisten dieser Ausrutscher mindestens halb bewusst. Ein *Ausrutscher* auf dem Trottoir, der einen aus dem gewohnten Trott wirft, hat da schon andere Qualität. Ob als Slapstick-Nummer auf der klassischen Bananenschale oder etwas realistischer auf dem vereisten Gehsteig, hier wird jemand nicht ohne Grund und Ziel aus der gewohnten Bahn geworfen. Die Analyse, wo man im Vergleich zum ursprünglichen Ziel landet, ist immer wertvoll und schattenträchtig. Jeder Ausrutscher bringt zumindest auf den Boden der Tatsachen zurück.

Wer einen *Fehltritt* – egal auf welcher Ebene – erlebt, kann sich des dabei zutage *treten*den Schattens gewiss sein. Niemand *tritt* zufällig *auf* und auch niemand zufällig daneben. Im ersten Fall hat das Ego, im zweiten der Schatten die Regie. Manchmal wird in letzterem Fall ganz direkt der Teufel angeschuldigt. Wer »Zum Teufel!« sagt, hat recht und will das Missgeschick zum Teufel und damit ins Schattenreich (zurück-)weisen. Er könnte genauso »Vom Teufel!« sagen und damit den Schatten als Herkunft der Fehlleistung angeben. Wer sich den Fuß vertreten hat, ist nicht ganz geradlinig und aufrecht unterwegs gewesen. Ein kleiner Moment genügt, um diese Unstimmigkeit der Seele im Körperlichen deutlich zu machen. So könnte man sich in jedem Augenblick des Alltagslebens auf die Spur und über Kleinigkeiten dem Schatten auf die Schliche kommen.

> **Schattentagebuch:** *Auf welche Fehlleistungen kann ich mich (regelmäßig?) verlassen? Welche Fehlhandlungen haben bisher in meinem Leben mitgewirkt? Was haben sie bewirkt? An welche meiner Versprecher und Fehlhandlungen erinnere ich mich noch gut? Was sagen sie mir heute?*
> *Habe ich überhaupt ein Testament gemacht, oder ist mir das Thema Tod noch zu heiß beziehungsweise zu schattig?*
> Notieren Sie Ihre Gedanken dazu im Schattentagebuch.

Hat man sich *ins eigene Fleisch geschnitten*, ist die Sache sprachlich klar. Der Ausdruck ist ein Synonym für sich irren. Wenn man ein Messer in der Hand hat, bei gefährlichen Themen, ist es bedrohlich, wenn etwas danebengeht.

Manchmal sind die Fehlleistungen auch weniger durch konkrete Missgriffe vermittelt als durch die Kompliziertheit der Materie. Testamente, die das Beste wollen und das Schlimmste anrichten, sind beinahe die Regel. Hier wird der Schatten in verschiedensten Varianten deutlich. Juristen sprechen sogar von der »Ohrfeige aus dem Grab« und meinen damit ein Testament, das wehtut und bei den Hinterbliebenen unangenehm nachwirkt. Oft ist die Qual beabsichtigt, aber noch öfter ist sie Ausdruck unbewussten Schattens. Man will das Allerbeste für die nächste Generation und verdirbt seinen Kindern doch alles von Grund auf beziehungsweise aus der Tiefe des dunklen Grabes.[39]

(Krankheits-)Symptome

Jede kleine Fehlleistung ist auch schon Symptom. Symptome finden sich deshalb auf allen Ebenen des Lebens und längst nicht nur im Bereich der Medizin. Das Wort Sym-ptom meint wörtlich übersetzt etwas Zusammen-geschnittenes. Wenn am Ende der Drehaufnahmen beim Film der (Zusammen-)Schnitt erfolgt und aus Hunderten von Stunden Filmmaterial die entscheidenden neunzig Minuten zusammengeschnitten werden, schlägt die Stunde der Wahrheit. In ähnlicher Weise ist das Symptom der Zusammenschnitt einer umfassenderen Geschichte, die sich in der Symptomatik verdichtet darstellt. Der kleine Tick, das Zucken des Augenlides von Bruce Willis in dem empfehlenswerten Film *The Kid – Image ist alles*, der die Unterdrückung des inneren Kindes zum Thema hat, macht das deutlich.

Schon oft erschien mir die Komposition von Symptomen zu einem Krankheitsbild als Kunstwerk, als eine (Ver-)Dichtung des Schicksals. Mit diesem »Gedicht« *rückt* das Schicksal den Betrof-

39 Siehe dazu Thomas Fritz: *Wie Sie Ihr Vermögen vernichten ohne es zu merken*. HDS, Weil im Schönbuch 2007.

fenen dicht *auf die Pelle* und sogar unter die Haut, um ihnen auf die Sprünge zu helfen, die anstehende Schattenintegration in Angriff zu nehmen. Im Symptom verschafft sich eine sonst unterdrückte Botschaft in geballter Form und Dichte Raum und Beachtung. Je bereitwilliger wir ihr Achtung und Anerkennung schenken, desto weniger drastisch muss sie sich ins Leben mischen und es aufmischen. Hätten wir das Thema gleich beachtet, wäre es gar nicht erst zur Symptomatik gekommen. Beachten wir wenigstens das Symptom sofort, braucht sich daraus keine große (Krankheits-)Geschichte zu entwickeln, die nichts anderes als die fortschreitende Eskalation nicht beachteter Schattenenergien ist.

Indem wir unsere bisherigen Krankheitssymptome zusammenstellen und eingehend betrachten, bekommen wir eine eindrucksvolle Sammlung eigener Schattenthemen. Wenn wir die Symptome in die dahinterliegenden Aufgaben übersetzen, wie es die Krankheitsbilder-Deutung nahelegt, finden wir ein ausführliches Arbeitsprogramm.[40] Wirklich produktiv wird es, wenn wir es uns auf geführten Meditationen an die Umsetzung der Thematik in der Seelen-Bilder-Welt machen. Sofern es kein spezielles Programm für das eigene Krankheitsbild gibt, eignet sich das Hörbuch *Selbstheilung* für alle Fragestellungen; sie führt zu individueller Deutung und Bearbeitung. Ist das eigene Krankheitsbild in keinem der Bücher ausführlich gedeutet, findet es sich mit großer Wahrscheinlichkeit in dem Nachschlagewerk *Krankheit als Symbol*.

40 Siehe die Bücher: *Krankheit als Symbol, Krankheit als Weg, Krankheit als Sprache der Seele, Frauen-Heil-Kunde, Aggression als Chance, Depression. Wege aus der dunklen Nacht der Seele, Krankheit als Sprache der Kinderseele, Verdauungsprobleme, Gewichtsprobleme.*

Aber auch in Symptomen auf anderen Ebenen lassen sich bei genauerem Hinsehen Schattenmanifestationen erkennen. Unfälle etwa im Straßenverkehr sind – unabhängig von juristischen Schuldfragen – immer *deut*lich. Aber auch alle anderen Unfälle bis hin sogar zu sprachlichen im Sinne von Versprechern künden von Schatten. Ausdrücke wie: »Das war das Allerletzte, das ich sagen wollte«, »Ich kann nicht glauben, dass ich das gesagt haben soll« oder »Ich meinte das genaue Gegenteil«, machen den Fauxpas, den »Fehltritt«, deutlich. Tatsächlich habe ich es aber gesagt oder getan und damit meinem Schatten für einen klitzekleinen ehrlichen Moment meine Stimme oder Hand geliehen. Ausrutscher auf allen Ebenen, beim Gehen, Handeln und Sprechen machen ehrlich und führen zu Schatten.

Überhaupt gehören alle bereits erwähnten Fehlleistungen im Sinne von Freuds *Psychopathologie des Alltagslebens*[41] hierher und können auf wichtige Indizien hinweisen. In dem erwähnten Film *The Kid* ist es nur das kleine Zucken des Augenlides beim Hauptdarsteller – eine Mischung aus Tic und Angewohnheit –, an dem die ganze Geschichte des Schattens hängt. Am Ende ist sein in früher Kindheit beiseite- beziehungsweise in den Schatten geschobenes inneres Kind integriert. Der ganze Mann ist beachtlich gewachsen, vor allem in partnerschaftlicher Hinsicht. Dafür ist das Zucken auf der (Therapie-)Strecke geblieben.

Da alles Abgelehnte zu Schatten führen kann – in des Wortes Doppelsinn –, gilt das natürlich auch für abgelehnte Aspekte des eigenen Körpers. Diesem Thema widmet sich mein Buch *Der Körper als Spiegel der Seele*. Es enthüllt beispielsweise in ein überdimensioniertes Gesäß verdrängte Durch*setz*ungsprobleme, ein

---

41 Sigmund Freud: *Zur Psychopathologie des Alltagslebens. Über Vergessen, Versprechen, Vergreifen, Aberglaube und Irrtum.* Fischer TB, Frankfurt 2009.

in einen Kugelbauch abgerutschtes rundes Lebensgefühl oder macht den Schatten der Zielstrebigkeit in einem auswärtsgerichteten Watschelgang deutlich. Solche Signale sind natürlich unbewusst, weshalb sie sich im Körper ausleben. Dass ein runder Bauch verdrängte Sehnsucht nach runder Vollkommenheit spiegelt, liegt nahe. Ähnliches gilt aber auch für kollektive Formveränderungen. Das ausufernde Gewichtsproblem moderner Industriegesellschaften verrät, wie sehr in ihnen (Ge-)Wichtigkeit auf materielle Ebenen gerutscht ist.

Jedes auffällige Körpersymptom, von der Glatze über das Doppelkinn bis zu flachem Po oder O-Beinen, lässt sich individuell deuten. Jeder Formaspekt verrät auch Inhalt. Die ausufernden Körperformen, die uns das alte Ideal der Venus von Willendorf zurückbringen, enthüllen obendrein den kollektiven Schatten der Großen Göttin, die, lange vom Christentum verfolgt, nun millionenfach aus dem Schatten wieder auftaucht und den Damen das Leben im wahrsten Sinne des Wortes erschwert.

Aber selbst winzige Zeichen unseres Organismus können uns sicher auf die Spur des Schattens führen. Nicht nur Kriminalisten bringen Fingerabdrücke weiter, auch wir können uns und unsere verschiedenen Seiten daran erkennen. Unsere Lebensaufgaben sind uns tatsächlich in die Hände gelegt und auf die Fingerspitzen geschrieben, aber sie finden sich auch in den Wurzeln unserer Füße. Letztere erzählen bereitwillig, wo wir herkommen und was unserem Weltver*ständ*nis noch fehlt.[42]

42 Siehe dazu *Die Spuren der Seele. Was Hand und Fuß über uns verraten* (Literaturverzeichnis).

Übung: Schreiben Sie die Krankheitsbilder und -symptome Ihres Lebens in Ihr Schattentagebuch, und suchen Sie sich die entsprechenden Deutungen dazu. Stellen Sie beides auf einem neuen Blatt in Kurzform gegenüber. Finden Sie abschließend die Gemeinsamkeiten, und schauen Sie sich den roten Faden an.[45]

Film-Meditation: Sehen Sie sich Ihrem inneren Kind zuliebe *The Kid – Image ist alles* an. Achten Sie während des ganzen Films auf das Augenzucken des Hauptdarstellers, und beobachten Sie, wann das Symptom auftritt und was es anzeigt.
Schließen Sie zur Abspannmusik die Augen, und betrachten Sie auf der inneren Leinwand Ihr Verhältnis zu Ihrem Vater, zu Ihrem inneren Kind und zum anderen Geschlecht. Wie macht sich Ihr Schatten darin bemerkbar?
Vertrauen Sie das Ergebnis Ihrem Schattentagebuch an.

Schlechte Gewohnheiten, Missstände

Stets lohnt es sich, all die eigenen und kollektiven *Vorurteile* unter die Lupe zu nehmen: Vorurteile über Menschen anderer Na-

43 Das Portal www.mymedworld.cc bietet in Zukunft eine leichte Möglichkeit, das in vieler Hinsicht zu erleichtern, indem der Computer die Elemente- und Urprinzipienhäufungen herausfiltert und rascher erkennen lässt, ob sich die Symptome mehr auf die archetypisch weibliche linke und untere Körperhälfte beziehen oder auf die rechte obere männliche und so weiter.

tionalität, anderer Hautfarbe, anderer gesellschaftlicher Schicht, anderen Bildungsniveaus, anderen Glaubens und so weiter.

Speziell wo *Neid* ist, muss eigener Schatten liegen. Wer Menschen, die ihren Reichtum zeigen, nicht mag, ist letztlich neidisch; ein Teil von ihm neidet ihnen den Reichtum und hätte ihn gern selbst. Der Neidschatten ist weit verbreitet und mit der Habsucht verknüpft, die eine der für unsere Welt gefährlichsten Süchte ist. Dahinter steckt Mangel, eine unerlöste Leere. Als Prinzip wird das in der Reduktion auf das Wesentliche sichtbar, zu dem auch harte Arbeit, weise Beschränkung, Disziplin und Klarheit gehören – und die gleich die Lösungen für das Neidproblem enthalten. Der Neidische kann hart arbeiten und seinen Mangel füllen oder im Gegenteil lernen, sich auf das Wesentliche zu beschränken und zu Klarheit bezüglich seiner Bedürfnisse zu finden und weise zu verzichten.

Nahe verwandt ist dem Neid die *Missgunst*. Wer jemandem etwas missgönnt, will es letztlich selbst haben. Neid und Missgunst gehen deshalb Hand in Hand und sind eine Plage der modernen Zeit und Gesellschaft. Aber sie bieten natürlich auch gute Gelegenheiten, Schatten zu integrieren und daran zu wachsen. Wer sich neidisch und missgünstig erlebt, kann das durchschauen. Was ihn neidisch macht, kann er sich entweder selbst beschaffen oder bewusst darauf verzichten und erkennen, wie viel Würde im einfachen Leben liegt, wie es zum Beispiel der Zen-Buddhismus lehrt. In beiden Fällen kann er, was er selbst besitzt auch anderen leichter gönnen. So werden Neid und Missgunst zu Düngemitteln für die Entwicklung, beide werden diese Bewusstseinsübung nicht überleben.

Wo *Wut* auftaucht, ist dahinter als Schatten unerlöste Aggression zu finden. Wer in der Finanzkrise seinen Zorn auf Banker projiziert, hätte sich auch selbst gern richtig bedient und bereichert und macht sich das nicht bewusst. Stattdessen werden die

Banker stellvertretend an den Pranger gestellt und abgestraft; man macht sich projizierend zum Anwalt so schwammiger Instanzen wie der des »öffentlichen Interesses« oder des »gesunden Volksempfindens«.

Ein noch dunkleres Schattengefühl ist der kalte *Hass*. Angeblich unverzeihliche Verletzungen, Ungerechtigkeiten und Zurückweisungen führen in diese Sackgasse, in der sich das eigene Leben komplett ruinieren lässt, wobei aus kaltem Hass auch entsetzliche Taten erwachsen können. Einem häss-lichen Menschen stehen die Züge dieses Lebensgefühls ins Gesicht geschrieben. Die Feindschaft, die er nicht loslassen kann, macht ihn letztlich selbst unglücklich und vergiftet sein Leben. Den mit dem Hass verbundenen Selbst- und Lebenshass aufzugeben und sich dem eigenen Schatten zu stellen wäre der einzige Weg, um zu Gott, den Menschen und sich selbst zurückzukehren.

Ein riesiger Schatten haftet in der bürgerlichen christlichen Welt dem Thema *Sexualität* an. Was so konsequent herabgesetzt und unterdrückt wird und dabei so wichtig ist – immerhin erhält die Lust auf Sex die menschliche Art –, muss einen gewaltigen Schatten werfen. Tatsächlich sprechen dann auch viele Millionen in einem christlichen Land wie Deutschland umgesetzter Pornofilme pro Jahr eine deutliche (Schatten-)Sprache. Prostitution und Pornographie sind käufliche Schattenaspekte der Liebe und das Ergebnis verklemmter christlicher Moral. Gerade deswegen werden sie von deren Notabeln so intensiv bekämpft und genutzt.

Sehr drastisch macht es wieder die katholische Kirche deutlich. Sie steckt sich und ihren Priestern die höchsten und hehrsten Ziele, und deshalb ist der Sturz so schwindelerregend tief. Mit dem Verbot sexueller Beziehungen für Priester holt sie sich viele Menschen mit sexuellen Problemen in ihre Reihen. Natürlich wird jemand, der für sich nur Schwierigkeiten mit der Sexualität voraussieht, von einer sexfreien Berufung fasziniert sein. Wer als junger Mann in ländlicher Umgebung erkennt, dass er auf Männer statt auf Frauen steht, oder gar auf kleine Jungen, wird nur zu gern in den schützenden Rahmen der Kirche flüchten. Zu behaupten, es gebe keinen Zusammenhang zwischen Zölibat und sexuellem Missbrauch ist so naiv wie die Situation ekelerregend. Mit der ebenso unnötigen wie unchristlichen (in dem Sinn, dass Christus damit nichts zu tun hat) Zölibatsvorgabe werden Problempersönlichkeiten geradezu angelockt. Dass diese in einer sexualfeindlichen Umgebung ihren sicher ursprünglich vorhandenen guten Vorsätzen nicht treu bleiben können, ist psychologisch verständlich. Wenn es in einem Umfeld keine natürlichen Wege zur sexuellen Befriedigung gibt, wird das perverse Praktiken heraufbeschwören. Wo natürlicher Sex schon ein schweres Vergehen ist, kommt es auf weitere dann auch nicht mehr an. So kommen Pädophilie, Erpressung, Missbrauch und Vergewaltigung hinzu. Schattentypisch, dass sich auch Kirchenobere mit Verschleierung, Missachtung, Wegsehen, Vertuschen und letztlich sogar dem Decken von Verbrechen schuldig gemacht haben. Daran wird deutlich, wie widerlich ihnen dieses ganze Thema ist. Wir erleben hier ein Lehrstück über Missbrauch, seine Entstehung und den Versuch seiner Verschleierung wie auch das unabwendbare Aufbrechen des Schattens. Am Ende kommt Schatten immer ans Licht. Selbst der älteste und größte, jedenfalls mächtigste Konzern der Welt, die katholische Kirche, kann dies trotz enormer Vertuschungsbemühungen nicht verhindern.

Was so viele Menschen schockiert, ist das Auseinanderklaffen von Anspruch und Wirklichkeit. Für Schattenkundige ist gerade das typisch. Eine Glaubensgemeinschaft, die den Mut hat, die höchsten und besten Ämter alten Männern vorzubehalten, weil sie – im Gegensatz zu ihrem Gründer Christus – alles Männliche weit über alles Weibliche stellt, verschafft diesen alten Männern, wenn auch unbewusst, die Gelegenheit, Jungen zu missbrauchen. Oder anders gesagt, sie schafft es nicht, die Jungen, die ihr besonders am Herzen liegen müssten, vor den geilen Bedürfnissen vieler alter Männer in ihren Reihen zu schützen. Wie man es auch wendet, solche Schattenmanifestationen sind immer abstoßend.

Wer über diese Vorfälle außer sich ist, müsste sich fragen, warum er so heftig reagiert. Die Antwort ist einfach. Der Missbrauch-Schatten ist in einer sexualfeindlichen Gesellschaft groß. Viele sind missbraucht worden und haben selbst wieder missbraucht – eine oft lange Kette, die durch Schattentherapie zu unterbrechen wäre.

Natürlich ist die katholische Kirche mit diesem Problem nicht allein. Wo immer der Anspruch hoch und die Menschen schwach sind, drohen solche Schattenentwicklungen. Damit ist es wenig verwunderlich, wenn gerade auch renommierteste Schulen der Reformpädagogik ebenfalls in den Strudel von Missbrauch, Vergewaltigung und Verschleierung gerieten. Ihr Anspruch war, die Kinder als schwächste Glieder der Gesellschaft besonders zu schützen und zu fördern. In der Praxis wurden sie dann hinter genau den Mauern missbraucht und vergewaltigt, die solch hehre Parolen zierten.

Sexualität ist der körperliche Aspekt der Liebe und insofern auch ihr Schatten. Ein anderer Schatten der Liebe ist die *Eifersucht.* Statt das Beste für den geliebten Partner im Auge zu haben, will man ihn besitzen. Eifersucht ist in diesem Sinne in die Materie gestürzte Liebe. Sie gilt heute schon fast als normal. Fehlende Eifersucht wird geradezu als mangelnde Liebe missdeutet.

Geld und jede Art von *Besitzdenken* bis hin zu Betrug kann durch seine beherrschende Dominanz des ganzen Lebens ebenfalls viel Schatten enthüllen. Sich selbst zu bereichern führt zu

Schatten; Schattenarbeit (Schattentherapie) bedeutet dagegen, sein Selbst zu bereichern. Wer sein Geld nicht wirklich besitzt, ist wahrscheinlich besessen davon. Besessenheit aber hatten wir ganz zu Anfang schon als wesentliches Schattenproblem entlarvt. Was wir mit unserer Seele nicht besitzen, macht uns schlussendlich oft besessen. Wenn wir Geld wirklich besitzen, können wir davon im seelischen Sinn frei werden und die sich daraus ergebenden Möglichkeiten genießen. Oder wir können materiellen Besitz als Sackgasse durchschauen und meiden und zum Beispiel ganz bewusst (Bettel-)Mönch werden. Dazwischen gibt es nicht viel, was unsere Seele ruhig und frei lässt.[44]

Um den Schatten weiter zu lichten, lohnt es sich, im Zuge der Negativliste (siehe Seite 179) von der Gier bis zu den Ängsten, von Hass- bis zu Minderwertigkeitsgefühlen – die entsprechen-

Schattentagebuch

- *Welche Vorurteile sind mir bewusst? Welche kann ich mir jetzt, in diesem Augenblick eingestehen?*
- *Welche Erfahrungen habe ich mit Neid und Missgunst, und zwar als Opfer und als Täter? Welche Rolle spielt(e) Gier in meinem Leben?*
- *Welche Ängste bestimmen mein Leben? Habe ich schon Hass- und Rachegefühle erlebt – und wenn ja, wann und wo?*
- *Gibt es Minderwertigkeitsgefühle und andere Komplexe, von denen ich mich (immer noch) hindern lasse?*
- *Wie frei kann ich mit meinen sexuellen Bedürfnissen umgehen? Wie auffällig reagiere ich auf die Probleme anderer?*
- *Welche Schatten hängen für mich am Geld?*

Halten Sie alle Ergebnisse dieser Selbsterforschung in Ihrem Schattentagebuch fest.

44 Mehr dazu in *Die Psychologie des Geldes* (Literaturverzeichnis).

den Komplexe und Wahnvorstellungen eingeschlossen – alle bewusst werdenden Themen durchzugehen. Alles kann, als Schattenquelle erkannt, auch der eigenen Entwicklung dienen und das Leben bereichern und erweitern.

Verleumdungen, Selbstbeschimpfungen

Eine weitere einfache Form, an den eigenen Schatten heranzukommen, besteht darin, alles wahr- und wichtig zu nehmen, was andere über uns sagen, vor allem auch in kritischer und sogar böser Absicht (siehe auch das Thema Mobbing, Seite 95).

Wenn uns jemand verletzen will, schafft er dies erfahrungsgemäß am besten, indem er uns unseren von außen oft leicht erkennbaren Schatten um die Ohren schlägt. So etwas macht sehr schnell wütend und verletzt am tiefsten. Je mehr Betroffenheit, umso mehr Schatten ist im Spiel – und umso dankbarer könnten wir sein.

Sobald Emotionen ausgelöst werden, ist klar, dass hier Wahrheit steckt. Sobald wir anfangen, uns zu verteidigen und wütend zu werden, enthält der Vorwurf zumindest einen für uns persönlich wichtigen Kern. Je wütender und verletzter wir reagieren, desto wichtiger sind Vorwurf oder Aussage für uns. Was immer unser Partner oder unsere Partnerin, unsere Kinder, Geschäftsfreunde und Konkurrenten und vor allem unsere Feinde über uns sagen, wir brauchen es also nur wahr- und wichtig zu nehmen. Schon für diese Möglichkeit sollten wir ihnen dankbar sein. Sie haben immer recht, obwohl sie meist nicht die richtige, das heißt der Realität und Wahrheit entsprechende Ebene treffen. Im Gegenteil neigen Feinde dazu, absichtlich eine besonders primitive und drastische Ebene zu wählen, um zu verletzen. Da wir dies aber nun wissen, können sie uns damit nicht mehr so leicht irritieren, sondern nachhaltig helfen.

Verleumdungen verwandeln sich auf diese Weise in Chancen. Sobald sie uns wirklich treffen und emotionale Reaktionen auslösen, sind es ja auch gar keine Verleumdungen mehr, denn nun haben sie zumindest einen wahren Kern. Wenn wir also erklärte Feinde haben, die sich offensiv mit uns beschäftigen, sind wir bei der Schattensuche gut aufgestellt. Sie werden uns freiwillig, unentgeltlich und engagiert Schattenaspekte liefern und aufzeigen. Von Freunden ist diesbezüglich kaum etwas zu erwarten; sie sind rücksichts-, takt- und respektvoll. Genau das verhindert echte Hilfe auf dem Weg zum eigenen Schatten und seiner Integration.

Seien Sie also auch mit sich selbst auf der Schattensuche weder takt- noch respekt- und erst recht nicht rücksichtsvoll, sondern verzichten Sie im Gegenteil auf alle drei. Takt, Respekt und Rücksicht sind im bürgerlichen Leben zwingend, aber auf der Schattensuche immer und auf dem Entwicklungsweg oft hinderlich. Am besten werden Sie auf der Schattensuche Ihr eigener Feind und überschütten sich mit allen nur denkbaren Vorwürfen. Sie werden – wie äußere Feinde – auf einer Ebene recht haben, und diese gilt es zu finden.

Zum Ausgleich dieser Übung sollten Sie sich im Anschluss mit allen möglichen ehrlichen Anerkennungen und Komplimenten überhäufen. Auch dabei können Sie übertreiben, und Sie werden im Kern recht behalten. Sie sollten diesen letzten Punkt keinesfalls vergessen. Falls es doch geschieht, gehen Sie im Schatten auf die Suche nach verdrängter Selbstachtung und Anerkennung Ihrer eigenen Person und Leistungen.

Die vorgeschlagene Selbstbeschuldigung ist im Übrigen nicht annähernd so unüblich oder schwer, wie es auf den ersten Blick erscheinen mag. Die meisten Menschen beschimpfen sich sowieso ständig selbst, nur auf unproduktive und sogar gefährliche Weise. Das beginnt für Frauen meist schon am Morgen in ihrer persönlichen Folterkammer: im Badezimmer vor dem Spiegel und auf der Waage. Wer sie bei dieser morgendlichen Selbstbeschimpfung ruft oder stört, erfährt die ganze noch ungeschminkte Wahrheit: »Ich komme gleich, mache mich nur eben noch fertig.« Das tun sie dann wirklich.

Viele machen sich auch den ganzen übrigen Tag mit Selbstbeschimpfungen fertig. Das ist hinderlich und bringt sie der Aussöhnung mit dem Schatten nicht näher, sondern führt zu einem kontraproduktiven Bewusstseinsfeld.[45] Es ist zwar äußerst wirksam im Hinblick auf Reduktion von Selbstwertgefühl und Stimmung, aber es führt – da nicht ernst und ehrlich gemeint – zu keiner Schattenerkenntnis. Das lässt sich leicht belegen, indem man einer solchen Eigenherabsetzung zustimmt. Sagt jemand etwa: »Heute sehe ich aber schrecklich aus!«, darf man das keinesfalls bestätigen, denn sonst wird der andere richtig wütend.

Die Fähigkeit der Selbstbeschimpfung ist uns also bestens vertraut. Es gilt, sie nur bewusst wahr- und wichtig zu nehmen. Sie ist sofort therapeutisch in eigener Sache anzuwenden. Bleiben wir an diesem Thema dran, werden wir rasch mit bisher verborgenen Schattenaspekten bekannt und anschließend mit ihnen auch fertig.

Wer sich für seine Ungeschicklichkeit selbst beschimpft, spricht damit seinen inneren Tollpatsch an, den Typ mit zwei linken Händen, der so viele Fehler macht. Er ist natürlich eine Schattengestalt, die der Versöhnung harrt und nur darauf wartet, beachtet zu werden, um die Dinge dann locker und leicht, eben mit links zu erledigen und sich nicht so wichtig zu nehmen.

---

45 Siehe dazu das Hörbuch *Das Bewusstseinsfeld.*

Wer sich selbst als *häss*lich diffamiert, spricht damit jenen unharmonischen Teil von sich an, den er abgespalten und in den Schatten verjagt hat. Bei einer so weit verbreiteten Haltung liegt der Verdacht nahe, dass viele solch einen hässlichen Teil in sich haben. Jedenfalls sind wir meist nicht ganz einverstanden mit dem Körper, den wir von unseren Eltern geerbt oder von Gott oder der Schöpfung geschenkt bekamen. Hier liegen engelhafte Harmonie und Schönheit, wie wir sie in Einheitserfahrungen erleben, im Schatten. Wahrscheinlich haben wir den Körper auch nicht entsprechend gepflegt und trainiert, weil wir gegen unseren inneren *Schweinehund* nicht ankamen. In diesem Fabeltier des Schattenreiches spiegeln sich Trägheit, Bequemlichkeit und Rücksichtslosigkeit. Von all dem wollen wir in der Regel nichts wissen und sind damit schon wieder beim Schatten. Insofern ist auf der Schattensuche jedem ein Spaziergang mit dem (inneren Schweine-)Hund zu empfehlen. Im Schatten von fauler Bequemlichkeit liegen Struktur und Disziplin, die Exerzitien wie bewusstes Fasten und spirituelle Übungen vermitteln.

Die ungeschickteste medizinische Variante der Verdrängung und Selbstverleugnung und damit der weiteren Schattenproduktion ist der Versuch, mittels sogenannter Schönheitschirurgie das Hässliche einfach ab- und wegschneiden zu lassen. Diese bringt selbst viel Hässliches und noch mehr Funktionsverschlechterung und damit Schatten hervor – gerade beim Versuch, diesen aus der Welt zu schneiden.

Audio-Meditation: Hören Sie die Meditationen 1 und 13. Halten Sie danach Ihre Eindrücke im Schattentagebuch fest.

Übung: Welche Art von Selbstbeschimpfung und Selbstherabsetzung ist Ihnen schon vertraut? Schauen Sie sich zum Beispiel in Gedanken Ihr Morgenritual im Bad an und was Sie sich dabei so an den Kopf werfen …
Welche Verleumdungen haben Sie schon erlebt, und was sagen sie Ihnen über Ihren Schatten? Wenn Sie sich als Ihr eigener Feind nun richtig und etwas übertrieben selbst verleumden, was trifft Sie dabei am meisten?
Machen Sie sich danach entsprechend deutlich überzogene Komplimente, und nehmen Sie wahr, was Sie von Ihren ersten aufsteigenden Gedanken am meisten freut.
Schreiben Sie anschließend neue Erkenntnisse auf Ihre Negativ- und Positivlisten im Schattentagebuch.

Kritik, Vorwürfe, Ratschläge

Oft sind Kritik und Vorwürfe, besonders von Eltern, wirklich gut gemeint. Eltern lieben ihre Kinder und wollen das Beste für sie. Sie möchten, dass die Kinder ihren Ratschlägen und dem Weg folgen, der in ihrem Leben – mehr oder weniger – funktioniert hat. Statt dagegen anzugehen und Widerstand aufzubauen, könnten wir für die Liebe unserer Eltern danken und dafür, dass sie das Beste für uns wollen. Es ließe sich liebevoll anfügen, dass ihr Weg – so sehr wir sie als Eltern schätzen – für uns jedoch nicht infrage kommt, weil wir unserem eigenen folgen wollen.

Letztlich muss natürlich jeder seinen eigenen Weg gehen, und damit ist diese Art, elterlicher Fürsorge zu begegnen, sehr weitgehend zu verallgemeinern und auf alle Wohl- und Gutmeinenden anzuwenden. Rat*schläge* sind immer mit Vorsicht zu genießen und könnten auf den völlig falschen, weil für einen persönlich unpassenden Weg führen. Sie entpuppen sich nicht selten wirklich als Schläge, die schon manche getroffen und einige sogar erschlagen haben.

Kritik und Vorwürfe sind andererseits immer wertvoll auf dem Weg zur Schattenintegration. Sie können nicht zu verrückt und weit entfernt genug von der Realität sein, um nicht doch ein Körnchen Wahrheit zu enthalten – jedenfalls wenn sie uns (be-)treffen oder gar ärgern. Sobald Kritik Emotionen auslöst, gilt das Gleiche wie bei der Verleumdung. Sie könnte uns nicht so aufregen, wenn sie nicht stimmte. Deshalb kommt es darauf an, die Ebene zu finden, auf der wir betroffen sind, und die Kritik ernst zu nehmen und als Einladung zu einer Auseinandersetzung mit dem Schatten zu erkennen.

Schattentagebuch: *Welche mich aufregende Kritik kann ich unter diesem Aspekt jetzt neu betrachten und für meine Schattensuche nutzen? Welche Ratschläge, die mir auf die Nerven gingen, kann ich genau aus diesem Grund nun als durchschlagende Hilfen erkennen?* Notieren Sie Ihre Erkenntnisse im Schattentagebuch.

Widerstand und Abwehr

Wir wissen längst, dass letztlich alles, was uns nicht gefällt, was uns nicht passt, was unsere Abwehr hervorruft, ein Hinweis auf Schatten und damit zugleich eine Lern- und Wachstumschance ist. Wo immer ich Widerstand empfinde, kann ich sicher sein, dahinter auf eigenen Schatten zu stoßen. Hier eröffnet sich ein riesiges Feld von Schattenmanifestationen. Thorwald Dethlefsen schrieb in *Schicksal als Chance*: »Der größte Teil des menschlichen Leidens besteht aus dem selbstausgeübten Widerstand gegen die manifestierten Umstände. Alle Dinge sind an sich wertfrei und neutral. Die Einstellung des Menschen macht aus ihnen erst Gegensätze der Freude und des Leides.«[46]

Byron Katie, die amerikanische Autorin, bringt es in ihrem gleichnamigen Buch auf den Punkt: »Lieben, was ist.« Schatten wird deutlich, wenn wir ablehnen, was ist, und damit in Widerstand mit der Wirklichkeit gehen. Widerstand mit dem, was ist, verrät immer Schatten. Sobald Widerstand auftaucht, ist Schatten im Spiel. Verräterische Gedanken in diese Richtung sind: »Das darf doch nicht wahr sein!«, »Das (Leben) ist ungerecht«, »Es ist unfair«, »Ich mag das nicht«, »Ich will das nicht erleben«, »Gott sollte so etwas nicht zulassen«. Letztlich laufen all diese Äußerungen, nicht nur die letzte, auf eine Art Gotteslästerung hinaus. Sie kritisieren Gottes Schöpfung und führen eigene Verbesserungsvorschläge ins Feld.

Tatsächlich lässt sich alles sowohl in der einen als auch in der anderen Richtung werten. Die Wertung liegt weder an den Dingen selbst noch an den Umständen, sondern an den Menschen, die sie vornehmen und sich auf die eine Seite schlagen und sich damit gegen die andere wenden. Was irgendwo Anerkennung findet, wird woanders Ablehnung ernten und umgekehrt. Das Hinterteil von Jennifer Lopez, rhythmisch bewegt, kann Millionen von Männern in helle Begeisterung versetzen. Sie soll jede ihrer Pobacken auf eine Million Dollar versichert haben und scheint ihren Allerwertesten also wirklich wertzuschätzen. Für ganz ähnliche Hinterteile entsprechenden Ausmaßes grämen sich aber weltweit Millionen Frauen und Mädchen. Sie entsetzen sich über sich selbst, das heißt über einen Allerwertesten, der

46 Thorwald Dethlefsen: *Schicksal als Chance. Das Urwissen zur Vollkommenheit des Menschen.* Goldmann, München 1979, S. 74.

ihnen rein gar nichts außer Klagen und Selbstbeschimpfungen wert ist.

Natürlich ist in der kapitalistischen Gesellschaft Besitz das höchste der Gefühle, aber ein Bettelmönch folgt dem nicht. Viele halten eher Liebe für das höchste der Gefühle, aber andere empfinden das anders, weil sie sich dabei mit lebenslanger Krankheit infiziert haben. Stille ist das höchste Ziel vieler Meditierender, aber in der Isolationsfolter kann sie in den Wahnsinn treiben. Gedankenfreiheit ersehnen die Anhänger östlicher Meditation, aber Schüler hassen das Phänomen während der Abiturprüfung. Mord ist etwas Schreckliches, aber die rechtzeitige Ermordung von Hitler oder Stalin wäre ein Segen für viele und letztlich die Welt gewesen. Diese Kette lässt sich unendlich fortsetzen und findet ihre wohl schönste Ausformung in der Gestalt des Khidr, der in der 18. Sure des Korans beschrieben und von C. G. Jung interpretiert wird. Khidr ist den Muslimen eine messianische Gestalt und der erste Engel am Thron Allahs, verantwortlich für die plötzlichen Wendungen von Glück in Unglück und umgekehrt. Als Moses Khidr bittet, ihn zu begleiten, warnt dieser ihn, weil es nur Missverständnisse bringen werde, aber schließlich geht er doch mit, und es gibt sogleich Ärger. Khidr durchbohrt nämlich die Fischerboote eines Ortes, so dass sie sinken, tötet einen jungen, schönen Mann und lässt die Mauern einer Stadt einstürzen, die danach schutzlos ist. Moses ist entsetzt, bis ihm Khidr erklärt, dass er dem Dorf die Boote vor Seeräubern gerettet habe, die auf dem Weg waren, sie zu stehlen. Dem jungen Mann habe er das Seelenheil bewahrt, weil dieser andernfalls einen Mord begangen hätte, und unter den eingestürzten Mauern der Stadt hätten die armen Bewohner einen wertvollen Schatz gefunden.[47]

---

47 Aus: Marie-Luise von Franz: *Der Schatten und das Böse im Märchen.* Kösel, München 1985.

Diese Kette der Umpolungen ist keineswegs als Relativierung oder gar Legitimierung unmenschlichen oder willkürlichen Verhaltens misszuverstehen. Hier ist strikt zwischen bereits eingetretener Wirklichkeit und Zukunft zu unterscheiden. Daraus die Berechtigung zu unethischem Verhalten abzuleiten, läuft ins Leere. Falls jedoch etwas, auch Grauenhaftes, bereits eingetreten ist, führt Widerstand dagegen meist nur zu Verdrängung und damit Schattenbildung. Es wäre wesentlich besser, sich mit der Wirklichkeit zu konfrontieren, gleichgültig wie sie ist.

Natürlich hat nach derselben Logik auch Widerstand eine andere Seite, wie alles in der Polarität. In einer Diktatur kann Widerstand die einzig legitime Reaktion und völlig berechtigt sein. Die Résistance, der Zusammenschluss des mutigeren Frankreichs gegen die Nazis, war geradezu identitätsstiftend für das neue Frankreich. Selbst in Diktaturen ist aber die Anerkennung der realen harten, grausamen Wirklichkeit die beste Lebensversicherung für Widerstandskämpfer und ihnen unbedingt zu raten.

Das Ego definiert sich durch Abgrenzung und damit Widerstand. Es muss also Schatten schaffen, um überhaupt existieren zu können. So wird es ersatzlos verschwinden, wenn aller Widerstand aufgegeben wird und damit auch alle Grenzen fallen. Ein Mensch, der keine Grenzen mehr braucht, der die Einheit in sich und überall gefunden hat, ist frei von Widerstand und Ego. Sein Ich ist eins mit dem Schatten geworden. Beide sind zusammen ins Selbst eingegangen. Daraus folgt, wer sich auf den Weg der Schattendurchlichtung einlässt, unternimmt letztlich einen Angriff auf sein Ego, der diesem lebensgefährlich werden kann – und der in die Befreiung von Schatten und Ego und folglich in die große Befreiung mündet. Aller Widerstand ist dann aufgegeben und in Einverständnis mit der Schöpfung gewandelt.

Auch Widerstand gegen das Ego ist natürlich Widerstand. So müssen wir zum Schluss auch diesen noch aufgeben, um gänzlich frei (von Schatten) zu werden.

Audio-Meditation: Hören Sie die Meditationen 1 und 14, und nehmen Sie sich im Anschluss ausreichend Zeit, um die Meditation weiterwirken und ausklingen zu lassen.
Kommen Sie dann mit einem tiefen Atemzug zurück, und halten Sie Ihre Eindrücke wieder im Schattentagebuch fest.

Traumleben

Träume enthalten beide Schattenqualitäten – Wunschträume den positiven Schatten, Albträume den negativen. William Miller schreibt im Hinblick auf den düsteren Schatten: »Wenn der Schatten in unseren Träumen auftaucht, dann ist er eine Figur unseres eigenen Geschlechts. In unseren Träumen reagieren wir mit Angst, Abneigung oder Abscheu auf diese Figur oder auch so, wie wir auf jemanden reagieren, der uns unterlegen ist, der weniger wert ist, ein minderwertiges Lebewesen eben.«[48] Solche Schattenfiguren versuchen wir selbst in Träumen zu meiden; oft flüchten wir vor ihnen und fühlen uns von ihnen verfolgt wie in Verfolgungsträumen.

Die Tendenz, Schatten auch in der Nacht zu meiden wie schon tagsüber, führt dazu, dass er sich hier ebenfalls staut, um dann in Albträumen mit großer Vehemenz hervorzubrechen und sich

48 Miller: *Der goldene Schatten*, a. a. O., S. 85.

mit Nachdruck Raum und (Be-)Achtung zu verschaffen. Danach fühlen sich einige bedrückt und haben das Gefühl, den Alb mit dem Erwachen noch nicht abgeschüttelt zu haben. Andere spüren, sofern sie den Alb wirklich hinter sich haben, die Erleichterung, die solch eine Schattentherapie bringt. Für die Deutung ist das Gefühl, das der Traum hinterlässt, besonders wichtig, wenn wir uns auch meist mehr an die Symbole halten. Denn diese können wir ansatzweise noch intellektuell erfassen und durchschauen.

Die Sprache der Seele haben wir als Bildersprache erkannt. Selbst wenn wir uns nicht bewusst um unsere Seeleninhalte kümmern, geschieht dies jede Nacht unbewusst in den Träumen, gleichgültig ob wir uns an sie erinnern oder nicht. Im dunklen Schatten der Nacht begegnen wir allem, was wir auf unsere innere Mülldeponie abgeschoben haben: Wünsche, Sehnsüchte, nicht verarbeitete Gefühle, Ängste, längst vergessene, aber offen gebliebene Lebensthemen. Alles, was wir dem Licht des Bewusstseins nicht aussetzen, kehrt im Traumleben wieder. Auf diese Weise versucht unserer Seele sich immer und immer wieder Gehör zu verschaffen. Deshalb zählen Träume auch zu den hilfreichsten und wichtigsten Instrumenten der Schattenarbeit. »Wie ein Röntgenbild, oder besser gesagt wie ein von einem großen Meister ausgeführtes Portrait, enthüllt der Traum eine vielschichtige Botschaft über die gegenwärtige Situation des Träumers und zeigt eine bislang unbekannte oder unbewusste Perspektive«, so der Jungianer Edward Whitmont.[49]

Die Intensität des Gefühls, das nach einem Traum zurückbleibt, ist gleichsam ein Gradmesser dafür, wie viel Schatten, das heißt Unbewusstes, sich im Traum offenbart hat. Besonders

---

49 Edward Whitmont/Sylvia Brinton Perera: *Träume, eine Pforte zum Urgrund.* Burgdorf, Göttingen 1992, S. 18.

deutlich wird dies in Träumen während großer Lebenskrisen, in denen neue, bisher unbewusste, im Schatten liegende Möglichkeiten ins Leben drängen. Archetypische Trauminhalte in solchen Zeiten sind nicht selten mit großen Angstgefühlen verbunden, die konfrontiert werden wollen. Die typischen Nacht-Schatten folgen den großen Themen des Lebens.

- Verfolgungsträume etwa weisen auf seelisch Ausgegrenztes hin, das aber unbedingt wahrgenommen werden will und uns deshalb regelrecht verfolgt. Nach solchen Träumen sollte man sich die Fragen stellen, wovor man im Leben davonläuft und wofür der Verfolger steht. Wen oder was symbolisiert er?
- Prüfungsträume, die meist mit einem Scheitern enden, drücken geringes Selbstwertgefühl aus und die Angst, nicht zu genügen, sich nicht zu bewähren. Jedenfalls konfrontieren sie den Betreffenden mit Angst, Schwäche und dem Gefühl, es (im Leben) nicht zu schaffen. Möglicherweise deuten sie auch auf etwas hin, das nicht abgeschlossen ist, auf offene Rechnungen oder Herumgeschlepptes. Interessant ist dann, sich anzuschauen, welche Prüfung nicht bestanden wird. Es verrät, wo etwas offen geblieben ist. Beim Thema Führerscheinprüfung könnte das Durchfallen auf Ängste hinweisen, seinen »Lebenswagen« selbst zu fahren und zu steuern. Wird bei der Mathematikprüfung versagt, mögen sich neben Rechenproblemen auch solche andeuten, mit Geld umzugehen.
- Träume vom Fallen sind oft mit Schreck und Angst verbunden. Schon der Sündenfall legt die sich hier abzeichnende menschliche Urangst nahe. Tief zu fallen ist ein Synonym dafür, praktisch alles bis auf das eigene »Seelenheil« zu verlieren und nichts zu haben, was einen auffangen könnte. Es ist ein Sturz in die bodenlose, dunkle Unsicherheit. Und doch liegt die Aufforderung dieses Traumthemas darin, sich fallenzulas-

sen und ganz dem Lebensfluss hinzugeben, die Kontrolle aufzugeben, mehr Risiken einzugehen und Vertrauen zu entwickeln.

- Auch Nackttträume signalisieren verdrängten Schatten, etwa wenn der Träumer sich als Einziger unbekleidet inmitten eines öffentlichen Platzes wiederfindet. Gefühle von Peinlichkeit, Scham und Ausgeliefertsein prägen solche Situationen. Am liebsten würde man unsichtbar werden oder im Erdboden versinken. In diesen Träumen liegt die Aufforderung, den Mut aufzubringen, sich genau so zu zeigen, wie man ist. Wie, wo und in welcher Form dies geschehen soll, verraten symbolisch die Menschen, vor denen der Träumer seine Blöße zeigt.
- Träume von Wasser und Überschwemmungen deuten an, wie sehr das eigene Seelenwasser wieder fließen will und dabei notfalls auch über die Ufer und die aufgebaute (Seelen-)Staumauer tritt.
- Zerstörerisches Feuer im Traum fordert oft radikale Reinigungsprozesse, aus denen sich – wie Phönix aus der Asche – wieder völlig erneuert auferstehen ließe.
- Verlustträume weisen auf überfälliges und notwendiges Loslassen hin, damit aus dem Ver-lust wieder neue Lust am Leben wachsen kann. Ähnliches gilt für Träume, in denen etwas geopfert werden muss, oder solche vom Zerfall von Gebäuden oder Natur oder im Extremfall von (Natur-)Katastrophen.
- In Schattenzeiten des Lebens können auch Zerstückelungsträume auftauchen, ein uraltes mythologisches Thema, dem viele Götter (wie etwa der ägyptische Osiris) zum Opfer fallen. Alte Form wird hier symbolisch auseinandergenommen und löst sich auf, um neu und heiler wieder zu erstehen.
- Flugträume enthalten meist die Aufforderung, in weitere und freiere Lebensbereiche aufzubrechen. Sie könnten aber auch den Hinweis geben, dass man einer Situation immer wieder

zu entfliehen sucht und sich damit nicht auf die Anforderungen des realen Lebens einlässt.

- Unfallträume stellen eingefahrene Gleise des Lebens(laufes) infrage und deuten an, dass die alte, gewohnte Bahn freiwillig zu verlassen ist, bevor man schmerzhaft hinausgeworfen wird. Oft geht es darum, außergewöhnliche neue Wege zu entdecken und zu gehen. Je umfassender die vom Schicksal eingeforderten Veränderungen sind, desto drastischer verläuft das Unfallgeschehen.
- Träume von Lähmung oder Erstarrung deuten sich von selbst. Hier gilt es, die Fragen zu stellen, was einen lähmt, welche Ängste, Widerstände und Blockaden einen erstarren lassen und daran hindern, sein Leben zu leben, seine Flügel auszubreiten, seine Flossen zu bewegen, Wurzeln zu schlagen und so weiter.
- Wer sich im Traum verirrt, den richtigen (Aus-)Weg nicht findet oder orientierungslos ist, mag dabei Panik empfinden. Die Ausweglosigkeit der Situation deutet sich von selbst. Der Überblick ist verloren – im Inneren, wenn es in großen Gebäuden geschieht, oder im Außen, wenn der richtige Weg aus den Augen verloren wurde. Wege aus solchen beklemmenden Situationen eröffnen sich in der Regel, wenn man bereitwillig und vertrauensvoll fremden, unbekannten Pfaden folgt und sich neu im Leben orientiert. Panik fordert manchmal die Konfrontation mit Pan, dem alten Naturgott und Symbol der Polarität, und folglich mit beiden Seiten der eigenen Natur.
- Ein ähnliches Traumthema in Zeiten von Schattenkonfrontation zeigt sich im Verpassen des richtigen Zeitpunktes, wenn beispielsweise immer ganz knapp der Zug nicht erreicht wird. Solche Situationen vermitteln ein Gefühl von Verlorenheit, Verlassensein und Vergessenwerden. Sie können ausdrücken, wie Angst vor Fehlern zu vielen verpassten Gelegenheiten im

Leben geführt hat. Die sich aufdrängende Frage lautet, welche Gründe einen immer wieder daran hindern, zur rechten Zeit am rechten Ort zu sein. Antworten lassen sich in Traum- wie realer Welt finden. Möglicherweise ist es zu großes Gepäck, das – in welcher Form auch immer mit sich herumgeschleppt – zu schwerfällig macht.

- In diesem Zusammenhang stehen auch Träume, in denen man zwar ständig rennt, aber doch nicht vom Fleck kommt. Hier deutet sich die Frage nach einem möglicherweise nicht der Lebenssituation entsprechenden Energieeinsatz an. Das meist verzweifelte Auf-der-Stelle-Treten deutet sich von selbst. Fixe Vorstellungen, wie und wohin der Weg geht, können zu diesem verzweifelten, aussichtslosen Traumerleben führen. Die Frage drängt sich auf, ob nicht ein Schritt zurück oder zur Seite wieder echte und sinnvolle Bewegung ins Leben bringen wird.
- Geht es im Traum um Aggression, um Gewalt oder Vergewaltigung, liegt die Vermutung nahe, dass diese Themen, die in erlöster Form Vitalität repräsentieren, in den Schatten abgeschoben sind. Sich aufdrängende Fragen sind, wie man mit dieser Energie umgeht, ob man fähig ist, für eigene Anliegen zu kämpfen, sich durchzusetzen oder sich zu wehren.
- Träume von Tieren wollen uns wieder mit unserer »animalischen« Seite und den entsprechenden Instinkten in Verbindung bringen. Sie verraten unsere Haltung bezüglich unserer Triebe. In diesem Zusammenhang ist eines der am häufigsten auftauchenden Traumtiere die Schlange. Als Giftschlange ist sie ein Symbol für Urangst. Sie ist aber auch die falsche Schlange und die Verführerin, die uns aus dem Paradies der heilen Welt lockt. Zugleich ist die Schlange das Symbol für Weisheit, Wandlung (Häutung) und Heilung. In jedem Fall deutet sie anstehende Aufgaben wie Erneuerung und Anneh-

men der Polarität an; auf diese Weise wird ihr Gift zum Heilmittel.

Die Auflistung von Traumthemen ließe sich beliebig weiter fortführen. Was immer existiert und in der Sprache der Seele Bildcharakter hat, kann seelische Wirklichkeit im Traum ausdrücken. Bilder und Symbole sind nie ein-, sondern mehrdeutig. Um ihrer Vielfalt gerecht zu werden und ihre Bedeutung für das individuelle Seelenleben zu erkennen, ist es deshalb wesentlich, mit ihnen verbundene Gefühle und Empfindungen als Wegweiser zu erkennen. Generell ist alles, was uns an Bildern, Gestalten und Situationen im Traum begegnet, Teil unserer unbewussten Seelen- und damit Schattenlandschaft.

Schattentagebuch und Meditation:
Erinnere ich mich überhaupt an meine Träume, oder fehlt mir dieser Zugang zu meiner Seelen-Bilder-Welt, und ist er insgesamt ins Schattenreich gesunken?
Habe ich Lust, mit geführten Meditationen diesen wesentlichen Seelen-Bilder-Schatz aus dem Schattenreich zu heben?
Bin ich bereit, die Nacht und meinen Schlaf zu überarbeiten, um wieder mehr Zugang zu ihr und meinen Schattenseiten zu finden?[52]
Gibt es sich wiederholende Schatten-Traumthemen bei mir? Was wollen sie sagen?

50 Siehe dazu *Schlaf – die bessere Hälfte des Lebens* (Literaturverzeichnis).

Fantasien, Tagträume

Obwohl wir es uns meist nicht eingestehen, verbringen wir enorm viel Zeit in Tagträumen und entsprechenden Fantasien. Vor allem ist an all jene Gedanken und Visionen zu denken, die wir uns bewusst nicht zugestehen, die zu träumen wir gar nicht wagen und die sich deshalb über solche Wege einschleichen (müssen). Wenn wir den Spieß umdrehen und uns diesem wenig angenommenen dunklen Bereich freiwillig über geführte Meditationen zuwenden, ist der Seele insgesamt geholfen, und unser Zugang zu den Schatten der Nacht wird mit der Zeit leichter.

Jeder hat seine individuellen Tagtraumthemen, aber es gibt dem kollektiven Schatten folgend auch typische und archetypische Muster. Fantasien von sexuellen Gelüsten bis zu Orgien und Erfahrungen, die im kulturellen Kontext tabu sind, spielen oft eine Rolle, ebenso Missbrauchs- oder Macht- und Gewaltfantasien oder eine Mischung davon. Was immer als pervers gilt, kann sich über die Träume der Nacht und die Fantasien des Tages Gehör und Beachtung verschaffen. Angstfantasien sind ebenfalls häufig und werden (halb-)bewusst durch ständige Wiederholung geradezu gepflegt.

Neben dem negativen bearbeiten wir in Tagträumen aber vor allem auch viel positiven Schatten. (Noch) nicht verwirklichte Wünsche von Liebe und Geliebtwerden, Ansehen, Ruhm, Selbstverwirklichung, gesunder Rebellion, Reichtum und Glück, von sinnlicher Befriedigung und erotischer Ekstase verschaffen sich über diesen Weg Zugang in das Bewusstsein. Erlösender ist, wenn wir zu diesen Träumen stehen könnten und uns unserem positiven Schatten mit Hingabe und (Sinnen-)Freude widmen würden.

Übung

1: Fangen Sie einen Tag lang alle Tagträumereien und Fantasien bewusst ein, halten Sie sie in Ihrem Schattentagebuch fest. Enttarnen Sie darin so weit wie möglich die wiederkehrenden großen Themen sowohl des lichten als auch des dunklen Schattens.

2: Beginnen Sie, die Träume der Nacht wieder wahr- und wichtig zu nehmen, und behandeln Sie deren große wiederkehrende Themen ebenfalls im Hinblick sowohl auf den lichten als auch den dunklen Schatten.

Lieblingswitze

Humor zu haben bedeutet, im vollen Saft (lat. *humores* = Säfte) des Lebens zu stehen und lebendig zu sein. Mit Humor lassen sich die Widrigkeiten des Lebens leichter ertragen. Gleichzeitig lehrt er uns, alles nicht immer so ernst und schon gar nicht uns selbst zu wichtig zu nehmen. Witze zeigen uns darüber hinaus, dass wir mit Schattenthemen nicht allein dastehen. Das dazugehörige Lachen ist bereits befreiend.

Menschen, die keinen Zugang zum Humor haben, finden oft auch keinen zum Schatten. Wer nicht lachen kann, dem fehlt ein wichtiges Ventil. Es mangelt an einer Entladungsmöglichkeit für Schatteninhalte. So bleibt der Betroffene auf den Ladungen seines Schattens sitzen.

Es hat sich entgegen umgangssprachlichen Befürchtungen noch niemand *kaputt-* oder gar *totgelacht.* Im Gegenteil liegt die Gefahr eher darin, sich *zu Tode zu langweilen.* Letzteres droht, wenn die Persona mit ihren ausgefeilten Masken das Leben hinter einer durchgestylten Fassade zurückhält und alles Schattige mittels Unterdrückung aus dem Leben verbannt. Dieses wirkt dann geordnet und gesittet, kontrolliert und beherrscht und wird langweilig. Das Leben der schweigenden Mehrheit und der (Spieß-)Bürger ist nicht gerade anmachend, weder für diese selbst noch für jene, die das streng geregelte und geordnete Elend mit ansehen müssen. An den Möglichkeiten, sich Ventile zu schaffen, zeigt sich einerseits, wie viel Lebendigkeit noch da ist und herausdrängt und andererseits wie gravierend und ernst die Situation bezüglich der Schattenunterdrückung bereits ist.

Wer sich *vor Lachen ausschütten* kann, lässt dabei – im wahrsten Sinne des Wortes – einiges heraus, wovon er anschließend natürlich frei ist. Er kann auf diesem erlösenden Weg loswerden, was sonst seine bürgerliche Idylle unter Druck bringen und stören würde. Insofern wirkt Lachen befreiend, aber letztlich auch systemstabilisierend.

Witze schaffen Kurzschlüsse und dadurch Entladungen, die über andere Wege schwer möglich sind. Wenn wir verschiedene Genres von Witzen betrachten und diejenigen herausfiltern, über die wir am meisten lachen können, finden wir

Schattentagebuch: *Können mich Witze überhaupt erheitern? Wenn ja, welche? Wenn nicht, warum nicht? Ist mir das Lachen überhaupt vergangen?*
Lassen Sie Ihre Lieblingswitze oder die Witze aus der Sammlung im Anhang, die Ihnen am besten gefallen, vor Ihrem inneren Auge wie kleine Sketche auftauchen. Erspüren Sie dabei, welches Thema Sie zum Lachen bringt und Ihren Schatten zeigt. Machen Sie eine Hitparade Ihrer Lieblingswitze, und nehmen Sie die drei besten in Ihr Schattentagebuch auf. Was sagen Sie Ihnen in dieser Reihenfolge über die Hierarchie Ihrer Schattenthemen?

unsere Schattenbereiche, die am notwendigsten der Entladung bedürfen. Sie stehen am meisten unter Spannung und spiegeln die Spannung, unter der wir bezüglich dieses Themas stehen. Anregungen bietet Ihnen dazu die Sammlung von Witzen im Anhang.

Wenn wir über ein Thema überhaupt nicht lachen können und versteinert reagieren, könnte es auf ein Tabu und folglich tiefen Schatten hinweisen. Lediglich entspanntes Desinteresse oder höfliches Lachen zeigen fehlende Resonanz und damit Schattenfreiheit.

Lieblingsbücher und -filme

Romane und Spielfilme sind eine Möglichkeit, an fremden Lebensgeschichten teilzuhaben. Wenn ein Genre wie Western oder Thriller dabei besondere Faszination auslöst, dürfte das ein Hinweis auf Schatteninhalte sein. William Miller sagt dazu: »Wenn wir die Charakterzüge und das Verhalten von Charakteren studieren, mit denen wir uns identifizieren, kann das eine unschätzbare Quelle zur Entdeckung unserer Schattendimensionen sein.«[51] Hinzuzufügen wäre, dass diese Identifizierung im Positiven wie im Negativen erfolgen kann. Ob wir einen Charakter, eine Rolle vergöttern oder dezidiert ablehnen, verweist auf lichten oder düsteren Schatten.

1. Wer auf Abenteuerromane und Kriegsfilme steht, dürfte bezüglich des Aggressionsprinzips ein Schattenproblem haben. Bei diesem Genre leben wir kriegerische Anteile stellvertretend über entsprechende Hauptdarsteller aus. Das ist sicher besser als gar nicht, wenn auch keine echte Lösung.

---

51 Miller: *Der goldene Schatten*, a. a. O., S. 84.

Die Achse vom Unerlösten zum Erlösten läuft hier von brutaler Gewalt zu Kraft und Mut.

2. Wer dagegen auf Heimatromane und -filme steht, die dem Bodenständigen und dem guten Gefühl für das gesunde Leben und der Dankbarkeit für die gute reichliche Nahrung aus der eigenen Erde huldigen, findet hier sicher Schatten im positiven Sinn. Die Achse reicht von Kitsch im Schatten bis zu echtem Genuss in der Erlösung.
3. Wen andererseits Filme wie *Catch me if you can* begeistern, der dürfte Schatten im Kommunikationsbereich finden. Es ist das Versteckspiel und das Täuschen und Tarnen auf der einen Seite und das Aufdecken und Enttarnen auf der anderen Seite, die diese Faszination nähren. Auch die Fans von Krimis, in denen taffe Kommissare oder Kommissarinnen mittels überlegener Geisteskraft Verbrechern das Handwerk legen, gehören hierher. Ihr Schatten könnte mit Raffinesse und Tarnung zu tun haben und die Lösung in Richtung Information und Kommunikation bis hin zur Kommunion reichen.
4. Familiengeschichten, die das Zuhause und die natürlichen Rhythmen der Natur betonen, die uns Sicherheit und Geborgenheit geben, dürften auf ein entsprechendes positives Schattenthema im Bereich des Urweiblichen hinweisen. Die ungelebte Sehnsucht nach diesen Qualitäten findet über Bücher oder Filme wenigstens für eine gewisse Zeit Befriedigung. Auch Naturfilme könnten auf diese Spur führen. Die Achse reicht von Ersatzbefriedigung bis zu echtem Nest- und Verbundenheitsgefühl.
5. Historienschinken in Buch- oder Filmform, wie beispielsweise *Troja,* die einen strahlenden Sonnenhelden in den Mittelpunkt stellen, begeistern Zuschauer mit dem entsprechenden Mittelpunktsthema. Die Achse reicht vom Feigling im Schatten bis zum Helden im Licht.

6. Arztromane oder -filme und TV-Krankenhausserien sind ein Genre, das dem Ordnungs- und Gesundheitsprinzip sehr nahe kommt. Vom Schatten-Chaos bis zur Heilung im Licht reicht hier die Bandbreite.
7. Liebesromane und -filme stellen neben Kriegs- und Horrorstreifen das erfolgreichste Genre und deuten damit an, dass nichts so schattenanfällig ist wie die Themen Liebe, Aggression und Schatten. Streifen wie *Pretty Woman* mit Julia Roberts und Richard Gere schlagen alle Rekorde und beleuchten die Sehnsucht der Menschen nach erfüllender Liebe und Happy End einerseits und dem Aufstieg aus dem Schattenreich (der Prostitution) ins Licht (der Welt der Reichen und Schönen) andererseits. Hier wird positiver Schatten sehr deutlich. Letztlich gibt es kaum einen erfolgreichen Roman oder Film, der das Thema Liebe nicht wenigstens mit einfließen lässt.
8. Thriller und Horrorfilme verraten, wie groß die Faszination des dunkelsten negativen Schattens ist. Wer würde sich sonst freiwillig unvorstellbare Scheußlichkeiten eines *Schweigens der Lämmer* zu Gemüte führen und dafür noch bezahlen. Das Prinzip der radikalen Wandlung hat seine erklärte Fangemeinde. Deren Mitglieder sind weniger gefährdet, Opfer des dunkelsten Schattens zu werden als jene, die Wert darauf legen, sich so etwas wie Horrorfilme niemals anzutun. Auch Wildwestsujets gehören hierher sowie die Buchverfilmung *Ein Mann sieht rot*, in der Charles Bronson dem Archetyp der Rache ein Denkmal setzt. Selbst im Rachethema findet sich – nach dem Polaritätsgesetz – der Gegenpol in Gestalt der guten Rächer wie Zorro, Ivanhoe und Robin Hood. Auch all die Fans von TV-Kommissar Schimanski sind hier angesprochen. Es ist ihr Schatten, der darauf anspricht, wenn ihr Held mit ungesetzlichen Aktionen und seinem Mörderhammer

ihre Gerechtigkeitswünsche verwirklicht. Vom düstersten Grauen bis zum hellsten Licht reicht hier das Spektrum, das schon vom Mythos des Phönix beleuchtet wird, der sich aus der Asche zu hellster Strahlkraft erhebt.

9. Romane und Filme, die Werte, Visionen, Glauben und Philosophie vermitteln, gehören zum Prinzip der Sinnfindung und bringen uns mit positivem Schatten und dem Lebenssinn in Kontakt. Ein Filmklassiker wie *Ben Hur* bedient diesen positiven Schatten oder der moderne Blockbuster *Avatar*, wobei stets auch eine Liebesgeschichte miterzählt wird. Ein wunderbarer Film, der die ganze Bandbreite von Betrug bis zu echter Glaubensheilung beleuchtet, ist *Der Schein-Heilige* mit Steve Martin, Debra Winger und Liam Neeson.

> **Schattentagebuch:** *Welche Rolle spielen Spielfilme und Romane in meinem Leben, und welchen Schatten zeigt mir das?*
> Suchen Sie Ihr Lieblingsgenre heraus und darin wiederum Ihren Lieblingsfilm beziehungsweise Ihr Lieblingsbuch, und erleben Sie sie im Hinblick auf Licht und Schatten zu diesem Thema. Notieren Sie im Schattentagebuch, was Sie persönlich mit diesem Thema und Film oder Buch verbindet.
> Sie können dies jeweils für das zweit- und drittwichtigste Genre wiederholen.
> Welches Genre meiden Sie dagegen strikt? Welchen Schatten verrät es?

10. Dem Prinzip der Reduktion auf das Wesentliche ist mit Filmen kaum beizukommen. *Broken Silence*, die Geschichte eines Schweizer Karthäusermönchs, der nach Jahren sein Schweigen brechen muss, um sein Kloster zu retten, gehört hierher.

11. Ausgeflippte Produktionen, die Aufbruchstimmung vermitteln wie seinerzeit *Easy Rider* oder *Hair*, sprechen das Prinzip der Originalität an und seine Schattenträume. Der Schatten reicht von unsozialer Seelenkälte bis zu funkelnd faszinierenden neuen Lichtwelten.
12. Das Prinzip der Transzendenz entzieht sich dem Vordergründigen, so auch der Bestseller- und Filmindustrie. Trotzdem berühren in der letzten Zeit immer mehr mystische und spirituelle Produktionen auch diesen Bereich, der mit der Suche nach Hinter- und Tiefgründigem, dem Jenseitigen und letzten Ziel verbunden ist und seinen Schatten im Untergang in Sekten- und Wahnwelten hat. Ein schöner diesbezüglicher Film ist *Auf Messers Schneide*, nach dem Roman von Somerset Maugham mit Bill Murray.

Berufswahl

So wie jeder Beruf seine bei Vorstellungsgesprächen und offiziellen Anlässen betonten Lichtseiten hat, muss er dem Polaritätsgesetz entsprechend auch Schattenseiten besitzen. Dass sich die meisten Brandstifter unter Feuerwehrleuten finden, ist inzwischen auch jenen bekannt, die sich dem Wissen um die Schicksalsgesetze verschließen. Letztlich ist es auch leicht nachvollziehbar. Wer Feuerwehrmann wird, will Brände löschen. Wenn es zu lange nicht brennt, werden einige sogenannte schwarze Schafe nervös und fangen an zu zündeln.

Soldaten haben das positive Berufsbild, ihr Land zu schützen, es zu sichern und zu verteidigen. Ihr Schatten ist die eigene Unsicherheit, die sich hinter aufgepolsterten Schulterstücken und Orden versteckt und die bis zu offensiver Machtausübung und entsprechenden Übergriffen reichen kann; nicht zufällig rekrutieren sich diktatorische Gewaltherrscher oft aus ihren Reihen. Entsprechendes gilt für Polizisten, die sich als unsere Freunde und Helfer verstehen und die Vertreter von Recht und Ordnung sind. Sobald sie selbst kriminelle Methoden bei der Verbrechensbekämpfung anwenden oder bestechlich sind, lässt der Schatten grüßen.

Der Versicherungsagent will ebenfalls, wenn auch mit bürokratischen Mitteln, sichern. Tatsächlich muss er aber zuerst einmal verunsichern und Angst schüren, um seine Geschäfte ins Rollen zu bringen. Die Schattenanalyse offenbart, wie sehr er letztlich vom Geschäft mit der Angst lebt.

Wie oft Mediziner zu Krankheitsängsten im Sinne von Hypochondrie neigen, ist bekannt. Sie bearbeiten diese Ängste ständig in der Projektion am Patienten. Der Arzt ist auf seiner lichten Seite ein Heiler und im Schatten ein Hypochonder, ein unheiler Angsthase, der seinerseits Angst und Schrecken verbreitet und Unheil stiftet, wie es die letzten erfundenen Seuchen und Pandemien so peinlich deutlich machten. Auch all jene Mediziner, die mittels Angstmache Patienten zu Früherkennungsmaßnahmen nötigen, die sie als Vorsorge ausgeben, sind Schattenfiguren, ohne es zu merken. Der Schatten holt sie ein und macht aus Medizinern Medizyniker.

Es ist außerdem naiv zu glauben, dass Chirurgen am liebsten nicht operieren würden. Sie gleichen in dieser Hinsicht eher den Brandstiftern und neigen dazu, lieber zu viel als zu wenig zu operieren. Als internistische Herzspezialisten Herztransplantierte nachuntersuchten, stellten sie fest, dass die Hälfte der Patienten mit konservativer Therapie ausgekommen wäre. Chirurgen brennen eben darauf zu operieren, wie Feuerwehrleute zu löschen und Soldaten zu schießen. Jeder kämpft gern an seiner Front. Das ist auch gut, denn nur so lernt man es und beherrscht es im Ernstfall. Der Schatten aber bleibt unübersehbar.

Der Heilpraktiker trägt seine lichte Seite schon im Namen. Demnach praktiziert er das Heil; im Schatten droht Unheil. Viel zu oft etwa werden in manchen Heilpraxen sogenannte Präkanzerosen diagnostiziert und anschließend »geheilt« oder zuerst die Verhältnisse im Darm ruiniert, um sie anschließend aufwändig zu behandeln.

Je positiver das Image eines Berufes, desto anfälliger ist es natürlich für Schaden und Schatten. Schreckliche Skandale haben deutlich gemacht, dass bei Krankenschwestern manchmal Todesengel im Schatten lauern.

Dass Psychiater spinnen, erscheint vielen nicht abwegig. Die beiden großen Psychiater Ronald Laing und Edward Podvoll zumindest antworteten auf die Fragen von Journalisten, wie sie es in Wohngemeinschaften mit Schizophrenen aushielten, dass sie sich ihnen so nahe und verwandt fühlen würden. Und tatsächlich muss man eine große Faszination für den Irr-sinn der Seele haben, um sich ein halbes Leben und ein ganzes Berufsleben lang freiwillig in einem Nervenkrankenhaus aufzuhalten.

Der Psychotherapeut muss ebenso von den Irrwegen der Seele begeistert und ein echter Schattenfan sein, um Menschen ständig und gern auf den Irrfahrten ihrer Seele zu begleiten. Die Gefahr ist, eigenen Schatten damit ausschließlich in der Projektion zu bearbeiten und die Eigentherapie zu vernachlässigen.

Jedem ist klar, dass Juristen das Recht anwenden sollen. Aber der Strafverteidiger muss schon mal von Berufs wegen auch Unrecht verteidigen. Sprüche wie »Vor Gericht und auf hoher See ist man in Gottes Hand« verraten, wie wenig verlässlich die Zunft agiert. In vielen Ländern Asiens, Afrikas und Lateinamerikas ist das Problem als staatsstörend bekannt und Bestechung die Regel. Staatsanwälte wie Polizisten brauchen natürlich auch eigene kriminelle Fantasie, um überhaupt Verbrechern auf die Spur zu kommen.

Die lichte Seite der Politiker besteht darin, der Gemeinschaft zu dienen. Das hohe Etappenziel ist ein Ministerposten. Minister heißt Diener (des Staates). Aber statt Dienen und Führen, ist oft mehr ein Verdienen und Verführen angesagt. Statt das Gemeinwesen reicher zu machen, droht aus dem Schatten Selbstbereicherung. Der ironische Einwurf: »Wer glaubt, Volksvertreter würden das Volk vertreten, glaubt auch, Zitronenfalter würden Zitronen falten«, zielt auf den Politiker-Schatten. Um ihn zu erleben, muss man nicht mehr in die sogenannte Dritte Welt reisen. Tatsächlich sind Hauptstädte wie Brüssel und Washington in unübersehbarem Ausmaß in die Hände von Lobbyisten gefallen. Große Bestechungsskandale erschüttern auch deutsche Vorstandsetagen, und führende Politiker winden sich oft nur mühsam aus juristischen Schlingen. Ein Berlusconi ändert Gesetze, bevor sie sich gegen ihn richten können. Wegen dieses Schattens karikiert ihn die Bevölkerung bereits mit dem Vornamen Benito des Diktators Mussolini. Wer wie der deutsche Exkanzler Kohl große Geldbeträge annimmt, ohne um eine Quittung gebeten zu werden, muss wissen, dass es sich dabei um Schwarzgeld handelt. Zu behaupten, die edlen Spender hätten keine Gegenleistung erwartet, ist im höchsten Maß naiv. Ginge es nicht um den Kanzler der Einheit, wäre wohl Beugehaft bis zur Offenlegung der Namen der Falschspielerfreunde angesetzt worden. Er ist gerade noch ein-

> **Schattentagebuch:** *Habe ich einen Job oder meinen Beruf? Ruft er mich, und ist er mir Berufung? Was ist seine Licht- und was seine Schattenseite? Mit welcher habe ich mehr zu tun? Was fehlt mir in meinem Beruf und gerät schon aus diesem Grund in den Schatten? Gleiche ich es aus, etwa mit einem Hobby?*
> Bitte füllen Sie dazu wieder Ihr Schattentagebuch mit Notizen.

mal davongekommen, aber wie? So viel er auf der Lichtseite für Deutschland getan hat, so sehr hat er den Schatten der Politik demaskiert.

Im Anhang finden Sie weitere Hinweise zu den Schattenaspekten verschiedener Berufssparten, die als Anregung für die Auseinandersetzung mit der eigenen Berufstätigkeit dienen mögen.

(Hobby-)Sport

So wichtig Sport für viele ist, so wenig mag er andere tangieren. In letzterem Fall sind dieses Kapitel und seine weiterführenden Hinweise im Anhang zu überspringen – allerdings nur, nachdem der eigene Sport-Schatten bewusst gemacht und gedeutet ist.

Bei Sportveranstaltungen wird dunkler Schatten bei Zuschauern oft sehr offensichtlich. Mit Vorliebe sitzen sie bei Auto- oder Skirennen an der gefährlichsten Kurve, dort wo es lebensgefährlich für die Athleten wird. Sportarten wie Boxen, Ringen oder Catchen, bei denen ein starker Showaspekt hinzukommt, ziehen Zuschauer wegen der offen gezeigten Aggression an. Die an*feuern*den Rufe, mit denen den sportlichen Lieblingen aggressiv Mut gemacht wird, sind nicht selten sogar brutal und kriegerisch und enthüllen ganz direkt dunkelsten Schatten. Da bei diesen Sportarten ganz offiziell geschlagen und geprügelt wird, tritt sonst negativ eingestufter Schatten positiv hervor und wird nicht nur toleriert, sondern verherrlicht. »Eine unheimlich starke Rechte«, konstatiert der Reporter, und der getroffene Boxer hat vielleicht lebenslang etwas davon. Bei Eishockey und Fußball gelten Gewaltdurchbrüche als einkalkulierte Unfälle; die Sprache der Reporter und die der anfeuernden Schlachtenbummler macht – was Schatten angeht – alles klar.

Bei den Athleten wird der dunkle Schatten in überzogenem Ehrgeiz und extremer Konkurrenz deutlich, etwa in der offen gezeigten Freude eines Skifahrers, wenn Mannschaftskollegen ausscheiden, getreu dem Motto: »Wenn schon nicht ich, dann wenigstens keiner von uns.«

Solche Schadenfreude ist im Leistungssport die Regel, obwohl sie meist nicht so unverblümt gezeigt wird. Vor allem bei den Damen verkörpert sich sportlicher Schatten außerdem in serienmäßig ruinierten Figuren, die mehr zu Muskelmännern passen.

An der Sportart selbst lässt sich ablesen, was sie ins Leben bringt und was sonst fehlen würde. Auch das ist ein Schattenaspekt. So deutet die Sportart an, was im Leben gesucht wird.

Schattentagebuch: *Welchen Sport habe ich früher bevorzugt? Welchen betreibe ich heute oder schaue ich am liebsten an? Mit welchen Elementen beschäftigt sich diese Sportart (zum Beispiel Windsurfen mit Wasser und Luft)? Was fehlt mir also, und wie hole ich es mir über diesen Sport?*
Im Anhang finden Sie ab Seite 287 zusätzliche Anregungen für Ihre persönliche Auseinandersetzung mit den Licht- und Schattenaspekten von Profi- und Hobbysport.

Das antike olympische Ideal einer Jugend der Welt, die sich zu friedlichen Spielen trifft und für die das Teilnehmen alles und das Siegen zweitrangig ist, kann man heute vergessen. Sport ist ein Abbild der Leistungsgesellschaft mit ihrem hohen Suchtpotenzial von der Rekord- über Leistungs- bis zur Erfolgssucht. So ist es verständlich, wenn die Leistungsgesellschaft Leistungssport fördert. Selbst im Amateur- und Hobbybereich rückt Leistung immer mehr in den Mittelpunkt, was der patriarchalischen Gesellschaft insgesamt entspricht.

Ausgesöhnt sein

Alles in allem: das holografische Weltbild

Natürlich ist es besonders zu Beginn schwieriger und unangenehmer, sich als Schöpfer von Schatten zu erkennen denn als sein Opfer. Es gibt aber eine alte, von Paracelsus formulierte und von modernen Wissenschaftlern immer besser untermauerte Sicht, die diesen Schritt erleichtert: Mikrokosmos ist gleich Makrokosmos. Demnach ist der Mensch ein vollkommener Mikrokosmos, der den Makrokosmos in sich widerspiegelt. Diese spirituelle Theorie ist heute viel mehr als ein bloßes Modell der Wirklichkeit.

Die Möglichkeit, mit hochgeordnetem sogenannten Laserlicht zu fotografieren, führte zur Holografie. Diese Methode bietet das bisher beste Abbild des Weltzusammenhangs. Aus jedem Teil eines solchen Hologramms lässt sich jederzeit das ganze Bild rekonstruieren. Das aber heißt nichts anderes, als dass alles in allem enthalten ist. Diese Tatsache hat Wissenschaftler vieler Richtungen inspiriert und zu ähnlichen Aussagen wie spirituelle Meister veranlasst. »Der Tropfen mag bisweilen schon wissen, dass er im Meer ist, aber selten wohl weiß er, dass das Meer auch in ihm ist«, sagt die indische Yogini Ananda May. »Wir sind nicht in der Welt, sondern die Welt ist in jedem von uns«, erklärt der Ayurveda-Arzt Deepak Chopra, den Debbie Ford in ihrem Buch *Die dunkle Seite der Lichtjäger* zitiert. Sie selbst wird noch direkter: »Jeder von uns besitzt jede existierende menschliche Eigenschaft.« Und auf den Punkt bringt es wieder Byron Katie: »Jeder ist ein Spiegelbild von dir – von deinem eigenen Denken, das zu dir zurückkehrt.«

Sowohl aus spiritueller als auch aus wissenschaftlicher Sicht haben wir also alles jederzeit in uns. Wir brauchen uns folglich nicht zu schämen, wenn wir im Laufe dieses Buches auch viel Dunkles, Schattiges, vor allem aber Unbewusstes in uns gefunden haben und hoffentlich noch finden werden. Letztlich heißt das auch, dass wir immer nur uns selbst kritisieren, beschimpfen, anklagen, verurteilen oder sonst wie verunglimpfen können. Wem dies klar wird, hört rasch auf mit solcher Selbstbezichtigung. Schlussendlich führen wir eigentlich nur Selbstgespräche; alle Klagen sind Selbstanklagen. Demnach ist es gut, seinen eigenen Monologen und Vorträgen wenigstens auch selbst zuzuhören. Seit ich das tue, habe ich jedenfalls ungleich mehr davon. Und manche Themen, die ich offenbar wirklich schwer begreife, muss ich sehr oft vortragen. In der Projektion heißt das: »Mein Buch *Die Schicksalsgesetze* ist sehr erfolgreich; das Thema wird immer wieder von Veranstaltern angefragt.« Ehrlicher und projektionsfrei muss es heißen: »Die Schicksalsgesetze scheine ich immer noch nicht in ihrer ganzen Tiefe begriffen zu haben, denn ich rede immer noch und immer wieder darüber.« Richard Bach sagt in seinem Buch *Illusionen*: »Du lehrst am besten, was du selbst gerade lernst.«

Überlegen Sie einmal, ob nicht auch Sie öfter anderen raten, was Ihnen selbst nottäte. Gern erinnern wir andere an Dinge, an die wir selbst erinnert werden müssten, geben Hinweise, die niemand dringender braucht als wir selbst. Was wir am meisten wiederholen, worauf wir am häufigsten herumreiten, ist, was wir selbst am nötigsten haben.

Natürlich ist nicht jeder andere Mensch konkret in uns, aber die Qualität, die sich in seinem Leben ausdrückt, lässt sich auch in unserem finden. Keinesfalls haben wir dieselben Taten vorzuweisen, aber sicher dieselben Seelenqualitäten, die zu diesen führten. Bei einer verbrecherischen Tat mag es helfen, sich die Entstehungsgeschichte des Verbrechens vor Augen zu führen. So gelingt es manchmal, sich doch noch einzufühlen. Die alte Indianerweisheit, »Urteile niemals über jemanden, in dessen Mokassins du nicht gegangen bist«, kann helfen, ebenso der Christussatz »Wer von euch ohne Sünde ist, der werfe den ersten Stein«. Sobald ich den entsprechenden Zug in mir finde, muss ich ihn nicht mehr bei anderen verurteilen.

Umgekehrt lässt sich dieses Verhalten zum Anzeigeinstrument machen: Solange ich etwas verurteile, kann ich die entsprechende Qualität in mir (noch) nicht angenommen haben. Hier ergibt sich eine wundervoll einfache Chance zu Eigenkontrolle und Eigentherapie. Was immer ich verurteile, stellt sich mir noch als Aufgabe.

Letztlich ist alles sehr einfach: Solange wir andere beschuldigen, werden wir ebenfalls noch beschuldigt. Solange wir mit uns nicht ausgesöhnt sind, werden andere an uns Anstoß nehmen. Deshalb ist es Gold wert, mit sich ins Reine zu kommen, den Schatten zu durchlichten und bewusst zu leben. Wer sich verurteilt, verurteilt automatisch auch andere. So sollten wir den Unterschied sehen zwischen einerseits einem notwendigen Werten und Abwägen, um zu erkennen, was für uns, unseren Körper, unsere Seele und unseren Geist (un-)zuträglich ist, und andererseits einem Verurteilen, das von äußeren Wert(ung)en ausgeht. Die Welt ist uns ein Spiegel. Je mehr wir sie nutzen, um uns kennenzulernen, desto wissender und weiser werden wir bezüglich unserer selbst und der Welt.

Wer erkennt, dass er alles in sich hat, was er in anderen sieht und kritisiert – zwar nicht in jeder Form, aber grundsätzlich –, dessen Sicht der Welt und Selbstbild verändern sich radikal. Daraus könnten wir lernen, uns sein zu lassen, wie wir sind. *Denn alles, was wir in uns nicht sein lassen, lässt uns nicht sein und nicht los.* Umso besser wir das lernen, desto leichter können wir auch andere sein lassen, und unser Leben darf geschehen. Es würden weder Ge- noch Verbote, weder Befehle noch Kontrolle notwendig sein. Das Ergebnis wäre keineswegs Gleichgültigkeit im Sinne von dumpfem Desinteresse, sondern etwas, das die Buddhisten Uppekha oder Gleichmut nennen. Wer die Welt, die eigene und jede andere, so betrachten kann, der ruht in sich, ist in seiner Mitte. Von ihm gehen Ruhe und Frieden aus. Und natürlich muss zuerst Frieden mit sich schließen, wer mit der Welt Frieden haben will. So lesen wir im *Tao Te King*:

> »Je mehr Verbote es gibt,
> desto weniger tugendhaft werden die Leute sein.
> Je mehr Waffen es gibt,
> desto weniger sicher werden die Leute sein.
> Je mehr Hilfsgelder es gibt,
> desto weniger selbstbewusst werden die Leute sein.
>
> Daher sagt der Meister:
> Ich lasse das Recht los,
> und die Leute werden redlich.
> Ich lasse die Wirtschaft los,
> und die Leute werden wohlhabend.
> Ich lasse die Religion los,
> und die Leute werden heiter und ruhig.
> Ich lasse das Verlangen nach dem Allgemeinwohl los,
> und das Wohl verbreitet sich so allgemein wie das Gras.«[52]

52 Laotse: *Tao Te King*, a. a. O., S. 65.

Audio-Meditation: Hören Sie die Meditationen 1 und 15. Gönnen Sie sich im Anschluss ausreichend Zeit, um sie weiterwirken und ausklingen zu lassen. Kommen Sie dann in bewährter Weise zurück, und halten Sie Ihre Eindrücke im Schattentagebuch fest.

Übung: Betrachten Sie Gebote einmal als An*gebote*, als die sie eigentlich gedacht sind. Wenn Sie sich an die zehn (An-)Gebote unserer Kultur halten, werden Sie weniger hässlichen Schatten produzieren. Sie können Ihrer inneren Stimme folgen, die Sehnsucht nach dem Lichten und Guten hat. Daraus resultiert ein reines und gutes Ge*wissen*, im Sinne von innerem Wissen, das sprichwörtlich als sanftes inneres Ruhekissen gilt.

Psychotherapie, Schattenarbeit und spiritueller Weg

William Miller macht es deutlich: »Der Schatten hat ein eigenes Leben und drängt nach Aufmerksamkeit und Zeit auf der Bühne des Lebens. Anstatt ihn in die Seitenränge zurückzuboxen und zu versuchen, das ›Publikum‹ davon zu überzeugen, dass wir nur das sind, was es sieht, müssen wir uns umdrehen, den Schatten ansehen und uns mit ihm unterhalten, wie unerwünscht er auch immer sein mag. Aus dieser Begegnung können wir größere Einsicht in uns selbst gewinnen.«[53]

53 Miller: *Der goldene Schatten*, a. a. O., S. 96.

In diesem Sinn dürfte inzwischen noch klarer geworden sein, warum positives Denken niemals Schattentherapie war oder sein kann. Es vergrößert den Schatten, indem es Symptome und das als inakzeptabel Eingestufte hinter Wällen von Affirmationen versteckt. Dabei wachsen der Schatten und parallel das Ego, was die Außenwelt deutlich beobachten kann. Zudem dringen die dazu benutzten Affirmationen – wie der Naturwissenschaftler und Autor Bruce Lipton betont – meist nur in die obere Schicht des *Unter*bewusstseins vor und zementieren damit die Grenze zum eigentlichen Reich der Seele, in dem die größten Schätze schlummern. Schattentherapie sollte im Gegenteil alles Abgelehnte hinter den Wällen und Mauern hervorholen. Debbie Ford sagt diesbezüglich: »Es heißt, Affirmationen würden uns ins Lot bringen. Aber wie ich oft in meinen Vorträgen sage, wenn ich Eiscreme auf Mist tue, dann schmecke ich nach ein paar Löffeln wieder den Mist. Wenn wir negative Züge integrieren, dann brauchen wir keine Affirmationen mehr, weil wir wissen, dass wir wertlos und wertvoll sind, hässlich und schön, faul und gewissenhaft. Solange wir glauben, wir könnten nur das eine oder andere sein, dann geht unser innerer Kampf weiter, immer nur das Richtige zu tun.«[54]

Ob wir uns selbst in eigener Regie oder mit professioneller Hilfe an den Schatten wagen sollen, ist kaum eindeutig zu klären. Wenn der Schatten sich bereits in körperlich massiven Krankheitsbildern manifestiert, die das Leben bedrohen, liegt es mehr als nahe, sich helfen zu lassen. Aber auch alles, was das Leben massiv einschränkt, ist ein guter Grund, Hilfe zu suchen und anzunehmen. Wer sowieso vorhat, den (Entwicklungs-)Weg zu gehen, könnte sich durch möglichst frühzeitige Schattenthe-

54 Ford: *Die dunkle Seite der Lichtjäger*, a. a. O.

rapie[55] vieles erleichtern – in dem Sinn, wie es der Gestalttherapeut Irving Polster ausdrückte, als er sagte, Psychotherapie sei viel zu schade, um Kranken vorbehalten zu bleiben. Aber auch nach einer Schattentherapie geht das Spiel mit Schattenbildung und -auflösung weiter, allerdings auf einem viel entspannteren Niveau und mit deutlich besseren Chancen.

Wer sich nicht annähernd so bedrängt fühlt, kann in eigener Regie seine Schritte ins Schattenreich wagen und findet in diesem Buch viele bewährte Hinweise und Tipps, die sich im Leben der Autoren und während mehr als dreißig Jahren Schattentherapie im Heil-Kunde-Zentrum in Johanniskirchen bewährt haben. Ein erster Schritt ist auch schon die Beschäftigung mit dem Hörbuch *Schattenarbeit.*

Solange wir auf Erden sind, bleibt der Schatten das Thema. Echte Schattenarbeit muss mit allen Vorwürfen an das Leben und die Welt, dieser ständigen Gotteslästerung, und den Widerständen gegen die Schöpfung aufräumen. Wichtig ist im Zusammenhang unseres Themas, in einer weiteren Übung die verbliebenen gesammelten Vorwürfe und Widerstände einer Analyse zu unterziehen.

Audio-Meditation: Hören Sie die Meditationen 1 und 16. Nehmen Sie sich im Anschluss ausreichend Zeit, um sie weiterwirken und ausklingen zu lassen. Führen Sie danach wieder Ihr Schattentagebuch.

55 Damit ist die im Heil-Kunde-Zentrum in Johanniskirchen durchgeführte, im Idealfall über vier Wochen gehende Reinkarnationstherapie gemeint (Adresse im Anhang); siehe auch im Internet unter www.dahlke.at

Schlusspunkt und Meisterstück

Das Allerschwerste bei der Schattenarbeit ist, sich abschließend zuzugestehen: »Ich bin nicht nur so, sondern ich darf auch so sein« – das heißt, den Schatten anzunehmen und sogar zu lieben. Das ist der Höhepunkt und lohnend wie wenig anderes.

Bei dieser anspruchsvollsten Übung, die eigenen Schattenseiten zu akzeptieren und liebend anzunehmen, stoßen wir automatisch auf den christlichen Grundsatz: »Liebe deinen Nächsten wie dich selbst.« Manche haben sich vor dem darin steckenden Dilemma gedrückt, indem sie ihn in seiner Essenz verdreht haben. Dann heißt es plötzlich: »Liebe deinen Nächsten über alles«, und man wird hoffnungslos daran scheitern und weiter sein schlechtes Gewissen kultivieren. Wer Christus und seine Lehre in diesem Satz aber ernst nimmt, muss anfangen, sich selbst zu lieben, um überhaupt eine Chance beim Nächsten zu haben. Tatsächlich ist die Lehre des Meisters viel realistischer und besser umsetzbar als das, was daraus gemacht wurde.

Diese zentrale christliche Aussage stellt sehr deutlich fest, dass wir den Nächsten gar nicht mehr als uns selbst lieben sollen und können. Wenn wir aber alle Menschen als Nächste sehen, wie es eindeutig christlicher Auftrag ist, und sie lieben wollen, müssen wir uns selbst ganz und gar lieben, und das beinhaltet auch den Schatten. Was immer diesbezüglich scheitert, das scheitert an diesem Punkt. Nur wenn wir uns als Ganzes, also mit unserer dunklen Seite annehmen, kann dasselbe auch bei den Mitmenschen und deren dunklen Seiten gelingen. Nur wer seinen eigenen Schatten akzeptiert und integriert, das heißt, wer sich so nimmt und liebt, wie er ist, kann auch den Schatten anderer Menschen annehmen und sie so nehmen und lieben, wie sie sind. Daran ist bisher (fast) alles gescheitert, und letztlich konnte das Christentum seinem Auftrag als Religion der Liebe, diese überall zu verbreiten, noch keineswegs gerecht werden. Statt innerlich die Liebe wachsen zu lassen, hat man versucht, die Religion der Liebe mit Feuer und Schwert in Gestalt fürchterlicher Mission zu verbreiten. Dramatischer hätte man Christi Auftrag nicht missdeuten können. Auf dieser Grundlage mit Gewalt verbreiteten Christentums hat sich später der Kapitalismus mit seinem Konkurrenzprinzip weltweit etabliert – ganz offensichtlich ein weiteres Schattenphänomen. Natürlich ist bei dem hohen Anspruch, Liebe zu verbreiten, der Schatten besonders mächtig.

Wo wir auch hinsehen, schnell sind wir mit dem zentralen Thema Schatten konfrontiert. Wir kommen nicht umhin, uns selbst umfassend anzunehmen und zu lieben, wenn wir mit der Schattenintegration ernst machen und weiterkommen wollen. Liebe und Schatten sind gleichermaßen die Lösung für fast all unsere Probleme in der Reihenfolge, dass wir den Schatten lieben lernen. Das aber ist nur eine Umschreibung des Auftrages, unsere Projektionen zurückzunehmen oder, noch anders gesagt, unsere Feinde zu lieben.

Dies bringt uns zum zweiten zentralen Liebessatz des Christentums. Tatsächlich sollen wir nicht nur unseren Nächsten lieben wie uns selbst, sondern eben auch unsere Feinde. Damit zeigt sich das Schattenthema als ein zentrales christliches und vereint die beiden christlichen Hauptforderungen in sich. So ist dies auch ein zutiefst christliches Buch, obwohl manche Kleriker in ihm als Schattenfiguren deutlich geworden sind. Der lichte Schatten des dunklen Schattens ist: Sie können noch wachsen – zusammen mit uns.

Am Ende erfolgreicher Schattentherapie müsste wieder alles im Schaufenster des Lebens liegen und ohne Scham gezeigt werden können. Was immer während Kindheit und Jugend verräumt und versteckt wurde, darf wieder in der Auslage auftauchen, und zwar unabhängig davon, ob es sich gut und leicht verkauft oder vom Publikum weniger geschätzt wird. Wir erscheinen natürlicher, vollständiger und heiler, wenn wir auch unsere dunklen Seiten (aner-)kennen und zeigen. Hatten wir in aller Regel auf dem anfänglichen Weg der Schattenbearbeitung Angst, wegen all der dunklen Aspekte unseres Wesens abgelehnt zu werden, erleben wir nun fast ausnahmslos und oft voller Erstaunen, wie wachsende Authentizität und Echtheit im Gegenteil großen Anklang finden. Selbst wenn einzelne Schattenaspekte unbeliebt sein mögen, kommen wir insgesamt viel besser an – bei uns selbst und anderen.

Wenn wir uns für den Schatten öffnen, werden wir immer weiter und offener. Unsere Grenzen zu anderen und zur Welt werden durchlässiger und weniger wahrnehmbar mit der Tendenz, sich allmählich aufzulösen. Da wir in uns bewusst immer mehr dunkle Seiten erkennen, werden wir gegenüber unseren Mitmenschen und der Welt und deren Problemen toleranter. Um beide Seiten der Wirklichkeit wissend, gelangen wir zunehmend in die Mitte zwischen den Polen. Wir haben die Extreme kennengelernt und wissen, dass zu jedem Pol ein Gegenpol existiert und die Wahrheit in der Mitte zwischen beiden liegt.

Zum Schluss läuft die Wahl zwischen den beiden Lebensweisen, der *gut*bürgerlichen und der *ganz*heitlichen, umfassenden, auf die berühmte Frage C. G. Jungs hinaus: »Willst du gut oder ganz sein?« Sie findet sich heute auf T-Shirts und Buchtiteln im Sinne von »Gute Mädchen kommen in den Himmel, böse überall hin«. Die moderne Jugend will offensichtlich auf den Spuren von Jung überall hin, wobei unklar ist, ob sie sich der Konsequenzen bewusst ist. Für Jung war jedenfalls klar, dass der Schatten unser Leben ungemein bereichert. Er betont ausdrücklich, wie sehr dessen kindliche und primitive Eigenschaften das Leben intensivieren und verschönern.

Wer nur gut sein will, bleibt der Ganzheit notgedrungen vieles schuldig. Wer ganz werden will, darf ruhig auch gut sein, aber er kann sich obendrein seine dunklen, weniger guten Seiten ein- und zugestehen und sie anerkennen und lieben. Es macht ihn vollkommener und sein Gutsein echter und natürlicher. Er wird es nicht verteidigen und offensiv zum Programm für alle machen müssen; er weiß um die andere Seite. Schatten ist ihm diese nicht mehr, denn er hat das Licht der Bewusstheit auf sie gelenkt, und folglich gehört sie zu ihm, und er ist mit ihr identifiziert. Anderen Menschen gegenüber wird er milde, erkennend, auf welcher Stufe sie selbst mit ihrem Schatten stehen oder ringen. Er wird nicht mehr (ver-)urteilen, weil er viel Dunkles aus seinem eigenen Schattenreich kennt, und weniger werten, weil er beide Seiten sein lassen kann und ihre jeweilige Bedeutung für das Ganze durchschaut. »Die höchste Form der menschlichen Intelligenz ist das Nichtbewerten«, lehrte Krishnamurti.

Das Engelprogramm

Solange wir im Leben gegen unterdrückte innere und unübersehbare äußere Schatten kämpfen, neigen wir dazu, unsere Mitmenschen zum Teufel zu wünschen und ihnen zum Teufel zu werden. Da der unbewusste Schatten ständig zwischen den Zeilen unseres Lebens Furore macht, sind wir *natür*lich mit dunklen Energien in Resonanz. Wenn wir aber den Schatten weitgehend durchlichtet und unser Selbst in Besitz genommen haben, fallen die Schalen der Persona von uns ab, und unter den Masken kommen wir selbst zum Vorschein. Wir müssen uns nun nicht mehr als jemand Besseres ausgeben und folglich nicht mehr als jemand anderes. Der Versuch nämlich, besser zu sein, als wir in Wirklichkeit sind, verhindert, dass wir das werden, was wir sein könnten: wir selbst. Das ganze anstrengende *Tun als ob* fällt ab. Wir sind einander ebenbürtig, und das aufreibende Leben in Konkurrenz hat ein Ende. Wir sind, wie wir sind, und dürfen so sein.

Nun könnten wir unserer Umwelt zum Engel werden und positive Umkehrungen inszenieren, statt Negativerwartungen zu erfüllen. Sie haben, da sie so überraschend sind, die Chance, rasch tief einzudringen und große Wirkung zu hinterlassen. Ein Beispiel mag zeigen, wie einfach und wundervoll diese Strategie funktioniert:

Im Rahmen einer Flusskreuzfahrt durch Russland kam ich auf einem typischen Touristenmarkt zum Stand einer jungen Malerin, die eindrucksvolle Aquarelle für wenig Geld anbot. Als ich mich für eines interessierte, reduzierte sie sogleich unterwürfig den schon geringen Betrag noch weiter, offenbar gewohnt, von Touristen im Preis gedrückt zu werden. Sie sprach ein wenig Englisch, und ich bot ihr für das Bild einen Betrag, der deutlich über ihrem ursprünglich geforderten lag. Noch verblüffter war sie, als ich ihr sagte, dass ich hoffe, jetzt ein durch ihre weitere Arbeit künftig immer wertvoller werdendes Bild zu besitzen. Sie war betroffen und erstaunt, schenkte mir einen kleinen grünen Glücksstein und bat um meine Adresse. Jahre später bekam ich eine Einladung zu ihrer ersten größeren Ausstellung mit einem kleinen gemalten Herz. Auf der Karte stand: »*Spasibo*!« – »Danke!«

Die Idee zu solchen Aktionen hatte mir schon lange zuvor eine Deutschlehrerin geschenkt, die einen meiner Aufsätze wegen vieler Kommafehler schlechter benotet hatte. Entschuldigend sagte sie, die Kommas seien eigentlich nicht wichtig. Sie wolle später einmal von mir lesen, wenn die Kommas und die Schule längst hinter mir lägen. Ich verstand das damals nicht so richtig, aber es blieb mir im Bewusstsein. Ob sie zum Ansporn für mein Schreiben wurde, weiß ich nicht – genauso wenig wie ich wohl der Grund für die Ausstellung der Malerin bin. Aber es waren möglicherweise jeweils kleine Mosaiksteinchen in einem sich erfüllenden Muster. Meine Freude über die Nachricht aus Russland stand jedenfalls in keinem Verhältnis zu dem geringen Aufpreis für das Bild.

Der Trick ist mehr als einfach: Statt die negativen Erwartungen zu erfüllen, diese umdrehen und in eine positive Überraschung verwandeln!

Je mehr Schatten wir in uns verborgen halten, desto mehr werden wir Schattenerfahrungen in den Mitmenschen auslösen. Je mehr Schatten wir in uns schon durchlichtet haben, desto leichter können wir lichte Erfahrungen in unseren Mitmenschen anstoßen – einerseits indem wir in ihren schattigen Erwartungen die lichten Seiten betonen, andererseits indem wir helfen, ihre Träume zu verstärken. Es sind genau diese Aspekte, die uns lange in Erinnerung bleiben und unsere eigene Seele nähren.

Ich wünsche Ihnen von ganzem Herzen
die Lust, Ihre Träume zu leben,
und die Kraft, Ihren Schatten zu durchlichten.

Anhang

Lieblingswitze und ihr Schatten

1. Zum Aggressionsprinzip gehören alle Witze in Zusammenhang mit lachenden Entladungen zu Themen wie Gewalt und Brutalität, aber auch Mut und Kraft.

- *Sagt der Mann zur Frau: »Darf ich bitten, oder wollen Sie vorher noch tanzen?«*

Auch solch eine stürmische und verkürzte Anmache ist typisch für das Vorpreschende und Überstürzte des Aggressionsprinzips, wobei das Thema des Gegenpols der Liebe, die Anmache, schon mit hereinspielt, Flirt auf Aggressionsart sozusagen.

2. Auf das Prinzip von Selbstwert, Verwurzelung, Sinnenfreude wird wie folgt angespielt:

- *Der kranke steinreiche Christ liegt auf dem Sterbebett. Die Leibärzte sind in den Hintergrund getreten, und Kardinäle umlagern das Bett. Leise jammert der reiche Christ: »Ach, könnte ich doch wenigstens meine Golddukaten mitnehmen!« Noch bevor die verdutzten Exzellenzen reagieren, sagt der Messdiener: »Die würden bei Ihnen sowieso gleich schmelzen.«*

Lachen wird hier nicht nur, wer Geld- und Wertprobleme im Schatten hat, sondern auch, wer die Endlichkeit des Lebens aus seinem Bewusstsein verbannt hat.

3. Der Archetyp der Kommunikation ist bei uns sehr beliebt, insofern auch enorm verbreitet und fast überall im Spiel.

- *Stromausfall in Bonn: Minister Schäuble wurde nach über einer Stunde aus dem Lift geborgen, Kanzler Kohl nach zwei Stunden von der Rolltreppe.*

Wer ein Intelligenzproblem hat oder sich einbildet oder wirklich einfältig ist, kann dieses hier lachend entspannen.

- *Drei Priester einer Stadt treffen sich jede Woche zu Gespräch und Beichte unter Kollegen: Mit der Zeit fassen sie Vertrauen zueinander. Sagt der erste: »Ich traue mich es kaum zu sagen, ich habe schon Geld aus der Kollekte genommen.« Sagt der zweite: »Ich habe mir mit solchem Geld schon ein schönes Wochenende mit der Gemeindeschwester gemacht.« Sagt der dritte: »Ihr werdet es nicht fassen, aber ich leide unter unbezwingbarer Klatschsucht und kann es kaum erwarten, diese Neuigkeiten zu verbreiten.«*

Hier lacht bevorzugt, wer Schadenfreude im Schatten hat und selbst dem Tratschen nicht abgeneigt ist.

- *Ein Jesuit und ein Franziskaner sitzen im Zug und lesen Brevier, als sich der Jesuit eine Zigarette anzündet. »Aber Bruder, das ist verboten!«, fährt ihn der Franziskaner an. »Nein, ich habe die Erlaubnis vom Heiligen Stuhl«, entgegnet der Jesuit. Ungläubig nimmt sich der Franziskaner vor, der Sache nachzugehen, und erhält prompt den erwartet abschlägigen Bescheid. Beim nächsten Treffen bricht es voll heiligem Zorn aus ihm heraus und dem Jesuiten mitten ins Gesicht: »Bruder, du bist ein Lügner.« Der antwortet: »Oh, ich vergaß, du bist Franziskaner. Du hast wahrscheinlich gefragt, ob du beim Brevierlesen rauchen darfst.« – »Natürlich!«, entgegnet der Franziskaner. Darauf der Jesuit: »Du musst aber umgekehrt fragen, ob du beim Rauchen Brevier lesen darfst.«*

Hier mag schmunzeln, wer selbst zu Manipulation und Raffinesse neigt, ohne sich das immer einzugestehen.

4. Wer unbewusst fürchtet, nicht intelligent und clever genug zu sein für diese raffinierte Welt, wer stattdessen glaubt, eher naiv, einfältig und vielleicht sogar beschränkt zu erscheinen, wer seinen natürlichen Rhythmus noch nicht gefunden hat und zu seinen weiblich-weichen, mütterlichen Tendenzen noch nicht stehen kann, mag vor allem über Blondinenwitze lachen. Sie deuten an, dass es anderen in dieser Hinsicht offenbar noch schlechter geht.

- *Frage: »Warum haben Blondinen auch leere Flaschen im Kühlschrank?« Antwort: »Weil manche Gäste nichts trinken wollen.«*

Blondinenwitze haben das Naive, Blauäugige zum Ziel und das Weibliche insgesamt. Hier klingt auch Intelligenzmangel mit an nach dem Motto:

- *»Warum haben Sie denn einen Strohballen auf dem Beifahrersitz?« Antwort: »Weil man nicht immer alles im Kopf haben kann.«*

5. Folgender Witz spricht auf dem Gegenpol den Archetyp des Mittelpunktes an.

- *Bei einem Treffen der drei Dirigenten Böhm, Bernstein und Karajan sagt Ersterer: »Liebe Kollegen, nun stand es sogar in der Zeitung: Karl Böhm, der größte lebende Dirigent.« Erstaunt entgegnet Bernstein: »Karl, erst heute Nacht hat Gott selbst mir im Traum gesagt: Leonard, du bist der größte Dirigent aller Zeiten.« Lächelnd fragt Karajan: »Leonard, was soll ich heute Nacht zu dir gesagt haben?«*

Wer hier herzhaft lacht, dürfte eigene Größenfantasien und Mittelpunktsbedürfnisse im Schatten haben und in solcher Anmaßung und entsprechendem Größenwahn widergespiegelt finden. Lachend entlädt sich gestaute Spannung hinter uneingestandenen Ansprüchen. Viele von uns haben uneingestandene Größenideen und entsprechende Angst vor der eigenen Genialität und Vortrefflichkeit, der Größe ihrer Kraft und Gewalt ihrer Energie. In Witzen kann sie sich spontan lösen und so Erleichterung schaffen.

6. Wer sich im Nachkriegsdeutschland über das HB-Männchen amüsieren konnte, wurde dabei nicht nur Schadenfreude los. Das Männchen kämpfte auf verzweifelte und völlig hoffnungslose Weise mit den Unbilden des Wirtschaftswunders. Alles ging ihm daneben, und diejenigen, denen auch viel, aber nicht so viel danebenging, konnten sich ausschütten vor Lachen. Hinzu kam noch ein Schuss Zynismus, denn das Ganze löste sich für das HB-Männchen mit der entsprechenden Zigarette und dem Spruch: »Frohen Herzens genießen – dann geht alles wie von selbst«. Das war angesichts der durch Rauchen erheblich gestei-

gerten Herzinfarktgefahr bei genau diesem Typ dann doch zu viel, und der Werbespruch musste zurückgezogen werden.

Heute wird dieses Thema eher durch all die TV-Sendungen mit versteckter Kamera bedient, bei denen sich Millionen Zuschauer an den zum Teil schrecklichen Missgeschicken ihrer Mitbürger ergötzen. Zusammenschnitte von Versprechern und Missgeschicken von Profimoderatoren und -sprechern erheitern den Normalbürger, der auch nicht viel herausbekommt und schon gar nicht den eigenen Schatten. Hier einige Witze auch zu diesem Thema, das mit »Basteln« und Ordnen, mit Gesundheit und Ernährung verbunden ist:

- *»Glauben Sie an Astrologie?« – »Nein, eigentlich nicht. Wir Jungfrauen sind sehr skeptische Leute!«*
- *Auf dem noblen Kreuzfahrtdampfer sind Essenszeit und Seegang angesagt. Der Kellner findet die Gäste stöhnend über der Reling hängen und fragt einfühlsam: »Soll ich das Dinner erst noch servieren oder lieber gleich über Bord kippen?«*
- *Der Truppenarzt meldet: »Herr Oberst haben leider den Tripper.« – »Den muss ich mir auf der Toilette geholt haben«, entgegnet dieser. »O wie unbequem!«, entfährt es dem Arzt.*
- *Als einmal jemand zum rauchenden Voltaire sagte: »Der Tabak ist der größte Feind des Menschen«, antwortete dieser lächelnd: »Gewiss, aber vergessen Sie nicht, dass es geboten ist, unsere Feinde zu lieben!«*

7. Der Bereich von Liebe und Schönheit, Frieden, Versöhnung und Partnerschaft ist uns ein großes Anliegen und eine Herausforderung und damit sehr schattenträchtig. Er liefert reichlich Stoff für Witze. Folgender Witz, fast identisch mit

dem beim Aggressionsprinzip erzählten, passt auch zum partnerschaftlichen Gegenpol der Ästhetik und Liebe:

- *Er: »Gehen wir zu mir oder zu dir?« Sie: »Wenn's schon so kompliziert anfängt, lassen wir's lieber gleich.«*

Sexuell anzügliche Geschichten machen einen Gutteil der Witze aus. Der Volksmund weiß natürlich: »Hunde, die bellen, beißen nicht.« Wer also ständig anzügliche Witze macht und Zoten reißt, braucht dieses Ventil, weil er kein anderes hat. Er könnte sich an diesem Punkt auf die (Schatten-)Schliche kommen. Es mag aber auch sein, dass jemandem bei diesem Thema längst das Lachen vergangen ist. Auch das wäre ein verfolgenswerter Hinweis auf der Schattensuche.

8. Das besonders herausfordernde Prinzip der radikalen Wandlung kommt im Genre der Mama-Witze zur Entladung:

- *»Ich will Seilspringen«, plärrt die Tochter. »Papa bleibt hängen, bis die Polizei kommt!«, schimpft die Mutter.*

Wer über Makabres lachen kann, hat im Bereich der radikalen Metamorphose Schatten angesammelt, der sich über diesen Kanal Luft verschafft:

- *»Bin Laden Airlines: Wir fliegen Sie direkt ins Büro!«*

In diesen Bereich gehören auch jene Witze, die zum Lachen über völlig Absurdes animieren:

- *Drei Karpfen sitzen im Keller und sägen Heizöl. »Tor!«, schreit der eine, »Schachmatt«, sagt der andere.*

Wer unbewusst fürchtet, nicht alle beisammen zu haben, mag sich hier erheitern.

9. Witze in religiösem Gewand und zu Weltanschauungsfragen passen zum Prinzip der Sinnfindung:

- *Der alte Jude schlägt verzweifelt den Kopf auf die Bank und klagt zu Jahwe: »Mein Sohn ist vom Glauben abgefallen und zum Christentum konvertiert!« Da reißt der Himmel auf, und Gottes mächtige Stimme donnert: »Wem sagst du das!«*
- *Der als Beichtersatz fungierende Vikar fragt den Messdiener: »Was gibt der Herr Pfarrer für Analverkehr?« Antwort: »Ein Mars und zwei Duplo.«*
- *Der Bischof geht vor dem Altar auf und ab und murmelt sich an die Brust schlagend: »Ich bin ein Nichts, ich bin ein Nichts.« Der Priester sieht es und tut es ihm nach. Dann auch noch der Küster. Da dreht sich der Bischof zum Priester um und sagt: »Schau an, wer da auch schon ein Nichts sein will!«*

Wer darüber lacht oder schmunzelt, wird Schattenprobleme mit Selbstüberhöhung und Hybris haben.

10. Folgender Witz spiegelt das Prinzip der Reduktion auf das Wesentliche wider:

- *Ein Wahrheitssucher findet nach langer Suche den verehrten Weisen schließlich in einem einfachen kleinen Zimmer, das nur mit Stuhl, Tisch und Bett möbliert ist. »Wieso haben Sie denn so gar nichts?«, fragt er bestürzt. »Sie selbst haben noch weniger«, entgegnet der Weise. »Ja aber ich bin doch nur auf der Durchreise«, rechtfertigt sich der Wahrheitssucher. »Sehen Sie, ich auch«, sagt der Weise.*

Wer hier lachen oder wenigstens lächeln kann, dürfte mit Einfachheit und Reduktion auf das Wesentliche Schattenprobleme haben.

11. Witze gehören (ur-)prinzipiell zum Prinzip der Originalität, da sie sowohl um Kurzschlüsse als auch um spontane Energie-Entladungen kreisen. So könnte hier jeder Witz mit einer unerwarteten zündenden Pointe auch als Beispiel dienen. Wer im Übrigen nur noch für Witze lebt, hat hier seinen Schatten; sein ganzes Leben wird zum Witz.

- *Bei uns zu Hause heißen alle Karl, außer Fritz, der heißt Franz.*

Hier wird Wirrnissen und Verwirrung ein Ventil geschaffen.

- *Der Pfarrer am Sonntag zu seiner Gemeinde: »Liebe Christen, die Predigt fällt heute aus, denn ich habe euch etwas zu sagen!«*
- *To be is to do – Laotse. To do is to be – Sartre. Do be do be do – Sinatra.*
- *In Bayern ist ein Kirchturm vom Blitz getroffen worden und abgebrannt. Am nächsten Sonntag bittet der Pfarrer um Spenden für den Wiederaufbau. Dazu Bauer Binder: »Na, Hochwürden, einem Hausherrn, der wo sein eignes Haus anzündt, dem geb i nix!«*
- *Der große Guru hatte gar keinen Sinn für Humor. Aus diesem Grund wurde er zum Gegenstand unzähliger Witze. Empört stellte er einen, der sie verbreitete: »Stammt von dir der Witz über mich und das Schwein?« Das konnte dieser nicht ableugnen. Darauf der Guru: »Wie kannst du es wagen, solche Witze über mich, den einzig vollkommen erwachten und erleuchteten Meister dieses Planeten zu machen?« Da rührte sich Protest: »Mo-*

ment«, entgegnete der Mann, »diesen Witz können Sie mir nicht in die Schuhe schieben!«

12. Schließlich beendet das Prinzip der Grenzauflösung den Reigen der Witze, die bei diesem Thema weniger guten Nährboden finden:

- *Kommt der Patient zum Psychotherapeuten und klagt: »Herr Doktor ich werde immer übersehen.« – »Der Nächste bitte.«*

Berufe und ihre Schattenseite

1. Bei Berufen, die dem Prinzip von *Aufbruch und Aggression* unterstehen, zum Beispiel im Bereich Militär (Soldaten) oder Medizin (Chirurgen, Zahnärzte), ist die positive Lichtseite des Prinzips in Gestalt von Mut und Kraft, Energie und Entscheidungsfähigkeit gefordert. Der dunkle Schatten droht in Form von Wage- und Übermut, von Tollkühnheit, Übergriffen und Machtmissbrauch.

2. Ein Beruf aus dem Bereich des Prinzips *Selbstwert, Verwurzelung und Sinnenfreude* ist zum Beispiel der Gastronom. Er ist der Versorgung, Bedienung und Regeneration verpflichtet. Im Schatten könnte das Dienen in ein Ausnutzen und Ausnehmen umschlagen.

Köche sind die modernen Alchemisten und (ver-)zaubern und transformieren Nahrung zu ihrer besseren Bekömmlichkeit. Sie sollen die Lebensmittel gesünder anrichten und unseren Genuss und unser Wohlergehen sichern. Diesbezüglich müssen sie auch dem weiblichen Prinzip der Versorgung zuarbeiten. Immer öfter sehen sie sich aber – unterstützt vom Fernsehen – als Künstler und benutzen kaum Lebensmittel, die diesen Namen verdienen. In der französischen und japanischen Küche werden Perversitäten wie Stopfleber, Froschschenkel und Hummer und bei letzterer noch atmende Fische und lebendiges Affenhirn serviert. Der Schatten ist ein Essen, das – wenig bekömmlich – nach der Sensation schielt und die Gesundheit aus dem Auge verliert.[56]

Kellner haben Demut und Service auf ihrer Lichtseite, den Schatten kennt jeder nach dem Motto »Achtung, Kunde droht mit Auftrag«, wenn man konsequent übersehen wird.

3. Journalisten sind im Bereich *Austausch und Kommunikation* (über-)aktiv. Als Wahrheitssuchende sind sie natürlich der Information und Aufklärung verpflichtet. Aber wie oft produzieren sie in ihren *Schlag*zeilen die eigenen eingedickten Wahrheiten, die dazu neigen, andere zu erschlagen. Manipulation und Verdrehung der Wahrheit, Desinformation und Angstmache, aber auch die Verbreitung von Geschwätz und Unwahrheit sind die Schattenaspekte. »Bild sprach zuerst mit dem Toten«, diese Parodie einer Schlagzeile gibt den Schatten gut wieder.

Beim Lehrerberuf sind Unbelehrbarkeit und Begriffsstutzigkeit die Schattenthemen. Lehrer neigen dazu, alle wie Kinder zu behandeln, und wiederholen auch einfachste Dinge gebetsmühlenartig. Freunde sprechen von hoher Redundanz und meinen die Liebe zur Wiederholung. Wer sich vorwiegend mit weniger Gebildeten und geistig (noch) Unterlegenen abgibt, könnte dahinter das ziemlich überhebliche Schattenmuster des chronischen

56 In meinem Buch *Gewichtsprobleme* (Literaturverzeichnis) sind die verschiedenen Schatten von Nahrungsmitteln und nationalen Küchen aufgeführt.

Besserwissers finden, mit seiner Karikatur im deutschen Oberlehrer. Auch Dozenten, die Wissen vermitteln, gehören hierher. Ihr Schatten zeigt sich einerseits, wenn sie in spezifischem Fachwissen steckenbleiben und zu Fachidioten verkommen. Andererseits könnten sie mit ihrem Wissen manipulieren und Macht ausüben. Sie sollten selbst das Leben meistern und Theorie in den Dienst des praktischen Lebens stellen, statt andere ständig zu belehren.

4. Im Bereich des Prinzips *Empfindung, Gefühl, Geborgenheit, Lebensrhythmus* sind gut bezahlte Berufe Mangelware und doch wird hier mit am meisten gearbeitet. Hausfrauen und Mütter vermitteln Geborgenheit, Gemütlichkeit und Verständnis. Ihr Schatten ist, sich selbst zu vernachlässigen. Sie haben Angst vor Einsamkeit und davor, keine eigenen Wurzeln zu haben, was sich oft in chronisch kalten Füßen ausdrückt. Häufig ist auch der Kontaktwunsch eher gespielt, was kalte Hände widerspiegeln. Schatten wird ebenfalls deutlich, wenn im Hintergrund Fäden gezogen und unbemerkt und zwischen den Zeilen Bedingungen gestellt werden, wenn manipuliert und gefordert wird, so dass Kinder in ihrem Beruf die Wünsche der Mutter leben und ihren Partner, ihre Partnerin mit deren Augen auswählen.

Zu diesem vierten Prinzip gehören auch Heimarbeit und die Pflegeberufe. Pflegen bis zur Selbstaufgabe hat im Schatten das Helfersyndrom und ein großes Bedürfnis nach Anerkennung und Belohnung. Der Schatten kann bis zur unerwünschten Sterbehilfe reichen. Aus der für den Beruf notwendigen Demut wird der Hochmut, sich zum Herrn über Leben und Tod aufzuschwingen. Noch mehr Schatten kommt hinzu, wenn dahinter auch noch Erbschleicherei steckt.

5. Zum Prinzip *Kreativität, Ausstrahlung und Mitte* gehört der Managerberuf, der von Menschen ausgeübt wird, die im Mittelpunkt stehen und (an-)führen. Beim Chief Executive Officer, dem heute nur kurz CEO genannten Vorstandsvorsitzenden, klingt der Offizier und damit das Führen und Kämpfen, Erobern und Einnehmen von Märkten und Anteilen schon an. Der Schatten liegt im Verführen und Selbstbereichern, wie es in letzter Zeit Schlagzeilen machte. Statt den eigenen Konzern in die Mitte zu stellen und auf die Höhe der Macht zu führen, landeten nicht wenige mitsamt ihrer Firma im Abseits, was Buchtitel wie *Nieten in Nadelstreifen* provozierte.

Künstler gehören eigentlich in das Reich der Ästhetik, aber heute wollen viele gar nicht mehr erst Künstler, sondern gleich Stars werden und sind damit dem Mittelpunktsprinzip und seinem Schatten zuzuordnen. Die lichte Seite wird in der Vorbildfunktion deutlich; der Schatten zeigt sich in dem immer häufiger auftauchenden Negativ-(Vor-)Bild der Idole, was Starallüren, Drogen, Gewalt und andere Un-sitten angeht. Kunst kommt eigentlich von außergewöhnlichem Können. Nicht selten mutiert sie heute zu »Wunst«, wenn das Wollen das Können in den Schatten stellt.

6. Beim *Ordnung und Vernunft* verkörpernden Prinzip sind neben den schon erwähnten Medizinern auch die Apotheker zu finden, die auf der Lichtseite verantwortlich sind, Heil- und Wundermittel zusammen- und herzustellen. Im Schatten liegt die Giftmischerei. Auch die Pharmaindustrie hat einen breiten Schatten, dessen Tribut entsprechend hoch ist. Jedes Jahr sterben nach konservativen Schätzungen Tausende an ihren Mitteln; allein in Deutschland sollen es 17 000 Patienten sein.

7. Konditoren und Zuckerbäcker, die ihre süßen Sachen wundervoll verzieren und uns die Süße des Lebens in verführerischen Naschwaren nahebringen, gehören natürlich ins süße Reich des Prinzips von *Harmonie, Partnerschaft und Ästhetik*. Inzwischen ist der Schatten in Gestalt von Typ-II-Diabetes allerdings zu einer Volksseuche geworden.

Goldschmiede und Juweliere veredeln Schönes mit ihrer Kreativität. Mehr Schein als Sein droht bei ihren Kunden; bei ihnen selbst könnte bei der Schönheitsvermittlung der Schatten in Gestalt von unedlen oder gar falschen Materialien und überteuerten Preisen *zum Tragen* kommen.

Natürlich gibt es in diesem wunderschönen Bereich auch echte Schattenberufe wie Puffmutter, Zuhälter und Kupplerin. In ihrem Schatten verbirgt sich der lichte Aspekt von Erotik und Liebe.

8. Die Berufe des Bereiches der *radikalen Wandlung* sind im Bereich der Schattentherapie zu finden. Stuntmen, die ständig ihr Leben für Geld riskieren und damit den Schatten ziemlich direkt ausleben, gehören ebenfalls hierher. Bei ihnen liegt die Lichtseite eher im Schatten. Sie könnten umkommen und die allergrößte Transformation erleben.

9. Priester und Missionare sind dem Glauben und damit dem Prinzip von *Wachstum und Sinnfindung* verpflichtet. Gott auf Erden würdig zu vertreten ist ihre Aufgabe, ihn zu spielen ihr Fluch, mit der Hölle zu drohen und mit dem Teufel zu paktieren ihr schattiges Alltagsgeschäft. Das »Bodenpersonal« vieler Religionen ist zum inkarnierten Schatten der Absichten des jeweiligen Religionsstifters geworden. Mohammed wollte den Frauen helfen und dienen und erleichterte

engagiert ihr damals noch schwereres Los. Wer heute an die (g)eifernden Mullahs und ihre Haltung zum Weiblichen denkt, spürt automatisch den kalten Hauch des Schattens. Christus hat uns die Religion der Liebe und des Verzeihens hinterlassen, und seine Vertreter haben in seinem Namen Ströme von Blut vergossen.

10. Beamte sind dem Staat, seinem Fortbestand und Wohlergehen, und damit dem Prinzip der *Struktur und Reduktion auf das Wesentliche* verpflichtet. Bei einem großen Beamtenapparat kann man sich aber des Eindrucks nicht erwehren, dass sie begonnen haben, durch bürokratisches Wuchern ihren Staat aufzufressen beziehungsweise auszunehmen. Der Apparatschik und der Bürokrat haben sich in gegensätzlichen Wirtschaftssystemen so lange durchgesetzt, bis das eine an ihnen zugrundegegangen ist und das andere immerhin schweren Schaden zu nehmen droht. Angetreten, für Ordnung zu sorgen, haben sie den Leerlauf und das Chaos der Bürokratie zu verantworten und scheinen manchmal allein durch ihre Zahl zu Totengräbern ihrer Staaten zu werden.

11. Im Bereich *Unabhängigkeit und Originalität* sind die Berufe rar. Hier wäre an Erfinder zu denken, die mit ihren Neuerungen das Leben erleichtern und verbessern. Die meisten Patente bleiben aber in den Schubladen, weil sie dieser Lichtseite nicht dienen, sondern eher der Verrücktheit ihrer Erfinder entsprechen. Die Schattenseite vieler Erfindungen ist heute unübersehbar. Die Glühbirne hat die Welt erleuchtet und ein Energiedesaster heraufbeschworen. Die Einführung der Energiesparlampe, ihrer Nachfolgerin, war vielleicht gut gemeint, sie ist aber nicht nur ein ästhetisches

Desaster, sondern auch das noch größere ökologische und obendrein gesundheitliche Problem.

Das Auto(mobil) hat uns erst mobil gemacht und führt jetzt zunehmend in Staus und Stillstand. Man könnte sagen, dass es von seinem Schatten eingeholt wird. Während die einzelnen Modelle immer schneller werden, kommen sie auf den Straßen insgesamt immer langsamer voran. Politiker machen sich weltweit zum verlängerten Arm dieses Schattens und beschränken ihnen Mobilität und freie Fahrt.

12. Beim *grenzauflösenden Prinzip* sind nicht nur Mystiker und Meditationslehrer angesiedelt, sondern oft auch Schauspieler und nicht selten Bankiers, die für den freien Fluss des Geldes sorgen sollten. Ihre lichte Aufgabe ist es, das Tauschmittel Geld zur Verfügung und in Umlauf zu halten und damit Produktion und Projekte zu ermöglichen. Spätestens mit der großen Finanzkrise hat aber der Schatten auch sie eingeholt. Statt die Menschen mit Geld zu versorgen und die Wirtschaft in Gang zu halten, haben sich viel zu viele Banker beim Spekulieren massiv selbst bereichert und die Wirtschaft in eine ernste Stagnation und Krise gestürzt.

Schattenthemen, die sich im Sport Luft machen

Ohne Anspruch auf Vollständigkeit sind im Folgenden vor allem populäre, verbreitete Sportarten aufgelistet, die viele betreffen und damit wichtige Schattenbereiche ansprechen wie solche der Aggression, der Triebe, der Ekstase und der Leichtigkeit des Seins.

Ekstase

Ekstasefähige Sportarten sind zum Beispiel Wind- und Wellensurfen, Kiten, Tanzen und Reiten, aber auch alpiner Skilauf und Segeln.

Beim **Skifahren** dürfte die Faszination in der hohen Geschwindigkeit und im direkten Kontakt zum Luftelement liegen, wobei im Tiefschnee auch das freie, fast schwerelose Gleiten hinzukommt und das Sich-treiben-Lassen in großer Höhe. Leidenschaftliche Tiefschneefahrer suchen solche Gefühle und könnten lernen, sie mit Gewinn für ihre Entwicklung auch in andere Lebensbereiche wie Erotik und Liebe einfließen zu lassen. Der direkte Schatten ihrer Sehnsucht kommt zum Tragen, wenn sie in Liftschlangen auf den Skiern stehen.

Der **Windsurfer** hält den Wind, das himmlische Kind, in den Händen und tanzt über die Wellen. Im Ausgang einer Powerhalse wird die Beschleunigung spürbar, der Körper leichter, und ein Gefühl von Abheben kommt auf – die Leichtigkeit des Seins wird spürbar. Dem Surfer wachsen Flügel in Gestalt des Segels, und er hängt in seinem Trapez – ziemlich frei schwebend – zwischen Himmel und Meer. Spektakuläre Schleuderstürze offenbaren den Schatten.

Wellensurfen bringt Geschwindigkeit und die herausfordernde Gefahr des archetypisch weiblichen verschlingenden Wasserelements ins Spiel des Lebens und kann so Ekstasegefühle vermitteln. Den Surfern ging es zumindest früher nicht um Wettkämpfe, sondern einzig um pures fließendes Lebensgefühl.

Kitesurfen oder **-boarden** verbindet das Wasser- und das Luftelement noch elementarer. Seine Anhänger verfügen wie Ikarus über Flügel und erheben sich an ihnen über die Welt. Ihr Drachen, der Kite, vermittelt wie der Flugdrache den Rausch des Fliegens und der Leichtigkeit. Wobei auch Gleitschirmfliegen dieses Gefühl schenken kann und natürlich auch das Segeln über Wasserwellen, auf denen Windsurfer und sehr leichte Boote ins Gleiten kommen.

Segelflieger schweben ebenfalls auf dieser Welle, und natürlich werden die meisten Flieger diesen Traum träumen. Ihnen fehlt Leichtigkeit im Leben, und das beschwingte Gefühl schwebenden Seins dürfte in den Schatten gesunken sein. Bei den sportlichen Gelegenheiten wird es wiederbelebt, weshalb nicht wenige Sportler sich nur in solchen Momenten lebendig fühlen. »*Life ist surfing, the rest is details*«, das stand auf einem Plakat im Büro eines Managers in Führungsposition und Familienvaters.

Auch **Fallschirmspringen** (bezogen auf Fall- wie Schwebephase) und für einige wenige auch **Skispringen** und **-fliegen** gehören hierher. Die Mehrheit schaut bei letzteren Sportarten eher zu und genießt das Fliegen wenigstens in der Projektion auf ihre Helden.

Beim **Tanzen** – vom Wiener Walzer bis zum Dhikr, dem rituellen Drehtanz der Derwische – geht es ebenfalls um Ekstase. Hier kommt es besonders leicht zur Lösung des Astralköpers vom physischen Körper und zu dem damit einhergehenden Gefühl beschwingter, schwebender Leichtigkeit. Letztlich sind alle Tanzarten, entsprechend beherrscht und dann wieder frei genossen, ein Abbild des Lebens als Tanz. Bei beidem fügt man sich idealerweise dem Rhythmus und lässt sich mitnehmen, wohl eigene Akzente setzend, aber immer im Einklang mit dem Muster der Musik. Die *bein*harte Arbeit der Profitänzer verdeutlicht einen dunklen Schattenaspekt.

Reitsportler finden das Glück dieser Erde auf dem Rücken der Pferde, vor allem allerdings, wenn sie frei von Wettkampf-Ehrgeiz sich dem Spiel der Kräfte überlassen. Wer im freien Galopp auf weiter Strecke mehr über seinem Pferd schwebt als auf ihm lastet, wer über breite Strände galoppiert oder durch spritzendes

Wasser prescht, erfährt sich, wie er gemeint sein könnte. Ob leichter Schnee oder lockerer Wüstensand unter trommelnden Hufen zur Seite spritzt, der Rhythmus eines galoppierenden Pferdes kann den eigenen (Lebens-)Rhythmus für bezaubernde Augenblicke verändern und überhöhen und ein Gefühl von mitreißender Lebendigkeit schenken.

Vor dem Hintergrund der genannten Sportarten können Sie sich folgende Fragen beantworten: *Wo lebe ich mein Recht auf Ekstase? Und wie fühlt sich das an? Falls ich es nicht lebe, sondern im Schatten staue, wo könnte ich es (er-)leben? Welcher Sport könnte mir am ehesten zu Ekstasegefühlen verhelfen? Wer oder was hindert mich? Wie steht es mit sinnlicher Ekstase?*

Kondition aufbauen

Als Gegenpol zu Ekstase stiftenden Sportarten sind Arbeitsrituale wie Joggen, Langlaufen, Schwimmen und andere Ausdauersportarten zu nennen. Hier steht oft die Gesundheit im Mittelpunkt. Man bewegt sich im sogenannten Sauerstoffgleichgewicht[57], um dem Organismus, aber auch der Seele Gutes zu tun. Wo **Ausdauersport** aus Spaß betrieben wird, geht es wohl darum, Rhythmus zu finden und Durchhalten zu verwirklichen, um (gute) Kondition zu erlangen. Die Betroffenen werden zäh, ausdauernd und belastbar. Diese Eigenschaften, wie auch Gesundheit und Vitalität, dürften ihre Sehnsucht nähren und damit positiven Schatten darstellen.

57 Siehe dazu *Aller guten Dinge sind drei* (Literaturverzeichnis).

Beim **Bergsteigen** kommt das Abbild des Lebensweges und seine Bewältigung noch hinzu: Auf- und Abstieg parallel zu den Lebensphasen sowie Naturerleben und die beschwingte und manchmal ekstatische Erfahrung des Gipfelerlebnisses. Ob die Bergsteiger es wissen oder nicht, jede Gipfeltour ist aus Gottes Sicht der Weg durch das Mandala[58]: aus der Peripherie in die Mitte und wieder zurück.

Radfahren gehört ebenfalls zu den Ausdauersportarten und hat wie jede Disziplin seine eigene Symbolik, in der die Schattenkomponente sehr deutlich wird: Hier macht jemand freiwillig den Buckel krumm. Dieser Sport ist die Karikatur der häufigen Lebenseinstellung »Nach oben buckeln, nach unten treten«. Nicht umsonst ist Radfahren zumindest in Österreich der beliebteste Breitensport.

Laufen oder neudeutsch Joggen lässt ebenfalls einigen Schatten anklingen. Man wird sich fragen müssen, ob man auf der Stelle (eines Laufbandes) tritt und nicht vom Fleck kommt oder ob man ständig im Kreis der täglich gleichen Laufstrecke rennt. Außerdem ist es interessant, sich bewusst zu machen, ob man über Stock und Stein unterwegs ist oder auf weich gefedertem Waldboden oder auf einem Trampolin oder auf Asphalt bei einem Angriff auf die Gelenke.

Schattenfragen zum (Power-) oder **Nordic-Walking** lauten: *Kann ich es überhaupt, oder trage ich Stöcke spazieren und wirke komisch? Habe ich es besonders eilig? Gehe ich bereits am Stock?*

Bei Disziplinen der **Leichtathletik** sind die Schattenfragen besonders leicht zu finden: *Drehe ich mich auf der Bahn des Stadions immer im selben Kreis wie ein Hamster in seinem Rad?*

58 Siehe dazu *Arbeitsbuch zur Mandala-Therapie* (Literaturverzeichnis).

Bei Langstrecken und **Marathonlauf:** *Übe ich Durchhalten bis zum Geht-nicht-mehr?* Das historische Vorbild führte immerhin zum Tod durch Überanstrengung und Erschöpfung, und bekanntlich liegt im Anfang alles. Unserer ehrgeizigen, leistungsorientierten Zeit reichte das noch nicht, und es kam zu noch ärgeren Exzessen wie **Triathlon** – ohne Rücksicht auf Verluste und mit großem Herz auf der falschen Ebene.

Beim **Sprint** über 100 Meter drängt sich die Frage auf: *Muss ich unbedingt der oder die Schnellste sein?*

Beim **Zehnkampf:** *Möchte ich zum König der Athleten werden?*

Bei Sprungwettbewerben geht es offensichtlich darum, *den (richtigen) Absprung zu kriegen,* die entsprechenden Helden sind immer *auf dem Sprung,* **Weitspringern** geht es um den großen Sprung nach vorn, und **Hochspringer** wollen hoch hinaus.

Die **Werfer** wollen *es weit bringen,* und letztlich wollen alle es zu etwas bringen. Einige schleudern einen Hammer wie einst der germanische Gott Thor, andere Odins Speer, manche stoßen Kugeln wie aus Kanonen, und viele fühlen sich zumindest im übertragenen Sinn als Sportskanonen.

Fragen, die sich bei dieser Sparte stellen, sind: *Wie steht es um meine Ausdauer? Mein Durchhalten? Was tue ich dafür? Und reicht mir das? Sollte ich vielleicht lieber rechtzeitig an Stöcken gehen, bevor mich das Schicksal dazu zwingt? Oder mich anders in Bewegung setzen? Und auf welcher Ebene?*

Den Lebensweg üben

Der Aspekt des Lebensweges kommt in vielen Sportarten symbolisch zum Ausdruck, etwa beim **Ski-(rennen)fahren.** Die potenzielle Energie nimmt mit jedem Höhenmeter ab, und wie auf dem Lebensweg sind einem Hindernisse in den Weg gelegt, die es zu überwinden, zu umfahren und zu bewältigen gilt – von Bodenwellen über Sprungchancen bis zu Toren. Bei einer gewissen individuellen Freiheit, seine ideale Spur und Lebenslinie zu finden, ist der Weg im Großen und Ganzen vorgegeben. Es gilt, nicht hängenzubleiben und nicht einzufädeln, die Geschwindigkeit dem Gelände und den Umständen anzupassen und das Sicherheitsbedürfnis mit Anspruch und Ehrgeiz zu versöhnen. Dabei ist es egal, ob ein Profi oder ein Amateur ins Rennen geht, denn auch Letzterem macht die Geschwindigkeit Spaß, und auch er versucht, je nach Naturell an seine Grenzen zu gehen beziehungsweise über sich hinauszuwachsen.

Beim **Wasserskifahren** fährt man um Bojen statt um Stangen, die Schanzen sind hier immer künstlich, lediglich die Energiequelle ist ein Motor(-boot) statt des Gefälles.

Am deutlichsten wird das Thema Lebensweg vielleicht bei einer Sportart wie dem **Orientierungslauf**, der allerdings vergleichsweise wenig Anklang findet.

Um dem Schatten auf die Spur zu kommen, wäre zu fragen: *Wie könnte ich meinen Lebensweg üben? Die Ideallinie finden? Den roten Faden? Wie gehe ich mit Hindernissen auf dem Weg um? Versuche ich, sie zu konfrontieren oder zu umgehen? Weiche ich aus, oder biete ich dem Leben die Stirn?*

Sport und Energie

Bei einigen Sportarten wie dem Motorsport kommt die wesentliche Energie von außen gleichsam als Geschenk. Wer sich zu ihnen hingezogen fühlt, erwartet die Energie tatsächlich als Geschenk und will mit ihr spielen.

Ganz andere Typen sind es, die sich gern bei Marathon- oder gar Triathlonveranstaltungen quälen und den Ironman, den Eisernen Mann oder Eisenhans, heraushängen lassen. Hier soll gezeigt werden, dass einen nichts umbringen kann, dass *man(n)* oder sogar *frau* eisenhart unterwegs ist und sich auch vor der ärgsten Quälerei nicht fürchtet. Diese Typen wollen alles selbst und hart erarbeiten und sich verdienen. Entsprechend ausgemergelt und ausgezehrt wirken sie.

Dieser Aspekt des Dienens fehlt meist Sportlern, die auf Energiezufuhr von außen setzen, wie bei Auto- oder Motorradrennen. Auch Reiter lassen sich gern energetisch beschenken. Der Unterschied zwischen Alpinskifahrern und Langläufern ist diesbezüglich natürlich ebenfalls deutlich.

Zu fragen ist: *Will ich lieber mit geschenkter fremder Energie spielen? Oder habe ich Freude daran, Energie selbst aufzubauen und sie anschließend zu verbrauchen?*

Kampfkunst

Ob westliche Varianten wie Boxen und Ringen oder östliche von Tai-Chi bis Karate, letztlich geht es darum, das Aggressionsprinzip in ritueller Form zu bearbeiten und bestenfalls zu erlösen. Auch westliche Kampfsportvarianten geben einen streng rituellen Rahmen vor, um diesem gemeinhin als gefährlich erachteten Prinzip gerecht zu werden. Sogar der Ansager ist beim Boxen – wohl dem Aggressionsprinzip geschuldet – eher ein Schreihals, der für teures Geld die Namen der Faustkämpfer in dramatisch übertriebener lächerlicher Weise ins Mikrophon brüllt.

Die meisten Sportarten bringen zumindest marsische Komponenten mit. Selbst beim Schach geht es um Angriff und Verteidigung und darum, den Gegner zu schlagen und zu besiegen. Selbst die Verteidigung ist noch aggressiv.

Fragen Sie sich: *Kenne und nutze ich Sportrituale, um mich mit meiner Aggressionsenergie auszusöhnen? Wo lasse ich meine Aggression sonst heraus? Was habe ich von ihnen, und was mache ich daraus?*

Spiele

Spiele verraten Lust auf Spielerisches. Hier könnte es darum gehen, ein im Schatten vergessenes inneres Kind wieder mit Spaß am Spiel des Lebens zu beteiligen. **Reaktionsspiele** wie Tennis oder noch deutlicher Tischtennis oder Squash bringen eine Zeitkomponente hinzu. Ganz rasch und in jedem Moment das Richtige zu tun ist angesagt und allein erfolgversprechend. Ob jemand Tischtennis spielt oder im Tagesgeschäft der Börse, ist diesbezüglich ziemlich gleich. Es geht um die Sehnsucht, im richtigen Augenblick am richtigen Ort zu sein und das Goldrichtige zu tun. Das ist natürlich auch das Geheimnis jedes erfolgreichen Lebens.

Das (archetypisch männliche) Ziel der meisten Spiele ist, das Feld zu beherrschen, den Gegner auszuspielen und aus dem Feld zu treiben. So wird ihm demonstriert, wie wenig er einerseits sein Feld beherrscht und andererseits einen im eigenen gefährden kann, während man im Gegenteil nach Belieben in sein Feld hineinwirkt und Macht über ihn hat. Dabei werden die Karten in jedem Augenblick neu gemischt, was in den Augenblick zwingt. Es gilt, jeden Punkt zu spielen und immer präsent zu sein. Ein Marathonlauf ist dagegen vergleichsweise eine lang-weilige Routineangelegenheit und einem ganz anderen Thema gewidmet.

Das eigene Feld ist zu verteidigen, das gegnerische anzugreifen, das eigene Tor zu sichern, das gegnerische einzunehmen – es sind die alten Kriegsmuster von Schach bis zu Fußball, die hoffentlich immer mehr echte Kriege ersetzen. »Fußballweltmeisterschaften statt Weltkriege«, das ist eine wundervolle Devise und zeigt die Schattenkomponente dieser wahrlich weltbewegenden Sportart. In diesem Sinne hat Sport eine äußerst wichtige Funktion bei der Erhaltung des (Welt-)Friedens und als Schattentherapie. Viel mehr Menschen bearbeiten heute ihren Schatten – zu unser aller Glück – auf Sport- als auf Schlachtfeldern, und Sportplätze sind auch ungleich belegter als Therapieplätze. Wobei sich beides keineswegs ausschließt. Auf Sportplätzen sind seit den Olympischen Spielen 1936 und vor allem zu Zeiten des Kalten Krieges viele politische Schlachten geschlagen worden. Und natürlich wäre es möglich, wie ich persönlich mit Genuss erlebe, Psychotherapie und Sport zu verbinden, um dem antiken Ideal des »*Mens sana in corpore sano*« (»Gesunder Geist in gesundem Körper«) gerecht zu werden.

Gruppenspiele wie Fuß- und Handball, Volley- und Wasserball zeigen unsere Sehnsucht nach Sippe und Gemeinschaft, nach Team und Familie. Die verschiedenen Positionen sind dem Leben nachempfunden, ausgehend von der Grundpolarität Verteidigung versus Angriff. Hier ließe sich fragen, wie teamdienlich oder egoistisch das eigene Spiel ist. Oder wie man als Zuschauer auf eigensinnige und wie auf selbstlose Aktionen reagiert. Wie haben Sie ein so beliebtes Schulspiel wie *Völker*ball empfunden, bei dem es darum geht, möglichst viele Gegner abzuschießen, um das andere gegnerische »Volk« auszulöschen?

Fragen Sie sich: *Welche Spiele spiele ich? Und auf welcher Ebene? Spiele ich mit, oder will ich das Spiel gestalten und bestimmen? Was schaue ich mir an Spielen gern an, was nie? Und was sagt mir das über meinen Schatten? Geht es mir um die Gemeinschaft, oder bin ich noch in der Gruppe Einzelkämpfer? Wie gruppendienlich und selbstlos oder eben egoistisch ist mein Spiel? Wie geht es meinem inneren Kind im Spiel meines Lebens?*

Fußball als Volkssport

Eine Sportart, die Menschen überall auf der Welt betreiben und sie umtreibt, muss auch den Schatten der Welt umfassen. Es ist nicht nur die Ebene eines rituellen Ersatzkrieges, das Ventil für Nationalismus, sondern auch die Identifikationsmöglichkeit für Menschen mit schwachem Selbstbild. Der (Fußball-)Verein wird vielen zur Ersatzheimat, die Nationalmannschaft zu allem, was wichtig und wertvoll ist, weshalb der (National-)Trainer zum besseren Papa aufsteigt. Man ist zwar selten mit ihm einer Meinung – eigentlich nur, wenn die Helden der eigenen Familie unter seinen Fittichen gewinnen –, aber man folgt ihm trotzdem notgedrungen. Er darf alles bestimmen, etwa wann die elf (Millionärs-)Buben ins Bett müssen und ob sie ihre Lebensgefährtinnen mitbringen dürfen (ins Trainings- beziehungsweise Jugendlager). Man hängt an seinen Lippen und diskutiert seine Entscheidungen mit Gleichgesinnten. Wenn er die Jungs zum Sieg führt, ist er der Größte, wenn dauerhaft nicht, muss er verjagt werden. Das ist dann eine Angelegenheit von nationaler Wichtig- und Notwendigkeit.

Hier geht es um ritualisierte Kämpfe und folglich das Aggressionsprinzip. Die Berichterstattung erfolgt zum Großteil in der Sprache des Krieges; die zunehmende Gewaltbereitschaft der Spieler und Fans und ihre wachsende Unfairness machen entsprechenden Schatten deutlich. Wenn die Kampfgruppen der sogenannten Hooligans, die modernen Schlachtenbummler, in die Schlacht ziehen, rüsten sich Bataillone der Polizei und stellen sich ihnen entschlossen entgegen. Oft tobt die Schlacht um Innenstädte stundenlang.

Fragen Sie sich als Fan oder aktiver Sportler: *Was macht mich beim Fußball an? Worauf reagiere ich? Habe ich einen Verein, mit dem ich (mit-)leide, (mit-)kämpfe und triumphiere? Wofür ist er mir Ersatz? Habe ich ein besonderes Fußballidol? Auf welcher Position? Und was sagt mir diese? Spiele ich selbst und wenn ja, auf welchem Posten? Was gibt mir Fußball? Welche Sehnsüchte erlebe ich dabei, welche Ängste und Aggressionen? Und was gebe ich dem Fußball an Zeit, Geld und Lebensstimmung? Welche meiner eigenen Sehnsüchte und Ängste werden in der von mir bevorzugten Spielposition deutlich? Habe ich die ideale Position im Fußball für mich gefunden? Habe ich die richtige Spielposition für mich im Leben gefunden? Welche meiner Schatten macht Fußball deutlich?*

Die einzelnen Positionen zeigen Funktionen, die im Leben allesamt zu bewältigen sind. Beim Fußball sind sie übersichtlich aufgeteilt. Was ich hier spiele oder bevorzuge, wird mir im Leben leichtfallen oder fehlen, je nachdem, wofür ich das Spiel nutze – zum Glänzen oder zum Kompensieren. Die Schwierigkeiten, die ich damit gegebenenfalls habe, spiegeln die meines Lebens wider.

Im Lebenskampf wie im Fußball ist **Verteidigung** angesagt. Der typischste Verteidiger ist der Torwart. Ihm ist in seinem Bereich fast alles erlaubt, um »sein Nest sauber zu halten«. Er darf als Einziger im Fußballgeschehen die Hände benutzen. Zu seinen Aufgaben gehören risikoarmes, sicheres Spiel, mit dem er seinen Mitspielern den Rücken freihält. Spektakuläre Aktionen sind bei ihm eher verdächtig, entweder gingen Fehler seiner Vorderleute oder eigene voraus.

Verteidiger spielen per Definition eine defensive Rolle. Statt Genialität sind hier Solidität und Sicherheitsbewusstsein gefragt. Sie brauchen Übersicht und Rücksichtnahme auf ihren Torwart. Eine besondere Position hat der **Libero**, der sogenannte Ausputzer, der für die Fehler der andern geradestehen muss. Als Einziger in der Verteidigung kann er – als freier Mann – Ideen einbringen. Er braucht mehr Überblick und hat immer zur rechten Zeit am rechten Ort zu sein. Von ihm sollte im Idealfall auch der Impuls nach vorn kommen und der neue Spielaufbau ausgehen. Da im Anfang alles liegt, steht und fällt das (frühere) Spiel mit ihm. Er kann auch die genialen, den Raum überbrückenden und bestenfalls öffnenden Pässe schlagen, für die sonst das **Mittelfeld** zuständig ist. Dort geht es darum, Verbindungen herzustellen, Brücken zu schlagen, das Spiel aufzubauen über entscheidende, den (gegnerischen) Raum öffnende Pässe.

Stürmer stehen für das eigentlich Ziel des Spieles, Tore zu schießen und Punkte zu machen. Sie sind Vollstrecker in der Sprache des Krieges und Vollender in der des Lebens. Es gibt die verschiedensten Typen unter ihnen: raffinierte Künstler und Dribbler, die ihre Gegner ausspielen und ausmanövrieren, aber auch Brecher, die sich mit Kraft und Gewalt mitten durchschlagen und folglich gern als Mittelstürmer agieren. Reporter sprechen in der (Kriegs-)Berichterstattung schon mal von Sturmtanks, ohne das zu militärisch zu meinen.

Stellen Sie sich dazu einige grundsätzliche Fragen: *Wie fülle ich in meinem Leben die einzelnen Positionen des Fußballspiels aus? Die Rolle des Torwarts, des Verteidigers, Liberos, Mittelspielers sowie des Stürmers und Vollenders? Wo liegen meine diesbezüglichen Schattenthemen und Hoffnungen?*

Wie schöpfe ich die Lernmöglichkeiten des Fußballs im Leben aus? Wie steht es um meine Teamfähigkeit? Ist mir Teamwork überhaupt ein Anliegen? Kann ich mich in vorgegebene Muster einfügen, eine vorgegebene Rolle in ihrem Wesen erfassen und ausfüllen?

Gelingt es mir, in Freiräumen, die ich mir erkämpfe, über mich hinauszuwachsen? Kann ich meine Integrationskraft noch steigern? Meine Durchsetzungskraft erhöhen? Ordnungsliebe und Raumaufteilung verbessern?

Wie kann ich meine Selbstbehauptung trainieren? Meine Nervenstärke erhöhen, etwa wenn es beim Elfmeter heißt: »Einer für alle«? Kann ich planmäßig handeln und eine Taktik umsetzen?

Liegt Uneigennützigkeit im Rahmen meiner Möglichkeiten? Kann ich Egoverzicht lernen? Ist mir Fairness und Fairplay ein Anliegen im Leben? Kann ich mich einem großen Ziel unterordnen? Stehe ich zur Devise Sepp Herbergers: »Elf Freunde müsst ihr sein!«, oder habe ich kein Problem mit dem modernen Starrummel, der den Mannschaftsgeist eher untergehen lässt? Kann ich mich der Idee, dass wir Nummer eins werden, unterordnen, oder ist es mir wichtiger, in der Einzelkritik die Nummer eins zu sein?

Trieb- und Körperbeherrschung am Beispiel Reiten

Beim **Reiten** geht es letztlich um Triebbeherrschung. Das Pferd als Symbol der Triebe gilt es, zwischen den eigenen Schenkeln beherrschen zu lernen. Junge Mädchen vor der Pubertät sind oft glühende Verehrerinnen nicht so sehr des Reitsports als einzelner Pferde, mit deren liebevoller Pflege sie ihre Zeit verbringen. Bei vielen lässt diese Sehnsucht sogleich nach, wenn Jungen ins pubertäre Spiel des Lebens treten.

Beim **Military-Reiten** drängt – wie das Wort schon sagt – Militärisches und damit Raues und Männliches in den Vordergrund. Hier gibt es die schwersten Unfälle im Pferdesport. Nicht selten kommen Pferd und Reiter zu ernstem Schaden; harte Burschen also und Mädchen, die den Tod nicht fürchten und durch dick und dünn reiten, fühlen sich von dieser Sparte angezogen. Mit im Spiel ist aber auch Dressur und zeigt, dass Disziplin und Rhythmus auch im militärischen Reiten notwendig sind.

Springreiten symbolisiert, seinen Trieben auf die Sprünge zu helfen und im Leben hoch hinaus zu wollen. Eigentlich ist das

Pferd ein Flucht- und gar kein Springtier; es weicht Hindernissen, außer in Lebensgefahr und Panik, eher aus. Der Reiter muss es also in eine vergleichbare Gefühlslage versetzen und es dann noch beherrschen. Was lange Zeit als Zeichen von Männlichkeit und auch als typischer Männersport galt, kennt in jüngster Zeit, dem Zeitgeist entsprechend, auch Siegerinnen. Schon immer traten hier Frauen und Männer im selben Feld an.

Dressur bedeutet symbolisch, die Triebe mit archetypisch weiblich zarter Hand gefügig zu machen und Gehorsam und Schönheit, Rhythmus und Stil mit Kraft zu vereinen. So wie es im Springen insgesamt mehr männliche, dürfte es in der Dressur mehr weibliche Elemente und Sieger geben. Hier wäre zu fragen, was es bedeutet, in einer eher archetypisch weiblichen Sparte als Mann zu agieren und natürlich auch umgekehrt.

Beim **Westernreiten** hat sich eine erstaunliche Umkehrung der Werte ergeben. Ging der wilde Westen früher wirklich wild und oft brutal mit Pferden um, kommt Westernreiten jetzt als besonders sensible Reaktion aus der neuen Welt in die alte, immer schon sensiblere. Hier geht es inzwischen vor allem um Einfühlung in das Wesen des Pferdes und darum, ihm gerade ohne Gewalt den Weg zu weisen. Der moderne Cow-boy, schon immer ein durch und durch weibliches Symbol, macht jetzt also seinem Namen Ehre. Vom Pferdeflüstern bis zum Springreiten ohne Trense breiten sich in letzter Zeit immer sensiblere und intuitivere Arten des Reitens aus und zeigen das Bedürfnis nach diesen einfühlsamen, archetypisch weiblichen Elementen im Pferdesport.

Die Frage ist: *Fühle ich mich zum Reiten hingezogen – reite ich selbst, oder sehe ich es gern bei Turnieren oder im Wildwestfilm? Was fasziniert mich daran? Was sagt es über mich, und welche meiner Schatten kommen dabei hoch und heraus? Wenn ich nie reiten würde, warum nicht? Was macht mir dabei Angst und liegt in meinem Schatten?*

Sportliche Schattenfragen

- Welche Elemente werden mit meiner jeweiligen Sportart ins Leben geholt? Luft wie beim Gleitschirm- , Drachen- und Skifliegen oder auf dem Trampolin? Wasser beim (Delphin-) Schwimmen und Tauchen, Feuer beim Boxen und Tanzen, Erde bei Gewichtheben und Kugelstoßen?
- Wie wirkt sich mein Sport auf Dauer auf den Körper aus? Was ich als Sportler anstrebe, gehört zu meinem positiven Schatten. Werden Muskeln oder sogar Muskelberge wie beim Bodybuilding aufgebaut, und geht es folglich um (rohe) Kraft oder eher um Schnellkraft, die die Geschwindigkeit beim Einsatz betont?
- Wird akute Höchstleistung oder Ausdauer angestrebt; geht es um Flexibilität oder Kondition?
- Ist der bullige Paradeathlet, Modell Herkules, das Ziel der Anstrengungen oder eine gertenschlanke Ranke? Oder der ausgemergelte Ausdauerheld vom Typ »So weit die Füße tragen«?
- Liegt die Betonung auf Vielseitigkeit und Breite oder auf Leistung in einem kleinen Bereich?
- Ist der Sport eine Möglichkeit, an Grenzen zu gehen und diese hinauszuschieben oder zu überwinden, neue Sphären zu erleben oder sich in bekanntem Terrain wohl- und stark zu fühlen?

Geschlechtsspezifisches und Symbolik im Sport

Dem emanzipatorischen Zeitgeist entsprechend verschwinden typisch männliche und typisch weibliche Rollenmuster immer mehr. Trotzdem sagen viele Sportarten etwas zum Thema Geschlechterrolle. Boxen und Ringen sind nach wie vor weitgehend männliche Domänen und dürften auch vor allem Menschen anziehen, bei denen Männlichkeit ein Schattenthema ist. Ebenso Karate und viele andere marsische Kampfkünste, aber auch Skispringen. Fußball und Rudern sind nur noch in zweiter Linie Sache der Männer und werden zunehmend von Frauen erobert. Allerdings sieht man an der Körper- und Figurentwicklung im Laufe der Zeit, dass es hier doch in eine archetypisch männliche Richtung geht.

Dagegen sind typisch weibliche Sportarten wie Gymnastik und Synchronschwimmen Männern gänzlich verschlossen, wobei es wohl auch wenig Andrang gäbe. Daran lässt sich ablesen, dass noch immer viel mehr Frauen männliche Domänen zu erobern suchen als Männer weibliche, was mit dem entsprechenden Macht-Schatten unserer Gesellschaften zu tun haben dürfte.

Die meisten Sportarten führen Männer tiefer in ihren Archetyp, Frauen dagegen oft in männliche Muster, wie die Beispiele Kugelstoßen und Speerwerfen zeigen. Ein russisches Schwesternpaar, Irina und Tamara Press, sehr erfolgreich in beiden Disziplinen, wurden die Press-Brothers genannt und sahen leider auch so aus.

Die Wertung von Yin und Yang in der Gesellschaft zeigt sich auch daran, dass hoch angesehen nur die in den männlichen Pol führenden Sportarten sind. Typisch weibliche wie Tanzen, Gymnastik, Synchronschwimmen oder Eistanz finden in der patriarchalischen Gesellschaft wenig Anklang und Anerkennung.

Der weibliche Pol entzieht sich außerdem der objektiven Bewertung und Messung und ist schon deshalb einer Gesellschaft, die alles objektiv messen und bewerten will, verdächtig. Ästhetik und Grazie lassen sich zwar mit Hilfe der Vergabe von Noten einschätzen, dieses Verfahren ist aber egoistischer Manipulation besonders ausgeliefert. Nur ganz wenige typisch männliche Sportarten wie Skispringen und teilweise Boxen haben solche auf subjektive Bewertung zielende Elemente.

Wie groß die Rolle der Symbolik im Sport ist, zeigt sich beim Golf. Obwohl Frauen prinzipiell genauso zugänglich, ist das symbolische Muster so männlich, dass sie sich wenig angezogen fühlen. Kaum eine Frau würde für Golf ihre Beziehung oder Firma ruinieren. Männer aber tun das reihenweise und für keinen anderen Sport in solchem Ausmaß. Dabei bringt Golfspielen muskulär nichts und konditionell wenig – ein großer Sportler sagte einmal, es käme gleich nach Nasenbohren. Aber es fasziniert Männer trotzdem enorm. Den kleinen Ball möglichst rasch, komplikations- und schnörkellos ins kleine Loch zu spielen ist eine typisch männliche Vorliebe und Frauen von anderen Ebenen bekannt und ihnen geradezu verpönt. Sie lieben im Gegenteil Umwege und Schnörkel, das Spiel darum herum und knapp vorbei. Direktes Einlochen ist ihnen ein bekannter Gräuel. Warum sollten sie sich zu solch einem Spiel hingezogen fühlen? So dürften unter den vielen Golferinnen in Wirklichkeit viele ihrem Mann zuliebe damit begonnen haben. Manche haben wohl auch nur den Golfplatz gewählt, um auf unauffällige Art mit ihm spazieren zu gehen, weil er auf anderen Spazierwegen und Promenaden einfach zu unleidlich war.

Direktes Einlochen beim Golf, den Gegner beim Judo niederwerfen oder beim Ringen aufs Kreuz legen, die Öffnung in der Abwehr so rasch wie möglich finden, um geradlinig und effektiv zu vollstrecken, den Gegner beim Boxen auf die Bretter strecken, ihn rasch fertigmachen und ihm keuchend und stöhnend den Gnadenstoß versetzen – all das sind Highlights männlich betonter (Sport-)Aktionen, die Frauen weder anmachen noch zur Nachahmung animieren – auf keiner Ebene.

Beim Motorsport wird die archetypisch männliche Potenzsymbolik besonders laut deutlich. 400 PS unter dem rechten Fuß oder in der rechten Hand aufheulen zu lassen macht Männer mit Potenzträumen und dem entsprechenden Schatten an. Frauen und Männern ohne entsprechende Störung ist das zu laut und zu peinlich. *Im Handumdrehen* und unter großem Getöse auf hundert muss nur sein, wer sonst im Leben nicht so schnell vorwärtskommt, wie er sich das wünscht. So spiegelt die Zahl der PS unter der Motorhaube oft die Kompensationsanstrengungen bezüglich der Potenzschwäche in der Hose, ein Männern besonders unangenehmer Schatten. Die Fahrer der entsprechenden Boliden leiden hier oft unter erheblicher Schattenentwicklung. Dessen Ansprechen löst allerdings selten Erkenntnisprozesse, sondern häufig hinzukommende andere unerlöste Ausrucksformen der zugrunde liegenden Aggressionsprobleme aus.

Beantworten Sie sich also zur Abrundung des Sportthemas noch folgende Fragen: *Wie viel Männlichkeit und wie viel Weiblichkeit erlebe ich im Sport? In aktiver oder passiver Weise? Welche Symbolik kommt in meinem Sport zum Ausdruck? Welche wird mir klar und deutlich, wenn ich jetzt meinen Sport vor dem inneren Auge Revue passieren lasse?*

Veröffentlichungen des Autors und Kontakt

Mein Weg-Weiser

Einladung zum Gratis-Buch *Mein Weg-Weiser*, der erklärt, wie es zu so vielen Büchern kam, die Schatten davon und warum ich so gern schreibe. Er enthält Tipps von meinem Weg und ich freue mich, wenn ihr dieses Buch lest und mich noch besser versteht. (https://www.dahlke4you.com/wegweiser)

BÜCHER

Neuerscheinungen 2024

Es kommt besser, Pionier Verlag • *Voller Energie - statt müde und erschöpft*[1]

Neuerscheinungen 2023

Konflikte lösen und Krisen meistern[2]

Basiswissen, Grundlagenwerke

Die Schicksalsgesetze. Spielregeln fürs Leben, 2009[1] • *Das Schattenprinzip: Die Aussöhnung mit unserer verborgenen Seite*, 2010[1] • *Die Lebensprinzipien: Wege zu Selbsterkenntnis, Vorbeugung und Heilung* (mit Margit Dahlke) 2011[1]

Krankheitsbilder-Deutung

Krankheit als Symbol, überarbeitete Neuausgabe 2023 • *Krankheit als Weg* (mit Thorwald Dethlefsen), 1983[1] • *Krankheit als Sprache der Seele*, 2008[1] • *Gesund und glücklich älter werden*, 2022[1] • *Das Alter als Geschenk*, 2018[1] • *Krebs - Wachstum auf Abwegen*, 2020[1] • *Wenn wir gegen uns selbst kämpfen*, 2015[1] • *Hör auf gegen die Wand zu laufen*, 2017[1] • *Krankheit als Sprache der Kinderseele* (mit V. Kaesemann), 2010[1] •

Frauen-Heil-Kunde (mit Margit Dahlke u. Volker Zahn), 2003[1] • *Herz(ens)probleme*, 2011[1] • *Das Raucherbuch*, 2011[1] • *Verdauungsprobleme*, 2001[4]

Burnout, Depression, Angst

Angst frisst Seele, 2022[2] • *Die Schattenreise ins Licht: Depressionen überwinden*, 2014[1] • *Seeleninfarkt. Zwischen Burn-out und Bore-out*, 2013[2] • *Das Licht- und Schatten-Tagebuch*, 2013[1] • *Angstfrei leben*, 2013[1]

Ernährung

Peace Food - wie Verzicht auf Fleisch und Milch Körper und Seele heilt, 2010 • *Vegan für Einsteiger*, 2014[5] • *Peace Food - das vegane Kochbuch*, 2011[5] • *Peace Food - vegan einfach schnell*, 2015[5] • *Peace Food - Keto-Kur*, 2018[5] • *Das große Peace-Food-Buch*, 2019[5] • *Das Geheimnis der Lebensenergie*, 2015[1] • *Das Lebensenergie-Kochbuch*, 2016[1] • *Vegan schlank*, 2015 (www.heilkundeinstitut.at) • *Richtig essen* (nur als ebook) • *Immunbooster vegan*, 2021[4]

Fasten

Das große Buch vom Fasten, 2019[1], • *Kurzzeit-Fasten*, 2018 • *Fasten-Wandern*, 2017[4] • *Jetzt einfach Fasten*, 2017 • *Bewusst Fasten*, 2016

Gewicht und Figur

Abnehmen - das Buch der Erleichterung, 2023 (E-Book bei dahlke4you.com) • *Mein Individualgewicht*, 2020[1] • *Körper-Geist-Seele-Detox*, 2015[1] • *Mein Idealgewicht*[1]

Filmdeutung

Die Spielfilm-Therapie - was Filme über Krankheit und Heilung verraten, 2022 • *Die Hollywood-Therapie – was Filme über uns verraten*, 2018 (Edition Einblick, www.heilkundeinstitut.at)

Verbundener Atem

Jetzt einfach atmen, 2019[8] • *Die wunderbare Heilkraft des Atems* (mit A. Neumann), 2009

Liebe, Partnerschaft

Voller Energie - statt müde und erschöpft, 2024[1] • *Wie Sex und Liebe sich wieder finden*, 2017[1] • *Glücklich mit mir selbst*, 2021

Meditation, Mandala und Aphorismen

Jetzt einfach meditieren, 2018[8] • *Weisheitsworte der Seele*, 2012 • *Worte der Heilung* (www.heilkundeinstitut.at) • *Die Kraft der vier Elemente* (mit Bruno Blums Bildern), 2011[12] • *Mandala-Malblock* (www.heilkundeinstitut.at) • *Reisen nach innen*, 2017[6] (nur als ebook)

Gesellschaftskritik

Corona als Weckruf, 2021[5] • *Mind Food*, 2022[2]

Roman

Habakuck und Hibbelig - das Märchen von der Welt, 2004

Weitere

Mein Buch der Selbstheilung, 2022[5] • *Heilsame Tugenden*, 2022[5] • *Die Notfallapotheke für die Seele*, 2020 • *Die Liste vor der Kiste*, 2014[11] • *Schutz vor Infektionen*, 2020[11] • *Meine besten Gesundheits-Tipps 2.0*, 2020[11] • *Von der großen Verwandlung*, 2011[12] • *Störfelder und Kraftplätze*, 2013[12] • *Medizin und Menschlichkeit*, 2020[12] • *Der Körper als Spiegel der Seele*, 2009[5] • *Die Spuren der Seele* (mit R. Fasel), 2010[5] • *Das Tier als Spiegel der menschlichen Seele* (mit Irmgard Baumgartner), 2016[1] • *Endlich wieder richtig schlafen*, 2014[1] • *Ganzheitliche Wege zu ansteckender Gesundheit*, 2011 (www.heilkundeinstitut.at) • *Omega - im inneren Reichtum ankommen* (mit V. Lindau), 2017[1] • *Psychologie des Geldes*, 2011[1] • *Die 4 Seiten der Medaille* (mit C. Hornik), 2015 (nur mehr als ebook)

Geführte Meditationen

- Download/Stream: div. mp3 Anbieter-Plattformen
- Neue, themenbezogene Meditationen im Rahmen der Mitgliedschaft bei Dahlke4you (https://www.dahlke4you.com/)
- CDs erhältlich bei www.heilkundeinstitut.at

Grundlagen:

Das Gesetz der Polarität • Das Gesetz der Anziehung • Das Bewusstseinsfeld • Die Lebensprinzipien – 12 CD-Set • Die 4 Elemente • Elemente-Rituale • Schattenarbeit

Krankheitsbilder:

Allergien • Angstfrei leben • Ärger und Wut • Depression • Die Wege des Weiblichen • Hautprobleme • Herzensprobleme • Kopfschmerzen • Krebs • Leberprobleme • Mein Idealgewicht • Niedriger Blutdruck • Rauchen • Rückenprobleme • Schlafprobleme • Sucht und Suche • Tinnitus und Gehörschäden • Verdauungsprobleme • Vom Stress zur Lebensfreude

Allgemeine Themen:

Der innere Arzt • Heilungsrituale • Ganz entspannt • Tiefenentspannung • Energie-Arbeit • Entgiften-Entschlacken-Loslassen • Lebenskrisen als Entwicklungschancen • Bewusst fasten • Den Tag beginnen • Partnerbeziehungen • Schwangerschaft und Geburt • Selbstliebe • Selbstheilung • Traumreisen • Mandalas • Naturmeditation • Die Lebensaufgabe finden • 7 Morgenmeditationen • Die Leichtigkeit des Schwebens • Die Heilkraft des Verzeihens • Eine Reise nach innen • Erquickendes Abschalten mittags und abends

Anmerkungen

1 Goldmann / Arkana Verlag
2 Scorpio Verlag
3 Bertelsmann Verlag
4 Knaur Verlag
5 Gräfe und Unzer Verlag
6 dotbooks
7 Südwest Verlag
8 ZS Verlag
9 Königsfurt-Urania Verlag
10 Heyne Verlag
11 Terzium Verlag
12 Crotona Verlag
13 Ullstein Verlag
14 Nymphenburger Verlag

Adressen

Informationen zu Dr. Ruediger Dahlke (Events uvm.)
Heilkundeinstitut Dahlke, A-8462 Gamlitz, Labitschberg 4,
Tel.: 0043 3453 33600,
E-Mail: office@dahlke.at
www.dahlke.at

Seminar- und Gesundheits-Zentrum TamanGa
Seminarwochen mit Ruediger Dahlke, TamanGa-Natur-Kur,
Regenerationsferien für (Seminar)gruppen und Einzelgäste
A-8462 Gamlitz, Labitschberg 4, (ca. 25 Minuten <> Airport Graz),
Tel.: 0043 3453 33600,
E-Mail: office@dahlke.at
www.tamanga.at

Psychotherapien
Heilkunde-Zentrum Johanniskirchen, D-84381 Johanniskirchen,
Schornbach 22,
Tel.: 0049 8564 819,
E-Mail: info@dahlke-heilkundezentrum.de
www.dahlke-heilkundezentrum.de

Online-Shop
von Ruediger Dahlke empfohlene Gesundheits-Produkte, Bücher uvm.
Tel.: 0043 316 719 888,
E-Mail: shop@heilkundeinstitut.at
www.heilkundeinstitut.at

Internet-Community
Online-Events, geführte Meditationen, Gesundheits-Challenges,
Integrale Medizin-Ausbildung
www.dahlke4you.com

Online-Ausbildungen
Ganzheitlicher Gesundheitsberater (15 Monate), Atem-Ausbildung
www.younity.com

Das große Werk zu den zentralen Bausteinen des Lebens

736 Seiten. ISBN 978-3-442-33893-1

Download, mehr als 13 Std.
ISBN 978-3-442-34800-8

Ruediger Dahlke präsentiert die zwölf Urprinzipien, auf die sich alle Phänomene des Lebens zurückführen lassen. Aus diesen Archetypen können wir vieles über uns und den Kosmos lernen. Ruediger Dahlke zeigt, wie wir die Lebensprinzipien nutzen können, um im Einklang mit unserem Inneren und unserer Umwelt zu leben, Krankheiten vorzubeugen und Heilung zu erfahren.

arkana